本书为江西省高校人文社会科学重点研究基地项目"红船精神研究史略"（JD16107）的最终成果。

红船精神

研 究 史 略

左功叶　李小春　占冯　著

中国社会科学出版社

图书在版编目（CIP）数据

红船精神研究史略／左功叶等著 . —北京：中国社会科学出版社，
2020. 11（2022.1 重印）

ISBN 978 – 7 – 5203 – 6704 – 2

Ⅰ.①红…　Ⅱ.①左…　Ⅲ.①中国共产党—党的建设—研究　Ⅳ.①D26

中国版本图书馆 CIP 数据核字（2020）第 105050 号

出　版　人	赵剑英
责任编辑	王　琪
责任校对	夏慧萍
责任印制	王　超

出　　版	中国社会科学出版社
社　　址	北京鼓楼西大街甲 158 号
邮　　编	100720
网　　址	http://www.csspw.cn
发 行 部	010 – 84083685
门 市 部	010 – 84029450
经　　销	新华书店及其他书店

印　　刷	北京明恒达印务有限公司
装　　订	廊坊市广阳区广增装订厂
版　　次	2020 年 11 月第 1 版
印　　次	2022 年 1 月第 2 次印刷

开　　本	710 × 1000　1/16
印　　张	15
插　　页	2
字　　数	231 千字
定　　价	88.00 元

序

　　九十多年前，在浙江嘉兴南湖一艘小船上，中国共产党宣告成立，掀开了中国革命新的篇章。为此，无数革命志士抛头颅、洒热血，为实现民族独立和国家富强前仆后继，不懈奋斗。无数革命志士展现的革命精神，更是成为中华民族精神的重要组成部分，是中国共产党和中华民族宝贵的精神财富。红船精神作为革命精神谱系的开端，具有重要的研究价值和意义。2005 年，时任浙江省委书记习近平在《弘扬"红船精神" 走在时代前列》一文中首次系统阐述了红船精神的内涵，激活了埋藏于中国共产党创建历史深处的革命精神，让红船精神由"存在的精神"化为"活着的精神"，引发了理论界和学术界的热议和研究。党的十九大闭幕后不久，习近平总书记带领新一届政治局常委前往上海中共一大和浙江嘉兴南湖，率先垂范，自觉主动接受红船精神的教育熏陶和感化洗礼，重温中国共产党人的初心，牢记中国共产党人的时代使命，让以"红船精神"为代表的"红色基因"成为新时代治国理政最鲜亮的底色。这是以习近平总书记为核心的党中央立足中华民族伟大复兴的战略高度，向全党和全国人民发出的时代号召。红船精神是在革命实践中形成的革命精神，是老一辈无产阶级革命家创建中国共产党和领导中国革命的精神写照，是中国共产党的生命力所在，记录着中国共产党领导中国人民取得革命胜利的"红色基因"和"精神密码"。但是，由于历史久远及资料的残缺，学术界对红船精神的研究没有进一步深化。中国特色社会主义进入新时代，深化红船精神的研究，是厘清和完善革命精神谱系研究的内在要求，是弘扬和发展革命文化与社会主义先进文化的时代呼唤，是实现中华民族伟大复兴和"两个一百年"奋斗目标的时代要求。《红船精神研究史略》（江西省高校人文社会科学重点研究基地 2016 年度项目，JD16107）研究课题就是在此背景下开展的。课题组以"红船精神研究"为研究对象，以学术界现有的学术成果为基础，系统梳理了红船精神研究的时间脉络，分析了红船精神研究中的建树与不足，厘清了十多年来红船精神研究的基本规律，概述了研究过程中的经验教训，为深化红船精神研究提供了更广阔的视角和方法论。

总体而言，本书具有以下几个创新点。

一是研究选题新。当前学术界对红船精神研究的成果较为丰富，选题立意和研究维度多样，涵盖了红船精神的形成背景、基本内涵、历史地位、时代价值、当代传承等多个方面。但是，整体而言，对红船精神的研究仍处于"碎片化"阶段，缺乏全面、系统的理论专著。本书以"红船精神研究"为研究对象，以时空相结合的方法对红船精神研究的不同历史阶段进行了立体化与全貌式梳理，厘清了红船精神研究的基本脉络，延伸和拓展了红船精神研究的广度深度，填补了"红船精神研究之研究"这一理论空白，是一项具有重要理论与实践价值的研究成果，是当代红船精神研究的又一代表性成果。

二是研究视角新。研究视角决定研究推展方向，影响研究的基本内容。本书以整体性研究为框架，以红船精神"研究史"为视角，对其形成、提出、发展、凝练、升华等进行了多维度的学理探讨和观点阐发，构建了一个较为完整的研究框架和图谱，产生了一批兼具学理性与实效性的理论成果，极大丰富了红船精神的研究成果。另外，本书从"学术史"的角度，通过系统梳理学术研究脉络、整合研究框架、归纳理论观点等方法，有助于我们找到研究中的问题和未来研究的着力点。

三是研究思路新。在进行"红船精神研究之研究"的过程中，采用了时空结合和点面结合的研究思路，对红船精神研究史进行了全方位、多层面的探研，既有时间脉络，也有空间区分，既有概貌式的描述，也有典型性的剖析，层次分明，详略得当。本书按照时空顺序梳理红船精神研究的产生、发展与深化的历程，展现红船精神研究的学术脉络，又在特定空间、特定历史阶段内，分析红船精神研究的学术活动和理论成果，选择具有突出代表性和重要社会影响力的学术成果进行系统分析，实现了红船精神研究点与面、个体与整体的研究。

本书是一部试图展示红船精神研究发展全貌的著作，有助于帮助广大读者朋友了解红船精神，深刻把握红船精神，熟知红船精神研究发展的基本轨迹，可以成为有关部门进行红船精神宣传与教育的良好理论素材与参考资料，是课题组成员学习贯彻党的十九大精神和习近平总书记瞻仰中共一大会址、南湖红船重要讲话精神的重要体现。红船精神从历史深处走来，迈向发展的最前端，奏响了时代的最强音。红船精神是当代中华民族伟大复兴的强大精神动力，是当今中国文化自信战略的最亮底色。学习好、宣传好、阐释好、弘扬好红船精神只有进行时，没有完成时，需要学界各位同人的接续努力，这本《红船精神研究史略》旨在抛砖引玉，以盼学术界精品力作的诞生。

是为序。

目　　录

红船精神研究之研究

恩格斯曾说："一个知道自己的目的，也知道怎样达到这个目的的政党，一个真正想达到这个目的并且具有达到这个目的所必不可缺的顽强精神的政党，——这样的政党将是不可战胜的。"[①] 中国共产党就是这样一个"知道自己的目的"，也知道"怎样达到这个目的"，并且拥有"顽强精神"的政党。它受任于中华民族生死存亡之际，崛起于荒野阡陌之中，数次涅槃于战火之后，在领导中国人民 98 年的革命、建设与改革历史进程中塑造了一座又一座精神丰碑，构筑起中国共产党人的坚实精神防线与强大精神世界，挺起了中华民族的精神脊梁。中国共产党革命精神宝库中群星荟萃，而红船精神无疑是其中璀璨夺目的一颗，可以称得上是中国共产党革命精神谱系中的"定盘星"与"主心骨"，涵养着中国革命精神的基本内核。

1921 年 7 月 23—30 日，中国共产党第一次全国代表大会在上海秘密召开。由于遭到法国巡捕的袭扰而被迫中断，会议的最后一天转移到浙江嘉兴南湖的一条游船上继续进行，接续完成了大会的议程，通过了中国共产党的第一个纲领和第一份决议，选举产生了第一个中央领导机构，庄严宣告中国共产党的诞生。中国共产党的诞生是开天辟地的大事变，它犹如一轮红日在东方冉冉升起，照亮中国革命的漫漫前程，将近代以来中华民族伟大复兴的历史进程置于全新的理论基础、政党领导与阶级

[①] 《马克思恩格斯全集》第 39 卷，人民出版社 1974 年版，第 139 页。

基础之上。正如毛泽东同志所说，"我们党一成立，就展开了中国革命的新阶段"①。这条游船因这一历史见证而获得一个载入史册的名字——红船；而创建中国共产党的革命实践孕育出伟大的革命精神——红船精神。红船精神是中国共产党的建党精神，是马克思主义中国化的精神成果，是我们党的先进文化资源和宝贵精神财富，对中国革命、建设与改革具有重要的精神动力作用。

作为一种社会意识，集中体现建党之际中国共产党人的政治觉悟、革命意志、精神风貌、工作作风的红船精神则在党史上早就存在，始终像一条红线贯穿于后来中国发展的各个时期，影响着一代又一代中国共产党人，在中国革命、建设与改革中发挥着巨大作用，并实现了发展与嬗变，厚重了自身的历史基础和理论积淀。然而，由于一定的历史与现实原因，红船精神迟迟未以一种准确而权威的理论表达正式面世。2005年，值中共中央领导在全党开展以实践"三个代表"重要思想为主要内容的保持共产党员先进性教育活动之际，时任浙江省委书记习近平结合自身的主政实践和理论思考，在《光明日报》上发表《弘扬"红船精神" 走在时代前列》理论文章，创造性地提炼了红船精神，指出"开天辟地、敢为人先的首创精神，坚定理想、百折不挠的奋斗精神，立党为公、忠诚为民的奉献精神，是中国革命精神之源，也是'红船精神'的深刻内涵"②。这是红船精神第一次以系统而完整的理论表达步入党史研究部门、社科理论界的视野之中，逐渐成为学术研究的论题。

自 2005 年提炼以来，红船精神研究已有十多年的持续发展历程。尤其是党的十八大以来，理论界与学术界对红船精神给予了更多的关注，以红船精神为主轴，对其形成、提出、内涵、地位、价值等进行了多维度的学理探讨和观点阐发，产生了一批兼具代表性与实效性的理论成果，推动红船精神研究走向成熟并纵深发展，值得进行学术史式的梳理和总结。纵观学界，有研究者陆续发表了一些探讨红船精神研究的历史和现状的综述性文章，但这些研究文章仅仅停留在对研究内容的归纳整理上，

---

① 《毛泽东选集》第 3 卷，人民出版社 1991 年版，第 952 页。
② 习近平：《弘扬"红船精神" 走在时代前列》，《光明日报》2005 年 6 月 21 日第 2 版。

缺乏学术史的角度，难以从整体上展现十多年以来红船精神研究的全貌和学术脉络，此外也鲜有对红船精神研究进行全面考察、系统论述的专著，这不能不说是红船精神研究中的一大憾事。

本书欲在现有研究的基础上，尝试填补这一学术空白，对十多年来红船精神研究成果进行梳理和评述，致力于"红船精神研究之研究"，总结其中经验和规律，拓宽红船精神研究的领域，为今后的红船精神研究提供启示和借鉴，以推动红船精神研究的进一步深入。

一 研究对象和研究意义

（一）研究对象

界定研究对象是研究的逻辑起点与分析前提。"红船精神研究史"的研究对象是"红船精神研究"，力求展现红船精神研究发生、发展的历史。因此，必须首先厘清"红船精神研究"和"红船精神研究史"这两个关乎此项研究本身的核心概念。

"红船精神研究"，是研究红船精神的研究成果。红船精神研究既可以是对红船精神的某一方面或某几方面的局部研究，如，红船精神的产生背景研究，红船精神的深刻内涵研究，红船精神的历史地位研究，红船精神的时代价值研究，红船精神的弘扬、传承和传播研究，等等；也可以是对红船精神的整体性研究。从红船精神的研究现状来看，红船精神研究主要集中存在于国内；就学术成果来看，红船精神研究有文字成果形式和图片成果形式两种。而本书所研究的成果仅限于文字成果形式，不包含图片形式的研究成果。

"红船精神研究史"是以红船精神研究产生、发展的全过程为研究对象，以学术史的范式对红船精神研究的各个方面的历史和现状进行考察、梳理与分析，揭示红船精神研究产生、发展的条件、过程、特点和规律，总结其中的成败得失和经验教训；研究红船精神研究的立场、观点和方法；研究红船精神研究中的专家学者、学术成果、学术团体等。

本书的重点在于，梳理不同阶段的红船精神研究的成果，展现出红船精神研究的学术脉络；分析红船精神研究中的建树与不足，总结十多年来红船精神研究的基本规律和经验教训;进而从方法论的角度,为往后进一步加强红船精神研究提供参考和建议。

(二)研究意义

本书以"红船精神研究"为研究对象,对其进行细致考察与全貌式梳理,窥探红船精神研究的基本脉络、延伸广度及拓展深度,对红船精神研究具有重要的学术价值与应用价值。

就目前而言,还不见对红船精神研究成果进行全面考察总结、系统论述的理论专著;而本书致力于"红船精神研究之研究",就是想要尝试填补这一方面的空白,丰富红船精神研究的维度与视角,进一步拓宽红船精神研究的领域,对红船精神理论成果的丰富具有一定的作用。

本书从学术史的角度对红船精神研究成果进行深入研究,通过梳理学术脉络、整合研究框架、归纳理论观点等方法,全面回顾和系统梳理红船精神研究,探究红船精神研究发生、发展的背景与成因,总结红船精神研究的规律和经验教训,有助于我们找到研究中的问题和未来研究的着力点,为今后的红船精神研究提供启示和借鉴,以期进一步推动红船精神研究的深化。

二 学术史梳理及研究现状

红船精神是 20 世纪 20 年代前后创建中国共产党的历史时空的精神坐标,历经跨世纪的实践发展与理论积淀,于 2005 年得以正式理论提炼。应该说,红船精神研究发轫于 21 世纪。2005 年,中共中央领导在全党开展以实践"三个代表"重要思想为主要内容的保持共产党员先进性教育活动之时,浙江嘉兴南湖区委以红船为载体,开展举行了"精神传承、思想升华"为主要内容的红船精神大讨论。时任浙江省委书记习近平获悉后,结合自身的主政实践和理论思考,在《光明日报》上发表署名文章《弘扬"红船精神" 走在时代前列》,创造性地提炼了红船精神,对红船精神的深刻内涵、历史地位、时代价值等方面进行了提炼与概括,将红船精神正式推进大众的视野之中,这是红船精神研究史上的一个开端，标志着红船精神研究的正式开启。

经过南湖区的热烈讨论和习近平同志的进一步理论提炼，红船精神在一定范围内产生了相应的学术影响和社会影响。2006—2011 年，红船精神研究迈向起步阶段。红船起航于浙江，升华于浙江，浙江人民立足党的诞生地这一独特的政治文化资源，以高度的政治热情和文化使命感来学习、宣传与弘扬红船精神活动。这一时期，理论界发表了少量的有关红船精神的理论文章，出版了胡建成等著的《红船精神及其当代价值》①，这是国内第一部专门论述红船精神的理论专著，也是这一时期红船精神研究的极具代表性之作。这本书阐述了红船精神的产生发展、历史地位和理论内涵，集中论述红船精神对党的建设的重要价值意义。同时，在相关职能部门的支持与指导下分别于 2010 年 11 月成立了嘉兴南湖红船精神研究会，于 2011 年 6 月在嘉兴学院成立了红船精神研究中心，为红船精神的进一步研究准备了良好条件。

2012 年党的十八大以来的五年间，红船精神研究进入了一个新的历史时期。在理论界、学术界等多方的合力推动下，红船精神研究得到了多方面的拓展，形成了一批高质量、高水平的标志性理论成果，充分展示了红船精神在新时代焕发出新的精神动能和实践价值。这一时期关于红船精神的书籍开始较多地出版，主要有：中共嘉兴市委宣传部、嘉兴市社会科学界联合会、嘉兴学院红船精神研究中心著《中国共产党早期组织及其成员研究》②，中共浙江党史研究室主编《中国共产党的创建暨红船精神学术研讨会论文集》③，张志松、黄化著《红船精神史学探源及其教育实践研究》④，吕建华著《烟雨红船——母亲船的故事》⑤，张志松著《中共一大代表人生轨迹与理想信念教育》⑥《红船精神领航中国梦》⑦

---

① 胡建成等：《红船精神及其当代价值》，浙江人民出版社 2011 年版。
② 《中国共产党早期组织及其成员研究》，中共党史出版社 2013 年版。
③ 《中国共产党的创建暨红船精神学术研讨会论文集》，中共党史出版社 2013 年版。
④ 张志松、黄化：《红船精神史学探源及其教育实践研究》，浙江大学出版社 2014 年版。
⑤ 吕建华：《烟雨红船——母亲船的故事》，中共党史出版社 2014 年版。
⑥ 张志松：《中共一大代表人生轨迹与理想信念教育》，中共党史出版社 2014 年版。
⑦ 张志松：《红船精神领航中国梦》，浙江人民出版社 2015 年版。

《红船精神研究十年精粹（2005—2015）》①，嘉兴学院思想政治理论教学科研部主编《高校思想政治理论课教学案例集——"红船精神"及其在浙江的实践：首创·奋斗·奉献》②，"浙江省红船精神研究"课题组著《红船精神：历史地位、当代意义及永恒价值》③，陈向阳著《红船扬帆》④，吕延勤、赵金飞主编《红船精神》⑤，黄亚洲著《红船》⑥，等等。上述红船精神研究的成果，研究的内容涉及红船精神的历史背景、深刻内涵、历史地位与时代价值等诸多方面，红船精神研究的领域不断拓宽。其中具有代表性的是浙江人民出版社2016年出版的"浙江省红船精神研究"课题组著《红船精神：历史地位、当代意义及永恒价值》。该书是中宣部理论局"马克思主义理论研究和建设工程"2015年度重大实践经验总结课题《浙江"红船精神"研究》（同时被列为国家社会科学基金特别委托重大项目，项目编号：15@ZH040）的最终成果之一，全面深入地阐释了红船精神的基本内涵与精神实质，明确了红船精神在习近平思想建党理论、马克思主义建党学说、中华民族精神发展史、中国共产党历史和中国革命精神史上的历史地位，揭示了红船精神对新时期中国特色社会主义的发展与中华民族伟大复兴中国梦的当代价值和实践意义，全方面地展现了红船精神的历史地位、当代意义与永恒价值，是这一时期红船精神研究领域深刻系统、厚重扎实的一部理论专著。

这一时期，有关部门成立了一些更高级别从事红船精神研究的学术机构与学术团体，研讨红船精神的学术活动也逐渐增多。2012年12月，浙江省嘉兴市委党校成立了"红船精神与科学发展研究中心"，聘请国内众多党建研究专家，深入开展红船精神和科学发展理论与实践研究。

---

① 张志松：《红船精神研究十年精粹（2005—2015）》，浙江人民出版社2015年版。
② 《高校思想政治理论课教学案例集——"红船精神"及其在浙江的实践：首创·奋斗·奉献》，高等教育出版社2015年版。
③ 《红船精神：历史地位、当代意义及永恒价值》，浙江人民出版社2016年版。
④ 陈向阳：《红船扬帆》，新世纪出版社2016年版。
⑤ 吕延勤、赵金飞主编：《红船精神》，中共党史出版社2017年版。
⑥ 黄亚洲：《红船》，天地出版社2016年版。

2013 年，教育部办公厅、中共中央党史研究室办公厅联合发布《关于设立"高等学校中国共产党革命精神与文化资源研究中心"的通知》〔教社科厅（2013）2 号〕，决定联合设立 8 个高等学校中国共产党革命精神与文化资源研究中心，嘉兴学院中国共产党革命精神与文化资源研究中心列入其中。2014 年，嘉兴学院红船精神研究中心与中共北京市委党史研究室、中共浙江省委党史研究室、浙江省中国特色社会主义理论体系研究中心、中国计量学院、南湖革命纪念馆等多家单位组成了红船精神研究与红色文化传播协同中心，等等，不同层级研究平台的设立推动红船精神研究工作更广泛的开展与协同创新。党的十八大以来，红船精神主题研讨会逐渐增多，会议规格逐渐升级，"深入贯彻党的十八大精神暨红船精神与嘉兴科学发展研讨会"（2012 年 12 月），"中国共产党的创建暨红船精神学术研讨会"（2013 年 6 月），以"弘扬红船精神，践行群众路线"为主题的第二届"红船精神与科学发展"理论研讨会（2014 年 12 月），全国性"红船精神"研讨会（2015 年 6 月），以学习贯彻党的十八届六中全会精神为主题的第三届"红船精神与科学发展"理论研讨会（2016 年 12 月），等等，这些研讨会反映了红船精神研究的进展动态和基本趋向，为学习、宣传、研究红船精神、赓续红船精神，提供了良好契机，孕育了活动载体，搭建了有效平台，进一步促进红船精神研究队伍的深入交流和广泛探讨，对获悉学术进展、启发研究思路、促进学术交流合作有重要意义，推动了红船精神研究走向全国，有力推动了红船精神研究的巩固和深入发展，使红船精神研究迈进了一个可持续发展的新阶段。

　　党的十九大闭幕一周之际，习近平总书记带领新一届中央领导集体前往上海中共一大会址和浙江嘉兴南湖，参观一大会址，瞻仰红船并发表了重要讲话，再次深情阐释红船精神，引发了全国范围内学习、研究、宣传红船精神的热潮，红船精神研究进入全面推进时期。大量有关红船精神的高质量、高水平论文在权威期刊与报纸上得到了发表，有关红船精神的书籍不断涌现。主要书籍有："中共一大嘉兴南湖会议研究"课题组著的《中共一大嘉兴南湖会议研究》①，季盛清等主编的《红船精神简明教程》②，红旗出版社编辑部主编的《弘扬"红船精神" 走在新时代前列学习笔记》③，葛慧君主编的《红船精神问答》④，邵维正、刘晓宝著的《红船映初心》⑤，冯小敏主编的《守护中国共产党人精神家园——学习习近平总书记瞻仰中共一大会址、南湖红船重要讲话优秀论文选编》⑥《全国首套"红船精神"专题教育教材》⑦，罗平汉主编的《红船精神》⑧，吕延勤、彭冰冰主编的《红船见初心》⑨，张政主编的《红船初心："红船精神"的理论与实践》⑩，孙侃著的《从南湖出发》⑪，红旗出版社编辑部主编的《读懂"红船精神"》⑫，南湖革命纪念馆主编的《启航——红船精神永放光芒》⑬，等等。红船精神得到了热烈的研讨，红船精神的研究视域、研究深度、学术规模和学术影响力有新拓展，红船精神研究走上一个新的发展台阶。

这一时期，红船精神成为一个广泛关注和热烈研讨的学术话题，关于红船精神研究的学术活动更为热烈频繁，主要有：弘扬"红船精神"座谈会（2017 年 12 月），"红船精神与习近平新时代中国特色社会主义思想"学术研讨会（2017 年 12 月），"红船精神与改革开放 40 年"学术研讨会（2018 年 6 月），"结合时代特点，弘扬红船精神"理论研讨会（2018 年 7 月），全国首届"红船论坛"（2018 年 6 月），全国第二届"红船论坛"（2019 年 6 月），等等。这些高规格、高频次的红船精神理

---

① 《中共一大嘉兴南湖会议研究》，中共党史出版社 2018 年版。
② 季盛清等主编：《红船精神简明教程》，中共中央党校出版社 2018 年版。
③ 《弘扬"红船精神"走在新时代前列学习笔记》，红旗出版社 2018 年版。
④ 葛慧君主编：《红船精神问答》，浙江人民出版社 2018 年版。
⑤ 邵维正、刘晓宝：《红船映初心》，人民出版社 2018 年版。
⑥ 冯小敏主编：《守护中国共产党人精神家园——学习习近平总书记瞻仰中共一大会址、南湖红船重要讲话优秀论文选编》，上海人民出版社 2018 年版。
⑦ 冯小敏主编：《全国首套"红船精神"专题教育教材》，浙江教育出版社 2018 年版。
⑧ 罗平汉主编：《红船精神》，四川人民出版社 2019 年版。
⑨ 吕延勤、彭冰冰主编：《红船见初心》，人民日报出版社 2019 年版。
⑩ 张政主编：《红船初心："红船精神"的理论与实践》，人民出版社 2019 年版。
⑪ 孙侃：《从南湖出发》，红旗出版社 2019 年版。
⑫ 《读懂"红船精神"》，红旗出版社 2019 年版。
⑬ 《启航——红船精神永放光芒》，人民出版社 2019 年版。

论研讨会的召开，推进了红船精神研究的步伐，扩大红船精神的学术影响力，壮大了红船精神的研究队伍，也催生着红船精神研究的新成果。另外，近两年来，有关红船精神的各级各类课题项目逐渐增多，并且在高层次的课题项目立项也有体现，由嘉兴学院吕延勤主持的《习近平关于红船精神重要论述研究》（项目批准号：18ADJ007）获得 2018 年度国家社科基金重点项目立项，是这一时期在红船精神基础理论阐释方面着力攻关的重大课题，反映红船精神研究的一大新动向，必将进一步推动红船精神研究的深化。此外，为深入贯彻党的十九大精神与习近平总书记在中央政治局常委集体瞻仰中共一大会址和南湖红船时重要讲话精神，在中央组织部、中央宣传部的支持下，2018 年浙江省委在嘉兴设立浙江红船干部学院和红船精神研究院，把"红船精神"的学习研究宣传工作常态化，并引向深入。

随着红船精神研究的发展和成果的增多，学者们也逐渐关注红船精神研究的历史和现状的问题，发表了一些综述性文章。主要有：杨晓伟的《"红船精神"研究综述》[①]，嘉兴市社会科学界联合会、嘉兴学院红船精神研究中心的《红船精神研究十年精粹（2005—2015）》[②]，杨晓伟的《十八大以来红船精神研究代表性观点述要》[③]，温树峰的《红船精神研究综述》[④]，李娟的《红船精神研究：综述与展望》[⑤]，陈诺的《"红船精神"研究综述》[⑥]，张守连、肖建杰的《"红船精神"研究述评》[⑦] 等。这些文章都对红船精神研究的成果进行了述评，分类梳理与归纳概括研究成果的理论观点，指出了红船精神研究的特点与存在的问题，并对进一步的研究进行思考、提出了建议。这些虽涉及了红船精神研究史所要研究的某些方面，但都不能展现红船精神研究的全貌。

---

① 杨晓伟：《"红船精神"研究综述》，《嘉兴学院学报》2014 年第 2 期。
② 《红船精神研究十年精粹（2005—2015）》，浙江人民出版社 2015 年版。
③ 杨晓伟：《十八大以来红船精神研究代表性观点述要》，《光明日报》2017 年 11 月 21 日第 5 版。
④ 温树峰：《红船精神研究综述》，《嘉兴学院学报》2018 年第 1 期。
⑤ 李娟：《红船精神研究：综述与展望》，《思想教育研究》2018 年第 9 期。
⑥ 陈诺：《"红船精神"研究综述》，《现代交际》2018 年第 22 期。
⑦ 张守连、肖建杰：《"红船精神"研究述评》，《思想政治教育导刊》2019 年第 4 期。

本书以红船精神研究发生、发展的全过程为研究对象，对历经十多年发展的红船精神研究的过程和研究成果进行研究，总结其中的规律和经验，以期形成一部整体性的"红船精神研究史"。

三　研究的思路、框架与方法

（一）研究思路

第一，时空结合，纵横交错。纵向上，按照时间顺序梳理红船精神研究的产生、发展与深化的历程，展现红船精神研究的学术脉络，总结红船精神研究中的基本规律和经验教训；横向上，在特定空间、特定研究阶段内，分析红船精神研究的学术活动和理论成果，选择代表作品进行理论分析，窥探红船精神研究的阶段性特征。

第二，点面结合的研究模式。红船精神研究已有十多年历史，研究活动异彩纷呈，理论成果分量不一，因此，红船精神研究之研究不能平铺直叙、均衡用力，必须做到既全面又突出重点。本书采取了点面结合的研究模式，先对红船精神研究有个全貌式的梳理，再进行分阶段研究；研究每个历史时期内的红船精神研究亦是如此，先概述其研究的背景、总体概况，再对代表作品进行个案分析，分析其史学思想、研究内容、研究方法，分析其理论得失。

（二）研究框架

本书将红船精神研究历程分为预备阶段（1921—2005.6）、初步发展（2006.7—2012.10）、渐次展开（2012.11—2017.9）、全面推进（2017.10至今）四个历史时期予以阐述。其中，后面三个历史时期的阐述范式为，首先介绍本阶段的基本条件、研究概况和价值特点，其次选取代表性的重要成果进行重点评述。全书主体共分为以下六个部分。

绪论：红船精神研究之研究，主要阐述研究对象与研究意义，梳理红船精神研究的研究现状，勾勒出研究的基本框架，向读者交代研究方法和研究思路。

第一章　红船精神研究的预备阶段（1921—2005.6），介绍红船精神研究的历史基础和理论渊源，阐释红船精神理论提炼的历史背景与基本过程，研析习近平署名文章《弘扬"红船精神" 走在时代前列》的深刻内涵与重大意义。

第二章 红船精神研究的初步发展（2006.7—2012.10），评述这一时期红船精神研究，分析红船精神研究的准备条件和基本情况，选取胡建成等著的《红船精神及其当代价值》为这一时期的代表作，进行理论分析。

第三章 红船精神研究的渐次展开（2012.11—2017.9），评述党的十八大以来的五年间的红船精神研究，分析研究有利条件与研究概况，选取"浙江省红船精神研究"课题组著的《红船精神：历史地位、当代意义及永恒价值》为个案展开分析。

第四章 红船精神研究的全面推进（2017.10至今），评述十九大以来红船精神研究，揭示研究呈现出的新动力、新动向、新成果、新特征。

结语：红船精神研究的回顾与展望，对十多年来红船精神研究进行整体性回顾，总结其中的经验教训，探讨存在的问题，并对今后的红船精神研究进行展望。

（三）研究方法

1. 文献研究法

文献研究法是本书重要的研究方法。红船精神研究之研究最为重要的是梳理与探讨各个时期红船精神的研究成果，而这些研究成果绝大多数是文献。在研究本论题时，必须要通过查阅文献的方法，要全面搜集、掌握、整理红船精神研究成果材料，了解学术界的研究现状，这样既可以为本研究提供思路和借鉴，也可以避免不必要的重复研究。

2. 历史与逻辑相结合方法

任何研究既是一定历史条件下应时代需要所进行的，又是站在以往的研究基础上向前推进的，唯有此，研究本身才会有意义，且能持续发展。要做好红船精神研究之研究，必须要有史学思维，梳理出红船精神研究的历史脉络，做好经验总结；同时又要尊重历史，实事求是地分析各个时期的研究成果，有秩序、有逻辑地阐述红船精神研究成果。

3. 比较研究方法

有比较才有鉴别，在比较中方可知进步。不仅要对不同时期红船精神研究的成果进行比较分析，探讨各个阶段展现出的不同特点及背后的影响因素与深层原因，以便看出红船精神研究的发展与推进；还要对同一时期红船精神研究的成果做比较，分析各自的优劣长短和利弊得失。

第 一 章

红船精神研究的预备阶段
（1921—2005.6）

恩格斯曾说："历史从哪里开始，思想进程也应当从哪里开始。"① 作为一种集中体现建党之际中国共产党人的精神状态、革命品质、意志情况的社会意识，红船精神早就客观地存在于建党的历史之中，并反作用于中国革命、建设与改革，在实践中实现自身发展与嬗变。然而，理论形态的红船精神是在 2005 年浙江嘉兴市南湖区的热烈讨论后，经时任浙江省委书记习近平做进一步理论提炼，得以真正产生。当然，任何一种新学说都不会平白无故地产生，"必须首先从已有的思想材料出发"②。红船精神研究必然是要以这种精神文化的客观存在为前提；理论形态的红船精神是在一定的历史基础和理论积淀下才得以提炼。因此，要很好地了解红船精神研究的酝酿与开启，就必须从红船精神的产生和发展着手，找到相关的理论渊源，才能明白红船精神研究产生的历史必然性。

一 红船精神的发展轨迹

红船精神的产生与发展是红船精神研究发生的客观前提。红船精神，产生于创建中国共产党的伟大实践中，发展于中国革命、建设和改革的

---

① 《马克思恩格斯选集》第 2 卷，人民出版社 1995 年版，第 43 页。
② 《马克思恩格斯选集》第 3 卷，人民出版社 1995 年版，第 719 页。

各个历史时期，这是研究红船精神的历史基础。只有深入历史，才能理解理论形态的红船精神产生的必要性和可能性。

（一）红船精神的最初孕育

任何精神都不是凭空产生的，而是一定历史时空下一定的社会主体在社会实践中培育出来的。恩格斯曾说："一个知道自己的目的，也知道怎样达到这个目的的政党，一个真正想达到这个目的并且具有达到这个目的所必不可缺的顽强精神的政党，——这样的政党将是不可战胜的。"①红船精神正是表征着在近代中华民族深刻变革和重大转折之际中国共产党登上历史舞台的精神风貌。

1. 救亡图存运动的开展是红船精神产生的时代背景

中国历史悠久，勤劳、勇敢、智慧的中华民族曾创造了辉煌灿烂的中华文明。近代以来，中国封建统治者夜郎自大、闭关锁国，加之西方列强入侵不断，中国落后于时代发展步伐，社会动荡不已，人民生活极度贫困，逐渐沦落为半殖民地半封建社会。穷则思变，乱则思定。面对"数千年未有之大变局"，中国无数仁人志士前仆后继，探索外御列强、内求民族复兴之路，同帝国主义和封建主义进行了艰苦卓绝的斗争，从太平天国运动到洋务运动，从戊戌变法到辛亥革命，不同的阶级、阶层纷纷登场，先后提出了不同的救亡方案和政治主张，力图挽救民族危机，但囿于历史与阶级的局限，均以失败告终。那么，要挽救民族危亡，则必须有新的领导阶级与新的指导思想，开辟救国救民的新道路。中国共产党正是在这样的大时代背景下诞生的，红船精神作为中国共产党的建党精神，也正是在这样的背景下应运而生的。

2. 马克思列宁主义的传播是红船精神产生的思想条件

1915 年，陈独秀在上海创办了《青年杂志》，一场新文化运动兴起。在这场前所未有的启蒙运动和空前深刻的思想解放运动中，越来越多的中国先进分子尤其是广大青年冲破了封建思想的束缚，投身到救国救民的运动中去，这就为适合中国的新思潮特别是马克思主义在中国传播创

---

① 《马克思恩格斯全集》第 39 卷，人民出版社 1974 年版，第 139 页。

造了有利条件。1917 年俄国十月革命取得了胜利，为在黑暗中苦苦寻路的中国人民指明了方向。中国先进知识分子开始用马克思主义理论和无产阶级的世界观作为观察国家命运的工具，得出了"走俄国人的路"① 的结论。毛泽东曾说："一九一七年的俄国革命唤醒了中国人，中国人学得了一样新的东西，这就是马克思列宁主义。"② 以李大钊、陈独秀、毛泽东等为代表的先进知识分子开始在中国通过各种形式宣传马克思主义。1918 年 7 月李大钊发表了我国第一篇歌颂十月革命的文章——《法俄革命之比较观》；随后，他又紧接着连续发表了《庶民的胜利》《布尔什维克主义的胜利》等文章，比较系统地介绍马克思主义，开始用无产阶级的世界观思考有关中国革命的问题。通过李大钊等人的宣传，许多中国的先进知识分子开始学习接受马克思主义并将它转化为世界观，成了早期的马克思主义者。

1919 年，五四运动爆发，马克思主义在中国得到了广泛而迅速的传播，与开始登上中国政治舞台的工人阶级相结合，为中国无产阶级政党的创建准备了思想基础与阶级基础。红船精神正是马克思主义理论和中国革命具体实践相结合的产物，其理论基础和思想根源是马克思列宁主义。马克思列宁主义在中国的广泛传播为红船精神产生提供了思想准备。

3. 中国共产党早期组织的成立是红船精神产生的组织条件

在半殖民地半封建社会的中国，帝国主义和封建主义异常顽固，革命任务艰巨而复杂，要想取得成功，解救生活在水深火热中的中国人民，一定要有坚强的领导阶级与革命政党。1919 年，陈独秀从北京秘密转往上海后，积极开展建党工作，1920 年春，正当中国先进分子筹备建党之时，共产国际派出维经斯基等人来华考察，认为中国已经具备建立共产党的条件，并对建党工作给予了一定的指导和帮助。1920 年 6 月，陈独秀同李汉俊、俞秀松等人召开会议决定成立共产党组织，几番酝酿和准备之后，上海共产党早期组织与北京共产党早期组织先后建立。之后，在陈独秀和李大钊等人的联络和推动下，武汉、长沙、广州等地的先进

---

① 《毛泽东选集》第 4 卷，人民出版社 1991 年版，第 1471 页。

② 同上书，第 1514 页。

分子及旅日、旅法华人中的先进分子，也相继建立了党的早期组织。在早期组织建立后，革命分子积极开展马克思主义理论的宣传，推动成立青年团组织、产业工会，促进马克思主义和工人运动相结合。

1921 年 7 月 23 日，中国共产党第一次全国代表大会在上海法租界望志路 106 号李书城的家中召开，在 7 月 30 日第六次会议进行过程中，遭到法租界巡捕的侵扰，会议就此被迫中断，转至浙江嘉兴南湖一条游船上继续召开。这条游船，见证了一个领导中国革命的马克思主义政党的诞生，开启了中国社会发展的新航程，从此，中国共产党引领着中国革命的航船，扬帆起航，劈波斩浪，奋勇前进，为处于黑暗深渊的中国人民带来光明和希望。因此，这条小船也获得了一个永载革命史册的名字——"红船"。红船精神就是在创建中国共产党的伟大实践中形成的。

4. 中国优秀传统文化是红船精神产生的文化底蕴

历史悠久的中华民族传统文化流淌在每个中国人的血液之中，以一种潜移默化的方式深刻影响着中国人的思维方式、价值观念。在中国共产党人建党实践的过程中所形成的"红船精神"也传承着中华民族几千年灿烂文明史所积淀的优秀思想道德观念、价值取向以及行为准则。红船精神所蕴含的丰富内涵都可以从中华民族传统文化中找到相关渊源。

中华民族历来具有积极进取的思想品质，传统文化中有许多歌颂积极上进、敢于革新的首创精神的篇章。《周易》曰："日新之为盛德。"《大学》有"苟日新，日日新，又日新"之句。程颢、程颐教导后人："君子之学必日新，日新者日进也"（《二程语录》），提倡人们要勇于革故鼎新，开拓进取。也正是在这敢于革新传统的推动下，中华民族在政治改革、军事变革、科技上的创新实践闻名于世。红船精神中"首创精神"与中华民族的敢于革新传统密切相关，是对其的创新发展，赋予了其崭新的时代内涵。

中华民族还是一个崇尚立志高远、百折不挠、持之以恒的民族，鼓励读书人树立崇高的理想，以天下为己任，修身，齐家，治国平天下。勤劳智慧的中国人坚信"锲而不舍，金石可镂"（《荀子·劝学》），坚信"古今能成大事者，不惟有超世之才，亦必有坚韧不拔之志"愿意"舍生取义""杀身成仁",这种百折不挠、勇于献身的精神,源于内心强大而坚定的信念。中国共产党人继承了这样的民族精神,立志要为实现共产主义远大理想而不懈奋斗。

在《尚书》中,有"以公灭私"的记载;墨子主张"举公义,辟私怨"(《尚贤》);法家提倡"克己奉公",在传统的政治思想中,把"立公"看作立国之根本原则。一个国家建立起来,想要长期兴旺发达,繁荣昌盛,就必须以民为本,民本思想是中国传统政治哲学思想的核心部分,贯穿于中国古代政治生活的始末,对中国的政治实践具有重要的影响。管仲曰:"政之所兴,在顺民心,政之所废,在逆民心"(《管子·牧民》);孟子提出了民贵君轻的思想,"民为贵,社稷次之,君为轻"(《孟子·尽心章句下》);荀子进一步指出:"君者舟也,庶人者水也。水则载舟,水则覆舟"(《荀子·王制》),提醒统治者要维持统治秩序,治理好国家,就要顺应民心,实施仁政。而传统的民本思想最终目的是维护封建统治阶级的统治和利益,有其局限性,中国共产党人在建党过程中扬弃传统民本思想,旗帜鲜明地指出要坚持全心全意为人民服务。

(二) 红船精神的时代嬗变

作为一种先进的社会意识,红船精神始终像一条红线贯穿于后来中国发展的各个时期,影响着一代又一代中国共产党人,对中国革命、建设与改革的实践发挥着巨大作用,在此过程中也实现了自身的传承与嬗变,孕育了系列革命精神,延伸和发展了红船精神,构建起具有中国特色的革命精神谱系。

1. 红船精神支撑中国共产党成功开辟新民主主义革命道路

1921 年 7 月,中国共产党第一次全国代表大会由上海法租界望志路106 号辗转至浙江嘉兴南湖的一条游船上续开,完成最后议程,庄严地宣告了中国共产党的诞生。正是从这时起,中国共产党立下了为中华民族谋复兴、为中国人民谋幸福的初心使命,把实现社会主义和共产主义的奋斗目标写在了党旗上,始终把建党时期的革命精神投入之后的革命实践中,中国革命的航船开始扬帆起航。

中国共产党诞生后，就担负起历史重任，积极投身革命斗争，将马克思主义与中国具体国情相结合，探索中国革命成功的方向与道路。面对穷凶极恶的帝国主义和势力顽固的国民党反动派，中国共产党始终领导、团结和依靠人民，历经北伐战争、土地革命战争、抗日战争、解放战争，逐步实现了党的工作重心由城市向农村的转移，以"以农村包围城市"的战略布局，以"星星之火可以燎原"的革命信念，筚路蓝缕，成功开创了一条有别于马克思主义经典作家设想的、不同于苏俄式的农村包围城市、武装夺取政权的革命新路。历经 28 年的新民主主义革命取得了成功，推翻了压在中国人民头上的"三座大山"，中国共产党领导人民在 1949 年建立了新中国，实现了中华民族从近代以来的东亚病夫到站起来的历史性转变，开启了中华民族伟大复兴的新纪元。

为了新中国成立，28 年的浴血奋斗中牺牲了无数的共产党人和人民群众，据相关资料不完全统计，为了民族解放和新中国诞生，留下姓名的革命英烈高达 161 万人，而更多的烈士连名字都没有留下。中华人民共和国成立初期毛泽东回顾革命历史，教育全党勿忘革命精神：一定要保持革命战争时期的那么一股劲，那么一股革命热情，那么一股拼命精神，把革命工作进行到底。正是在艰难险阻的革命环境中，中国共产党和人民群众依靠着对马克思主义信仰的革命热情，对不求私利、为广大人民的解放事业的拼命精神，广泛地领导和集结人民群众，将中国革命引向成功。美国前驻华大使司徒雷登认为，"共产党之所以成功，在很大程度上是由于其成员对它的事业抱有无私的献身精神"。中国共产党人在革命时期正是始终不渝地坚持马克思主义的理想信念，保持和发扬了建党时期为之奋斗的初心与精神。红船精神为中国革命提供了坚强的精神支撑和强大的精神指引，并在不同时期在不同的革命实践中孕育出新的革命精神。革命根据地初创时期，井冈山革命根据地的创建、巩固和发展的实践孕育井冈山精神；中国革命处于低潮时期，在中央苏区开辟和发展时期孕育出苏区精神；第五次反"围剿"失败，中共中央和中央红军在 1934 年 10 月 10 日从中央苏区所在地江西瑞金出发，开始长征，实现了从东南到西北的战略大转移，在此革命实践中产生了长征精神；从 1935 年到 1948 年，延安成为中共中央所在地，中国共产党发展巩固时期形成的延安精神。1947年5月到1949年3月的西柏坡时期，形成了西柏坡精神，等等。在中国革命中，红船精神支撑中国共产党成功开辟新民主主义革命道路，又在与革命实践的结合中实现了自身的传承与发展。

2. 红船精神激发中国共产党带领人民探索社会主义建设道路

新中国成立后，摆在党和人民面前艰巨的任务就是如何建设新中国。对此，以毛泽东为代表的中国共产党人在新中国成立之前就有深切的思考与布局。在党的七届二中全会上，毛泽东语重心长地告诫全党，夺取全国胜利只是中华民族伟大复兴万里长征的第一步，"中国的革命是伟大的，但革命以后的路程更长，工作更伟大，更艰苦。这一点现在就必须向党内讲明白，务必使同志们继续地保持谦虚、谨慎、不骄、不燥的作风，务必使同志们继续地保持艰苦奋斗的作风"①，并提出了使中国"稳步地由农业国转变为工业国，由新民主主义国家转变为社会主义国家"即"两个转变"同时并举的思想。以中国共产党人始终如一的精神状态和工作作风建设新中国。红船精神在内的中国革命精神在新的历史条件下进一步发挥作用，激发中国共产党带领人民探索社会主义建设道路。

新中国成立后，毛泽东领导党和人民集中力量恢复国民经济，巩固新生的人民政权，继续推进土地改革运动。经过1949—1952年三年的努力，我国国民经济得以恢复，民主革命遗留任务已经完成，经济、政治及社会面貌发生巨大变化，为全面向社会主义过渡奠定了基础。之后，中国共产党从国情出发，适时提出党在过渡时期的"社会主义工业化与对农业、对手工业和对资本主义工商业的社会主义改造并举"总路线，政治上逐渐确立起人民代表大会制度、中国共产党领导的多党合作和政治协商制度、民族区域自治制度等社会主义基本政治制度，使社会主义基本制度在我国确立，实现了中国历史上最深刻、最伟大的社会变革。

社会主义制度在中国确立之后，摆在中国共产党人面前的新课题就是建设社会主义。在"一穷二白"的东方大国建设社会主义，是一个非常艰难而复杂的问题，它既不能从马克思主义经典作家的书本中找到现

---

① 《毛泽东著作选读》下册，人民出版社1986年版，第651页。

成答案，也不是复制苏联模式能够成功的，只能是从实际出发，在探索中前进。以毛泽东为代表的中国共产党人从新时期面临的新任务出发，提出以苏为鉴，实现马克思主义同中国实际的"第二次结合"，探索出一条适合中国特点的社会主义建设道路。这一时期，党领导人民对社会主义建设道路的理论与实践探索，取得了一系列重要成就和理论成果，也存在一些误差偏离和艰辛曲折。无论是初步探索的成功经验，还是期间的失败教训，对于我们巩固社会主义制度，开创出中国特色社会主义都具有不可否认的意义。

伟大的精神滋养着伟大的事业，伟大的事业培育出新的伟大精神。社会主义建设伟大实践孕育出了抗美援朝精神、北大荒精神、大庆精神、雷锋精神、焦裕禄精神、两弹一星精神等。可以说，这些精神都是红船精神在时代变迁和实践发展中的新体现。

3. 红船精神鼓舞党带领人民奋力开拓中国特色社会主义道路

1978 年召开的党的十一届三中全会重新确立了解放思想、实事求是的思想路线，实现了思想路线、政治路线、组织路线等全面拨乱反正，将党和国家的工作重点转移到社会主义现代化建设，做出改革开放这一决定当代中国命运的伟大决策，开启了当代中国社会"第二次革命"的伟大征程。邓小平曾说："革命精神是十分宝贵的，没有革命精神就没有革命行动。"1980 年 12 月 25 日，邓小平在中共中央工作会议上发表《贯彻调整方针，保证安定团结》讲话时，把革命精神概括为"五种精神"。他说："在长期革命战争中，我们在正确的政治方向指导下，从分析实际情况出发，发扬革命和拼命精神，严守纪律和自我牺牲精神，大公无私和先人后己精神，压倒一切敌人、压倒一切困难的精神，坚持革命乐观主义、排除万难去争取胜利的精神，取得了伟大的胜利。"[1] 中国革命和社会主义建设从胜利走向胜利，丝毫离不开这些革命精神；新时期社会主义现代化建设和改革开放更是要大力弘扬这些革命精神。

党的十一届三中全会以来，以邓小平为核心的党中央始终站在时代前沿，把握时代发展主题，带领中国人民走自己的路，将改革开放和社

---

[1]　《邓小平文选》第 2 卷，人民出版社 1994 年版，第 367—368 页。

会主义现代化建设推向前进，建设有中国特色的社会主义。从小岗村农民按下十八个手印到党中央领导与支持推行家庭联产承包责任制，兴办特区，城市经济体制改革，"大胆实验，大胆地闯"，继续深化探索"什么是社会主义，怎样建设社会主义"这一实践与理论课题，提出了社会主义本质论、"三个有利于"、"社会主义初级阶段"、社会主义市场经济理论等一系列富有创见性的理论，也干成了前无古人的事业，开创了中国特色社会主义，使科学社会主义在中国焕发出了新的活力、生机。

中国特色社会主义是在改革开放新时期开辟的，也是一代又一代中国共产党人紧紧依靠广大人民群众接续奋斗创造出来的。几代中央领导集体接续邓小平开启的改革开放伟大实践，将中国特色社会主义推向一个又一个新的历史起点之上。

改革开放是当代中国社会的伟大变革，是坚持和发展中国特色社会主义的必由之路。任何一项伟大事业，背后必然有无形的精神文化支撑，又能够在伟大实践过程中培育出一系列鲜活的精神，助推着伟大事业继续阔步前进。正是中国共产党人牢记建党的初心，保持建党之时的优良传统、精神风貌和意志品质，才能在历史转折时期把握时代脉搏，成功实现国家发展战略的转轨与转移，在理论与实践的良性互动中开辟中国特色社会主义的新境界，也培育出了以改革创新为核心的时代精神与中国精神。

从上述中国共产党领导人民艰苦奋斗的历程来看，红船精神作为先进的社会意识在中国革命、建设、改革的各个历史时期始终在场，发挥了重要的价值引领和精神支撑作用，体现在各领域、各方面，并在新的时代条件下新的实践中不断衍生出新的革命精神，共同构成了中华民族伟大复兴的精神堡垒。

二　红船精神的历史积淀

任何一个明晰的理论概念都是在一定的理论基础之上提出的。红船精神历经跨世纪的历史积淀，其间有以毛泽东同志为代表的老一辈无产阶级革命家对建党历史及其优良传统的相关论述，也有中华人民共和国成立以来主要国家领导人对党诞生地的亲切关怀，也体现在党和国家领导和支持下南湖革命纪念馆的建立与发展。这些都为后来红船精神的理论提炼、红船精神研究的发生奠定了基础。

（一）毛泽东对建党历史及其精神风貌的相关重要论述

学术界理论形态的红船精神的提出与概括相对较晚，但作为社会意识，集中表现建党时中国共产党人的精神风貌的红船精神则在党史上早就存在，并深受党和国家领导人的重视。以毛泽东同志为代表的老一辈无产阶级革命家对建党历史的回忆，领导全国人民开展中国共产党诞生纪念活动，为红船精神提炼积累了一定的理论基础。

党成立初期、国民大革命和土地革命战争等时期，中国共产党抑或处于秘密状态，抑或斗争于艰苦的战争环境和白色恐怖下，加之党的一大前后在党的文献材料管理上还不是很健全，有关党的一大没有留下任何文献资料，仅共产国际保存的两份文件也是没有名字与时间，党还顾不上组织大规模的统一活动庆祝自己的生日，也没有时间和精力去考证一大召开的具体日期。对于建党历史的记忆存在某种模糊性，也就谈不上对建党精神的总结。

1935年，共产国际倡议对中国共产党成立15周年举行纪念活动。但因当时三大主力红军尚未会师，共产国际这一倡议显然并没有受到党内的关注。从1936年起，陈潭秋、毛泽东等人陆续开始写文章纪念党的建立。1936年7月，陈潭秋写下了《在庆祝党的15周年纪念会上的讲话（提纲）》，8月又在共产国际机关杂志《共产国际》（中文版）第4—5期合刊上发表了《第一次代表大会的回忆》一文。1938年，为纪念党成立17周年，许多抗日根据地的同志，特别是延安的同志向一大亲历者毛泽东和董必武询问大会召开的时间，以隆重纪念党的生日。但由于记忆的模糊性以及关于一大会议资料的匮乏，一时难以得到确切日期。为了适应纪念活动的现实需要，毛泽东和董必武两人商定以7月1日作为党诞生的象征性纪念日。不久，1938年"七一"前夕，毛泽东在"论持久战"的演讲中，明确提出："7月1日，是中国共产党建立17周年纪念日。"1941年6月，中共中央发布了《中央关于中国共产党诞生20周年、抗战

4 周年纪念指示》，第一次以文件的形式确立每年的 7 月 1 日作为党的诞生纪念日，倡议要在全党范围内开展纪念活动，并提出"采取各种办法，举行纪念，并在各种刊物出特刊或特辑"，等等。还对此次纪念活动做了进一步的指示与说明：在党外，"要深入宣传中共 20 年来的历史，是为中华民族与中国人民解放事业英勇奋斗的历史。他最忠实的代表中华民族与中国人民的利益"。在党内，"要使全党都明了中共在中国革命中的重大作用，在今天他已成为团结全国抗战争取抗战胜利的决定因素"，"每个党员都要正确懂得如何运用党的统一战线方针，要加强策略教育，与学习党在 20 年革命斗争中的丰富经验"。建党纪念活动的开展，自然都要对党建立的历史过程和建党以来党领导人民的革命历程进行集体记忆的建构，产生新的历史叙事方式，以勉励全党要继续保持以往的革命热情、精神意志投入未来的革命实践中去。例如，1948 年 7 月 1 日，刘少奇在纪念建党 27 周年大会上发表讲话说："中国共产党的产生，是中国历史上空前重大的一个事件。从中国共产党产生以后，中国历史的发展就离不开共产党，不但离不开共产党，而且是以共产党为中坚来发展的。"[1]

毛泽东在 1945 年 4 月 21 日召开的党的七大预备会议上回忆起党的成立情况说："一九二一年，我们党开第一次代表大会……所谓代表，哪有同志们现在这样高明，懂得这样，懂得那样……我们中国《庄子》上有句话说：'其作始也简，其将毕也必巨。'现在我们还没有'毕'，已经很大……我们那时候就是自己搞的，知道的事也并不多，可谓年幼无知，不知世事。但是这以后二十四年就了不得，翻天覆地！"他回顾党走过的 24 年历程，动情地说："我们党尝尽了艰难困苦，轰轰烈烈，英勇奋斗。从古以来，中国没有一个集团，像共产党一样，不惜牺牲一切，牺牲多少人，干这样的大事。"[2] "其作始也简，其将毕也必巨"，既是毛泽东作为一大参与者和党的最高领袖对党的建立与发展的切身感受，也是中国共产党从无到有、从小到弱、从弱到强、由星星之火到燎原之势最为真

---

[1] 《刘少奇年谱（1898—1969）》下卷，中央文献出版社 1996 年版，第 537 页。

[2] 《毛泽东文集》第 3 卷，人民出版社 1996 年版，第 292 页。

切的历史写照。

1948 年 11 月，毛泽东在《全世界革命力量团结起来，反对帝国主义的侵略》中指出："既要革命，就要有一个革命党。没有一个革命的党，没有一个按照马克思列宁主义的革命理论和革命风格建立起来的革命党，就不可能领导工人阶级和广大人民群众战胜帝国主义及其走狗。……自从有了中国共产党，中国革命的面目就焕然一新了。"① 毛泽东的论述说明了建立起一个以马克思列宁主义为指导的革命政党对革命的重要性，深刻指出了中国共产党诞生对中国革命的历史性意义。

1949 年 9 月，毛泽东在《唯心历史观的破产》中指出："一九一七年的俄国革命唤醒了中国人，中国人学得了一样新的东西，这就是马克思列宁主义。中国产生了共产党，这是开天辟地的大事变。"② 毛泽东深刻说明了中国共产党诞生的伟大意义。他进一步指出："自从中国人学会了马克思列宁主义以后，中国人在精神上就由被动转入主动。"③ 这揭示了马克思列宁主义在中国的传播、中国共产党的创立对于中国人民的精神发展的变革性意义，也暗含着中国共产党的建党精神在中华民族精神中的地位与作用。

以毛泽东为代表的中国共产党人对建党历史的集体回忆，以及确定建党纪念日，特别是毛泽东的"其作始也简，其将毕也必巨"，"自从有了中国共产党，中国革命的面目就焕然一新了"，"中国产生了共产党，这是开天辟地的大事变"等一系列论述，成为红船精神提炼的理论之源。

（二）中共一大会址的勘定及相关纪念馆的建立与发展

中国革命精神既存在于党和人民的头脑里，又体现在党领导人民进行的社会实践中，还蕴藏在相关的文化物质载体之中，如与党的一大有关的历史文献、革命战争遗址、革命纪念地等。文化物质载体不是一种天然的物质存在，而是革命精神支配下的实践产物，是其所承载革命精

---

① 《毛泽东选集》第 4 卷，人民出版社 1991 年版，第 1357 页。
② 同上书，第 1514 页。
③ 同上书，第 1516 页。

神的"物化"，它的继续发展推动其所承载的革命精神的当代传承。

中共一大会址纪念馆是红船精神非常重要的物质形态，它的建设与发展也推动着红船精神在实践中得到宣传与发展、在思想理论上获得重视与积淀。党的一大在上海召开会议期间受到法国巡捕袭扰，会议转移至浙江嘉兴南湖举行。在党和国家的领导和关怀下，在上海一大会址（原望志路 108 号，现兴业路 78 号）的基础上建立了一大会址纪念馆；基于中共一大南湖会议会址建立了南湖革命纪念馆。

1. 上海一大会址的修缮与发展

在中共中央和中央人民政府领导开展全国革命史迹征集调查工作的背景之下，1950 年 9 月，经时任中共上海市委书记陈毅同志提议和市委讨论一致决定，要举力寻找、调查、核实一大会址，恢复会址的原来面貌，修建成为纪念馆。历时半年的寻找，在 1951 年 4 月找到并确定现在这个地方，即原上海望志路 106 号、108 号，现兴业路 76 号、78 号。①其后，就开始着手进行管理和修缮工作。根据中央文化部门确立的"修缮和布置革命纪念馆应以恢复原状为原则"和时任国家文物局局长王冶秋视察一大会址时给出"革命历史纪念馆的布置和应该完全恢复当年原装，使来馆景仰者能想象当时情景而生肃然起敬之感"的指示与建议，在上海市委和相关部门的领导下，纪念馆工作人员进行旧址的复原工作。在李达、包惠僧、薛文淑（李书成的妻子、李汉俊的嫂嫂，中共一大会址的房屋主人）、旧址周围的老居民等人的回忆下，特别是董必武、胡乔木等亲临旧址对具体工作提出要求，纪念馆工作人员等多方面人员共同努力，终于再现了一大会址当年的情景。1968 年正式改名为中国共产党第一次全国代表大会会址纪念馆，对外开放。

由于原馆舍规模较小不能满足日益增长的参展要求，经上级领导机构批准，1968 年 8 月，动迁了树德里后排，即黄陂路 374 弄 1 号至 4 号的居民区，将其作为辅助陈列用房和公用房，并于 1971 年 6 月完工。在对后排的修缮过程中仍然是以复原为原则，使得前后两排建筑互为一体，

---

① 陆米强：《作始也简 将毕也巨——中共"一大"会址修缮复原经过》，《上海党史研究》1994 年第 4 期。

使这栋上海20世纪20年代初的石库门成为中共一大会址的标志性建筑。

根据党的十五大提出的大力弘扬爱国主义精神，加强社会主义精神文明建设的新要求，1996年5月由中共上海市委组织部在内的八个部门联合向市委报告，要求扩建党的一大会址纪念馆，同年6月正式获批，于1998年6月10日正式开土动工。项目实施期间，还受到上海本市各级党、团和工会组织、部分机关、企事业单位和广大人民群众的支持和拥护，或以捐款的形式，或以义工、志愿服务形式，其中捐款总额达200多万元，占整个工程建设总投资的2/3。[①] 1999年5月26日，纪念馆重新开放。一大会址纪念馆扩建工程新建筑位于一大会址西侧，占地面积715平方米，总面积2136平方米，建筑风格与一大会址建筑风格一致，延续了20世纪20年代上海典型的石库门民居风貌。新建筑以前二层、后三层为基本布局，一层主要为观众服务设施；二层为展览厅。展厅为《中国共产党创建历史文物陈列》，有"中国共产党的成立是中国近代历史发展的必然结果""中国共产党的成立是马克思列宁主义与中国工人运动相结合的产物"和"中国共产党的成立是开天辟地的大事变"三大幕，共展出历史文物、史料和照片148件，以鲜明的主题、丰富的内容、新颖的形式形象直观地向观众展示中国共产党创建的伟大历程，让广大人民群众备受精神鼓舞。

自上海一大会址纪念馆修缮和建设以来，就受到了党和国家及相关部门的高度重视，于1959年5月26日被列为上海市文物保护单位；1961年3月4日被列为第一批全国重点文物保护单位；1996年又被国家文化部、国家教委、团中央等六个部门列入"全国中小学爱国主义教育基地"；1997年，中共中央宣传部又将一大会址纪念馆列入全国爱国主义教育示范基地等，并在实践中发挥重要的宣教功能。

2. 南湖革命纪念馆的建立与发展

1958年，为迎接新中国成立十周年的到来，纪念中国共产党的诞生暨一大会议在南湖顺利闭幕这一伟大历史事件，以及更好地保护好、管

---

① 倪兴祥：《中共"一大"会址纪念馆扩建工程介绍》，《上海革命史资料与研究》2002年第1期。

理好一大南湖会议会址，嘉兴市委决定，筹建南湖革命纪念馆。馆址选在湖心岛，其"镇馆之宝"自然是见证中国共产党诞生的一大开会所用的游船。但时过境迁，要找到 30 多年前一大代表开会所用的游船绝非易事，经过多方努力也未果。为了还原历史场景，最终决定仿制一条一大纪念船。仿制过程中，经过广泛的调查和线索征集，请来了 30 多名老舵工、老船匠、老渔民、老游客等，在嘉兴、无锡两地开了五六次座谈会，后经王会悟回忆，确定了开会的游船是一条中型单夹弄丝网船，再着手绘制游船的图纸和制作游船模型，并专门将游船的模型和图纸上报到中央办公厅，向毛泽东做了汇报。最后，一大会议亲历者董必武和王会悟对游船细节进行了补充："嘉兴县委宣传部放大仿制了一只游船：船长 14 米、中宽 2.8 米，分为船头、前舱、中舱、房舱、后舱五部分，前舱搭有凉篷，房舱设有床榻，一条夹弄把前、中、后舱和房舱贯通。客堂间的屋顶有气楼，篷悬明灯，摆放着四四方方的八仙桌和古旧朱漆的椅凳茶几，显得典雅朴素。"①

1959 年 10 月 1 日，精心制作的一大会议纪念船下水，停泊在湖心岛烟雨楼东南岸水面，生动地展示了中国共产党诞生的历史场景。在烟雨楼大厅内陈列展出了一大相关史料。从此，南湖红船声名远扬，成为我国重要的革命文物，作为党的诞生地之一的一大南湖会议会址也有了专门管理、保护、研究的组织机构。

为了更好地发挥一大南湖会址的党史和革命传统教育作用，扩大南湖革命纪念馆的影响力，1990 年，15 个单位联合发出《关于开展集资兴建南湖革命纪念馆的联合倡议书》。在尊重广大群众意愿的基础上，结合当地实际情况，1990 年 6 月，嘉兴市委在全市开展了"我为南湖增光辉"活动，以"爱党、爱社会主义、爱家乡"为教育主题，发动全市的党员、群众捐款建造南湖革命纪念馆新馆舍，将重建纪念馆的活动引向深入。老馆长章水强回忆道，南湖儿女为此次建馆共捐款 320 余万元。② 1990 年

---

① 孟红：《从上海法租界到嘉兴南湖游船——中国共产党诞生地寻踪》，《党史纵横》2011 年第 7 期。

② 施娜：《南湖革命纪念馆三次建馆》，《观察与思考》2011 年第 7 期。

10 月 25 日，南湖革命纪念馆建设工程正式动工，工程历时半年多，于 1991 年 6 月 20 日全面竣工，以献礼中国共产党诞生 70 华诞。该馆建筑面积 1980 平方米，主体建筑俯瞰呈中国共产党党徽的镰刀铁锤形状，总高为 19 米。纪念馆一楼展厅以《党和国家领导人对南湖的关怀》为主题，主要陈列了国家领导人来南湖视察的照片和题词、题字手迹等；二楼展厅为《开天辟地大事变——中共"一大"史料陈列》，向人民展示从 1840 年鸦片战争到 1921 年中国共产党成立这一段时期的历史风云。

南湖革命纪念馆自成立以来，发挥了巨大的社会教育功能，有数以万计参观者来参观与瞻仰。南湖革命纪念馆曾两次（分别是 1961 年和 1981 年）获省重点文物保护单位的殊荣；1997 年，被中共中央宣传部确定为全国首批爱国主义教育示范基地；2001 年嘉兴南湖中共一大会址还被国务院列为全国重点文物保护单位。

上海一大会址纪念馆和南湖革命纪念馆自建馆以来，以独特的政治地位和厚重的历史文化资源，承担着保存建党相关历史文物、研究建党历史、宣传建党事迹、传承建党精神的光荣使命和神圣义务，是"红船精神"重要的物质载体。尤其是在嘉兴南湖革命纪念馆湖心岛落水的红船，成为建党历史的一个最为生动的历史缩影，成为建党精神丰碑的外化表现，在人民群众心中生成了"一船红中国，万众跟党走""扬帆起航""劈波斩浪、风雨同舟"等美好联想，为后来"借物"红船来进一步命名建党精神，提出"红船精神"概念奠定了基础。此外，纪念馆以丰富的内容和鲜活的形式生动直观再现历史画面，在广大人民群众中宣传红船精神。

（三）党和国家主要领导人亲切关怀党的诞生地

上海一大会址和一大南湖会址作为党的诞生地，具有独特的政治地位，在确立、修缮、复原、建馆过程中就深受党和国家高度关注和重视。建馆之后，党和国家主要领导人更是亲切关怀党的诞生地，前来参观、视察，或题字或题词或赋诗，为后来提炼、学习、研究、弘扬和传承红船精神提供了宝贵的精神财富和珍贵的历史资料。

1. 老一辈无产阶级革命家的关怀

上海一大会址和一大南湖会议会址先后确定以来，就得到了党和国家的深切重视。许多中央领导人和知名人士前来视察参观，或者题字、题词，赋予了党的诞生地新的光辉。1958 年 11 月 1 日，刘少奇前往上海一大会址参观。1963 年 8 月，宋庆龄寄来了为南湖革命纪念馆的题词：纪念南湖革命圣迹，学习前辈革命精神。尔后，聂荣臻、徐向前等老一辈无产阶级革命家，刘海粟、沙孟海等著名书画家也纷纷挥毫留墨，为南湖革命纪念馆撰写题词和书画作品。郭沫若曾先后两次为南湖革命纪念馆作诗题词。1963 年，郭沫若应邀为南湖书画社题写下了："闻有飞鸿岁岁来，于今当复满春台。鸳湖四百棹歌外，国际歌声入九陔。"1964 年 5 月 19 日，郭沫若瞻仰南湖，写下了"又披烟雨上楼台，革命风雷气象开。菱角无根随水活，一船换却旧三才"，缅怀这一历史大事和革命传统。

作为党的一大代表，董必武参与并见证了中国共产党成立，自然比一般人对一大会址有更浓厚的感情，对中国共产党由小到大、由弱到强的发展历程有更深切的体悟。在上海一大会址复原和修缮以及南湖纪念馆建设的过程中，董老就非常关心，亲临视察工作，根据自己回忆和思考给出了极为宝贵的建议。1956 年 2 月，他再一次来到了上海一大会址，写下了"作始也简，将毕也巨"和"马列主义只要有人会在劳动人民中传播，革命的道理就会在群众间生根，群众的革命运动就会发荣滋长起来"的题词，深刻地说明中国革命从小到大的发展规律、马克思主义必须要与人民群众革命实践相结合的深刻哲理。1964 年 4 月，董必武重返南湖，登上了纪念船，仔细打量了纪念船的内外构造形态，肯定纪念船"造得对的，造得成功的"，写下了"革命声传画舫中，诞生共党庆工农。重来正值清明节，烟雨迷蒙访旧踪"诗句，还为南湖革命纪念馆烟雨楼作了一副对联——"烟雨楼台　革命萌生　此间曾著星星火；风云世界逢春蛰起　到处皆闻殷殷雷"，深刻缅怀了中国共产党在激荡风云中诞生的伟大事迹、革命传统以及中国革命取得伟大胜利的重大意义。

老一辈无产阶级革命家亲切关怀党的诞生地，参观上海一大会址，瞻仰嘉兴南湖红船，以题诗赋词等形式既流露出对党在革命中发展壮大的切身感悟,又为后人了解党的诞生提供了宝贵的资料。

2. 改革开放以来党和国家主要领导人的关怀

改革开放以来,邓小平、江泽民、胡锦涛等党和国家领导人,亲切关怀党的诞生地,或瞻仰红船,勉励我们"沿着南湖红船开辟的革命航道奋勇前进",为我们在新时期学习和弘扬红船精神指明了方向。

邓小平曾先后受邀为一大会址题写馆名。1984 年 3 月,邓小平欣然提笔,为上海一大会址题写馆名。1985 年初,一份郑重的请求送往北京,提请邓小平同志为南湖革命纪念馆题字。邓小平一气呵成写下"南湖革命纪念馆"七个大字。邓小平的题字被制成了金匾,在同年 12 月 28 日举行了隆重的揭匾仪式。1986 年 1 月,胡耀邦为南湖革命纪念馆题写了"中共一大会址"。1986 年 6 月 21 日,胡乔木前来参观上海一大会址,应邀题字,写下了"中国共产党的历史证明,马克思主义原理与中国实际相结合,党与广大人民群众相结合,就一定能够战胜各种艰难险阻而取得最后胜利"。1991 年 7 月 8 日,时值建党 70 周年之际,江泽民、田纪云、温家宝一行视察南湖。抚今追昔,江泽民欣然落笔,写下了"发扬党的优良传统,坚持党的基本路线,努力夺取建设有中国特色社会主义的新胜利"的励志豪言。1993 年 2 月 24 日,江泽民再次亲临南湖,为南湖革命纪念馆题词"瞻仰红船 中国特色社会主义的新胜利"。1991—1993 年底中央领导同志李鹏、陈云、彭真、李先念、姚依林等先后为南湖革命纪念馆题词。1991 年 3 月 18 日,彭真登临南湖红船时深情地说:"这船不大,但前途远大,有了这艘船,才诞生了社会主义中华人民共和国。"他充分肯定和高度重视中共一大南湖会址和南湖红船的历史地位。1999 年 5 月 18 日,江泽民在上海一大会议纪念馆扩建工程即将完工之际,留下题词:没有共产党就没有新中国。胡锦涛于 2001 年 5 月视察南湖签名留影。

改革开放以来,多位党和国家领导人先后为上海一大会址纪念馆、南湖革命纪念馆题词、题诗或亲临视察,留下了许多珍贵的墨宝,为党的诞生地增添了时代光彩,也为红船精神的提炼奠定了深厚的理论基础。在跨世纪的历史积淀过程中,红船精神的概念提出和内涵提炼呼之欲出。

三　红船精神的理论提出

跨世纪的历史发展和理论积淀，为红船精神的提炼奠定了深厚的历史和理论基础，但红船精神的概念始终未能正式提出，对于建党精神的研究、宣传与弘扬也缺乏完整权威的表达。进入 21 世纪，立足中国特色社会主义伟大实践，应时代课题之需要，2005 年，习近平在浙江嘉兴市南湖区开展以"精神传承、思想升华"为主要内容的红船精神大讨论活动的基础上，正式公开提炼了红船精神，在《光明日报》上发表了署名文章《弘扬"红船精神"　走在时代前列》，对红船精神的内涵、地位、价值等做了相关阐述，将红船精神推向全国。这是红船精神的理论形态的初步形成。

（一）提炼红船精神的基本背景

时代是思想之母，实践是理论之源。任何理论都是在一定的历史背景下，应时代发展之要求而提出。形成于建党前后的红船精神的理论形态在新世纪得以提出，与党的先进性建设这一时代课题息息相关，也与包括红船精神在内的中国共产党革命精神史及其研究状况密切相关。

1. 党的先进性建设的时代课题具有历史寻根的客观需要

如何保持和发展党的先进性是当时全党共同探索的时代课题，2005 年在全党开展的保持共产党员先进性教育活动是红船精神得以提炼的重要契机。

20 世纪 80 年代末 90 年代初，东欧剧变、苏联解体给世界社会主义运动带来重挫，我国社会主义事业发展面临着巨大的压力，在此重大历史关头，"建设什么样的党，怎样建设党"这一重大理论与现实课题就摆在了中国共产党人面前。党的十三届四中全会以后，国际局势风云变幻，我国改革开放和现代化建设的进程波澜壮阔，以江泽民为代表的中国共产党人，始终高度重视加强党的先进性建设，坚持和发展马克思主义特别是马克思主义党建理论，对这一时代课题进行了艰辛探索和创造性回答，形成了以"中国共产党必须始终代表中国先进生产力的发展要求，代表中国先进文化的前进方向，代表中国最广大人民的根本利益"为核心观点的"三个代表"重要思想。正如江泽民所说："在实行改革开放和发展社会主义市场经济的条件下，'建设一个什么样的党、怎样建设党'，是一个重大的现实问题，直接关系到我们党和国家的前途命运。党的十四届四中全会和十五大提出的党的建设的新的伟大工程，就是回答这个问题的。"党的十六大报告对"三个代表"重要思想的时代背景、历史地位、精神实质和指导意义做了阐述，将"三个代表"重要思想与马克思列宁主义、毛泽东思想和邓小平理论一道确立为党必须长期坚持的指导思想，并写入党章。

党的十六大以来，以胡锦涛为代表的中国共产党人接续中国特色社会主义事业，继续推进党的先进性建设，在党的十六届四中全会着重研究了加强党的执政能力建设的若干重大问题，明确了加强党的执政能力建设的主要任务和各项部署。为了学习贯彻党的十六大和十六届四中全会精神，全面贯彻"三个代表"重要思想，加强党的执政能力建设，党中央发布《中共中央关于在全党开展以实践"三个代表"重要思想为主要内容的保持共产党员先进性教育活动的意见》，从 2005 年 1 月开始，用一年半的时间，坚持"理论联系实际、务求实效、坚持正面教育为主，认真开展批评与自我批评，坚持发扬党内民主，走群众路线，坚持领导干部带头，发挥表率作用坚持区别情况，分类指导"的原则，在全党开展以实践"三个代表"重要思想为主要内容的保持共产党员先进性教育活动。

全国各地立足地域优势，结合实际工作，掀起了学习教育的热潮。保持和发展马克思主义政党的先进性，历来是马克思主义政党的根本性课题，党的历史既是一部领导人民探索中华民族伟大复兴的历史，也是一部保持党的先进性建设、始终走在时代前列的历史。不忘历史，才能开创未来，中国共产党是一个善于学习借鉴历史、总结历史经验的政党，党的先进性建设这一时代课题和教育实践活动自然有对党的先进性历史探源、理论寻据、精神觅根的现实需要。红船精神的提出也正是在浙江省嘉兴市南湖区立足独特地域特色和独特的文化资源开展保持共产党员先进性教育的实践中产生的。

2. 中国共产党革命精神谱系在早期革命时期存在补位的可能

从已经明确提炼的中国共产党革命精神谱系看,1921年中国共产党成立到1927年大革命失败还不见明确的革命精神提出,而这一时期是中国共产党诞生并成长为独立领导武装革命斗争政党的重要阶段,在历史上产生了许多优良的精神财富值得继承和发展,存在提炼的必要和可能。

中国共产党的历史是一部党领导人民进行革命、建设和改革的艰苦奋斗史,也是结合新的历史条件和社会实践不断弘扬发展革命精神的历史。在新民主主义革命时期,中国共产党在革命实践中孕育出一系列具有特定表现形态的革命精神,并在不同革命阶段形成了一些具有里程碑意义的精神坐标,红船精神、井冈山精神、苏区精神、长征精神、延安精神、西柏坡精神,"成为中国共产党民主革命时期的最光辉、最具有里程碑意义的'六种革命精神'"[1]。中国共产党人非常重视这些弥足珍贵的革命精神,将其作为治国理政的重要资源,并教育广大党员和人民群众要在实践中自觉弘扬与传承。作为中国革命道路的开辟者与中国革命精神的培育者和弘扬者,毛泽东曾深刻地指出:"我们中华民族有同自己的敌人血战到底的气概,有在自力更生的基础上光复旧物的决心,有自立于世界民族之林的能力"[2],宣示着中华民族革命精神的伟大气概与恢宏志向。

这六大精神坐标代表了中国共产党在不同历史时期的典型精神形态铸造。在这六大精神坐标之中,红船精神形成最早,却是提出最晚的。

井冈山精神的提出较早,学界对此展开了一系列探讨和研究。毛泽东、邓小平等人对井冈山精神都有过重要论述。1965年5月,毛泽东重上井冈山,忆往昔岁月,告诫人们"艰苦奋斗的精神不要丢了,井冈山的革命精神不要丢了"[3],第一次提出了"井冈山的革命精神"这一科学命题。1972年,邓小平到井冈山调研时回忆往昔,感叹"当年干革命真艰苦,要好好发扬井冈山精神,传统丢不得",正式提出了"井冈山精

① 邱小云:《中国共产党革命精神的历史坐标》,《光明日报》2013年4月21日第11版。
② 《毛泽东选集》第1卷,人民出版社1991年版,第161页。
③ 汪东兴:《汪东兴日记》,当代中国出版社2010年版,第178页。

神"的概念。之后，江泽民、胡锦涛等几代领导人都到井冈山视察，瞻仰红色足迹，结合时代特点阐释了井冈山精神。1993年，胡锦涛首次上井冈山时，明确指出："发扬井冈山精神尤其要弘扬以下三个方面：第一，实事求是、勇闯新路的精神；第二，矢志不移、百折不挠的精神；第三，艰苦奋斗、勇于奉献的精神。"2001年，江泽民视察江西时，将井冈山精神概括为"坚定信念、艰苦奋斗，实事求是、勇闯新路，依靠群众、勇于胜利"①。在几代国家领导人带动下，井冈山精神在新的时代条件下得到进一步的学习、传播和弘扬，学术界对井冈山精神展开了深入研究，取得了一些成果，如刘孚威编著的《井冈山精神：中国共产党革命精神之源》②、黄宏编著的《井冈山精神》③等，观点鲜明，内容丰富，较为系统地阐述了井冈山精神的形成历史、科学内涵、时代价值等方面，是在当时研究和宣传井冈山精神的重要作品。

苏区精神是指土地革命战争时期毛泽东、周恩来、朱德等老一辈无产阶级革命家和中央苏区人民群众在革命斗争的实践中创立的一种革命精神。新中国成立后特别是改革开放以来，对于苏区历史留下的宝贵革命传统和精神作风，中央领导人给予了高度的关注与充分的肯定。1996年，江泽民在赣南老区视察时指出，"我们要把老区的精神和传统世世代代传下去，永远发扬光大"。2003年8月，胡锦涛视察赣南老区时强调，革命前辈们在艰苦卓绝的革命斗争中培育起来的革命精神和优良传统，对于我们坚定信念、鼓舞斗志、做好工作具有重大的现实意义，永远是我们前进道路上战胜各种困难和风险、不断夺取新胜利的强大精神力量。然而，当时苏区精神并没有引起学界足够的关注，而且在很长的一段时间甚至把这一时期形成的革命精神统统纳入井冈山精神系列当中。④从已有的文献资料来看，相比较而言，学界对于苏区精神的研究也较晚，起

---

① 《结合群众实践加强党的建设　深入基层为百姓办实事好事》，《人民日报》2001年6月4日第1版。

② 刘孚威编著：《井冈山精神：中国共产党革命精神之源》，江西人民出版社1999年版。

③ 黄宏编著：《井冈山精神》，人民出版社2005年版。

④ 徐东升、孙海英、叶桉：《中国共产党革命精神研究》，山东人民出版社2017年版，第45页。

步于 20 世纪 90 年代。① 2000 年以来，学术界对苏区精神给予了更多的关注，也取得了一些研究成果。

长征是中国共产党革命史的重要组成部分，长征精神是中国革命精神和中华民族精神的伟大丰碑。关于红军长征的伟大历史意义，在中央红军到达陕北胜利结束长征以后，毛泽东在《论反对日本帝国主义的策略》一文中曾说："长征是历史纪录上的第一次，长征是宣言书，长征是宣传队，长征是播种机。"但直至长征胜利 30 周年之际才有学者关注这一论题。② 1996 年，江泽民在长征胜利六十周年纪念大会上对长征精神做了系统性总结。他指出："这种精神，就是把全国人民和中华民族的根本利益看得高于一切，坚定革命的理想和信念，坚信正义事业必然胜利的精神；就是为了救国救民，不怕任何艰难险阻，不惜付出一切牺牲的精神；就是坚持独立自主，实事求是，一切从实际出发的精神；就是顾全大局、严守纪律、紧密团结的精神；就是紧紧依靠人民群众，同人民群众生死相依、患难与共，艰苦奋斗的精神。"③ 之后，学界给予了更多的关注，展开更为深入而系统的研究，取得了一些理论成果，如陈宇编著的《长征精神万岁》④，以史论结合的方法研究了长征精神。

延安精神，即 1935 年 10 月，毛泽东等率领中国工农红军经过长征胜利到达陕北后，以毛泽东为代表的党中央领导陕甘宁边区军民战胜严重经济困难和与国内外敌人长期斗争形成的革命精神。早在 1942 年，毛泽东在陕甘宁边区高干会上做《经济问题和财政问题》报告时曾指出，"延安县同志们的精神完全是布尔什维克的精神"，号召全边区的同志学习延

---

① 这一时期主要代表性论文有：刘亨江、邹鸿等的《苏区精神的主要内容及表现形式》（老区建设，1991 年第 3 期）；赖余房的《建设社会主义需要继承和发扬中央苏区精神》（老区建设，1991 年第 1 期）；钟兆云的《苏区精神耀千古》（福建党史月刊，1992 年第 3 期）；张志南的《弘扬苏区精神》（福建党史月刊，1993 年第 11 期）；陈晓蓉的《略论闽浙赣苏区精神文明建设》（华东交通大学学报，1997 年第 4 期）等，对苏区精神进行了初步的探讨，产生了一定的学术影响与社会影响。

② 李安葆：《继承和发扬工农红军长征的伟大革命精神》，《前线》1965 年第 19 期。

③ 江泽民：《在纪念红军长征胜利六十周年大会上的讲话》，《人民日报》1996 年 10 月 23 日第 1 版。

④ 陈宇编著：《长征精神万岁》，黄河出版社 1996 年版。

安县同志们的精神。当时人们口语谈论中就将其简化为"延安精神"。这是延安精神概念的最早生成。中华人民共和国成立以后，周恩来等中央领导人对延安精神有过论述。1980 年 12 月中央工作会议上，邓小平号召宣传恢复和发扬延安精神，把延安精神总结为"艰苦奋斗的创业精神"。之后，邓颖超、习仲勋、胡乔木、邓力群、彭真等老一辈革命同志都对延安精神做过论述。例如，1986 年，彭真在《红旗》杂志上发表了题为《继续发扬延安精神和延安作风》的文章，指出延安精神和延安作风的主要内涵就是"实事求是，全心全意为人民服务，自力更生，艰苦奋斗"。1990 年 4 月，江泽民为《共产党人》杂志题词"延安精神永放光芒"。他在 2002 年视察延安时，对延安精神做了重要论述，将其概括为"坚定正确政治方向，解放思想、实事求是的思想路线，全心全意为人民服务的根本宗旨，自力更生、艰苦奋斗的创业精神"，指出"延安精神，体现了我们党马克思主义政党的性质，体现了我们与时俱进的思想风范，体现了我们党与人民同呼吸、共命运的优良作风，体现了中国共产党人一往无前的奋斗精神"，号召"我们始终要大力弘扬延安精神"[1]。2004 年 4 月，胡锦涛视察陕西时强调，"我们要坚持和发展延安精神，很重要的就是大力弘扬求真务实精神，大兴求真务实之风"[2]。在众多中央领导同志的论述和阐发下，延安精神的内涵得到了多方面和多角度的提炼，延安精神研究得到了稳步扎实的推进，涌现出杨植霖的《论发扬延安精神》[3]、曹莉莉主编的《延安精神纵横谈》[4]、宋易风主编的《延安精神概论》[5]、黄宏主编的《延安精神》[6] 等理论著作，对延安精神的形成、发展、内容及其现实意义做了阐述，丰厚了延安精神的基础理论阐释，扩大了延安精神在全党全国的影响力。

---

[1] 《毛泽东邓小平江泽民论弘扬和培育民族精神》，学习出版社 2003 年版，第 319—320 页。

[2] 《胡锦涛考察陕西　扎扎实实促进粮食增产农民增收》，《人民日报》2004 年 4 月 14 日第 1 版。

[3] 杨植霖：《论发扬延安精神》，甘肃人民出版社 1989 年版。

[4] 曹莉莉主编：《延安精神纵横谈》，陕西人民教育出版社 1991 年版。

[5] 宋易风主编：《延安精神概论》，陕西人民出版社 1991 年版。

[6] 黄宏主编：《延安精神》，人民出版社 2005 年版。

西柏坡精神是新民主主义革命即将胜利，中国共产党走向全面执政时形成的伟大革命精神，是党的优良作风和良好品质在重大历史关头的一次大检验、大总结、大重塑。毛泽东在党的七届二中全会上指出，"务必使同志们继续地保持谦虚、谨慎、不骄、不躁的作风，务必使同志们继续地保持艰苦奋斗的作风"①。党中央和毛泽东在西柏坡时期的光辉成就，是中国新民主主义革命历史的辉煌篇章，是我们弥足珍贵的精神财富。1988 年时值中共中央进驻西柏坡 40 周年，河北省开展纪念活动，首次提出"西柏坡精神"。之后，一些理论工作者开始探讨西柏坡精神。之后，江泽民、胡锦涛等领导人分别于 1991 年、2002 年前往西柏坡参观考察，回顾党带领人民进行伟大革命斗争的光荣传统，重温毛泽东在七届二中全会上的讲话，从中汲取继续建设中国特色社会主义的伟大力量。经过多年的理论研究和实践传承，形成了一批西柏坡精神研究的理论成果，如谢忠厚主编的《历史转折之魂——西柏坡精神》② 是国内第一部比较全面、系统地研究西柏坡精神的学术专著；黄宏主编的《西柏坡精神》③ 是一部揭示西柏坡精神的历史学内涵的著作；周振国和肖贵清联合主编的《西柏坡精神学习读本》④ 是一部以加强党的先进性建设为主题、帮助广大干部群众特别是青年学习西柏坡精神的简明读本和良好教材。

20 世纪 90 年代，研究者多将党的革命精神归纳为三种，即井冈山精神、长征精神、延安精神。⑤ 进入 21 世纪后，随着西柏坡精神学术认同度和社会影响力逐渐增强，学者们又将它纳入其中，成为四种革命精神说。⑥ 2005 年 4 月，人民出版社出版的"弘扬革命精神系列丛书"，由《井冈山精神》《长征精神》《延安精神》《西柏坡精神》四本书构成。虽

---

①　《毛泽东著作选读》下册，人民出版社 1986 年版，第 651 页。

②　谢忠厚主编：《历史转折之魂——西柏坡精神》，河北教育出版社 1999 年版。

③　黄宏主编：《西柏坡精神》，人民出版社 2004 年版。

④　周振国、肖贵清主编：《西柏坡精神学习读本》，社会科学文献出版社 2005 年版。

⑤　如余品华、尹世洪的《井冈山精神：中国革命精神之源及其时代价值》（《江西社会科学》1996 年第 12 期）有此种观点。

⑥　汪金友：《重温"四种精神"》，《党的建设》2004 年第 8 期。

然苏区精神未列入其中，但苏区精神的研究却早已起步，渐次展开。对1921年中国共产党成立到1927年大革命这一历史时期还未能提炼出标志性的革命精神，造成党的革命精神谱系不完整，确实存在补充完善的必要与可能。

当可能性恰逢一定时机并发挥人的主观能动性就会变成现实性。正是在党建的实践契机与中国共产党革命精神谱系中存在补位的可能两方面因素推动下，红船精神得以提炼。

（二）红船精神理论的提炼过程

红船精神不是简单的"一大中断、偶然转移、一条小船"续会精神，红船精神的提出不是对嘉兴南湖区委保持党员先进性教育活动的简单总结，而是凝结了习近平在浙江主政时期的实践经验和理论思考，有一个逐渐探索、初步形成的过程。

1."六个一"思想显思考

红色资源是中国共产党领导中国人民在革命和建设实践中留下的印记遗存与历史见证，承载着中国共产党特有的红色基因和革命精神，具有丰富的历史内涵与时代价值。习近平对红色基因情有独钟，非常重视红色资源的开发与教育，红色足迹是他从政经历的鲜亮底色。在福建工作的17年里，习近平经常深入福建革命老区走访调研，心系革命老区人民，情系老区革命传统，八闽红土地留下了他深深的足迹。工作地转换，职务上变迁，习近平仍不忘红色血脉。2002年10月22日，调任浙江履职的第11天，习近平就怀着无比崇敬的心情，专程到嘉兴南湖，瞻仰红船，接受红色资源的洗礼和革命精神的熏陶。习近平在瞻仰南湖时深情地说："南湖是全国的南湖，红船是全国的红船，甚至应成为国外友好人士研究我们党史的基地。这是活生生的革命传统，年轻人容易淡忘，革命传统教育十分重要，要不断扩大影响。""如果我们的党员同志能够来到南湖看一次展览，听一次党课，学一次党章，观一次专题片，瞻仰一次红船，重温一次入党誓词，有促于精神传承、思想升华。"本着多年来对红色资源的汲取与涵养，对红色资源的关注与重视，习近平在这里提出的"六个一"党员教育方法，就是他对如何弘扬与传承南湖红船所蕴含的革命传统的初步思考。在省委领导的带动下，一大批党员和群众到嘉兴南湖瞻仰红船追寻先辈足迹，参观南湖革命纪念馆，感受党的诞生地的神圣光辉。

2005 年 2 月，习近平率浙江省委理论学习中心组成员又一次来到南湖之畔，感悟革命传统，进行党员先进性教育。嘉兴南湖充分依托南湖红色文化资源，打造建设南湖先进性教育基地，精心设计"看一次展览，听一次党课，学一次党章，重温一次入党宣誓，观一次专题片，瞻仰一次革命红船"为活动形式的"六个一"先进性教育大课堂，以凝重、独特的红色文化资政育人，让广大党员和群众在这里瞻仰革命"红船"，体味"红船"的感召力量，学习党的光辉历史，追逐毛泽东、董必武等老一辈无产阶级革命家足迹，传承红船精神。到此时，红船精神可意会、能感受，但尚未形成一个准确而完整的表达，难以清楚言传，还需要在理论上进一步探索。

2. "南湖红船精神"大讨论

2005 年上半年，浙江嘉兴市开展保持共产党员先进性教育活动。如何使教育活动与当地的历史文化资源紧密联系起来，使主题教育实践活动既富有成效，又兼具特色，这成为当时南湖区①领导反复讨论的问题。

浙江嘉兴南湖是中国共产党的诞生地之一，2001 年被中央正式确立，是红船所在地，书写了中国共产党党史的光辉一页，是独特的历史资源和文化优势。很快，南湖区委将南湖红船作为党员先进性教育活动的现实有效载体，并在领导班子中达成了共识：将先进性教育活动与南湖红船有机结合起来，搞好党员先进性教育，为红船添彩，为党旗增辉。经南湖区委研究，确定具体方案为：以红船为载体，以互动、开放的方式举行了"精神传承、思想升华"为主要内容的红船精神大讨论，在全区党员中开展"南湖红船精神"的内涵以及如何弘扬"南湖红船精神"大讨论；向社会各界征集红船精神的表述语。2005 年 3 月 8 日，《嘉兴日报》《南湖晚报》刊登了南湖区区委先进性教育活动领导小组办公室向社会各界公开征集"南湖红船精神"表述语的启事。

---

① 南湖区当时名为"秀城区"，2005 年 5 月 28 日更名为"南湖区"。

讨论与征集活动获得全体党员的热烈响应，受到广大群众的积极参与，在南湖之滨形成了第一道"红船精神"冲击波。① 刊出启事的当天上午就收到了来自嘉兴市中医院的宋江胜所拟的南湖红船精神表述语"继往开来创伟业，改天换地为人民"，这是整个征集活动收到的第一条表述语。退休职工葛志根一个人提炼了8条表述语。秀洲区机关干部孙明凤和男友一起认真讨论，数易其稿，提炼出了2条表述语。中学生徐航一家三口齐上阵，儿子写了2条，母亲写了3条，父亲写了3条，一共送来表述语8条……鲜明的活动主题，互动开放的活动形式，广大党员和群众对党的热爱之情、对改革开放政策的感激之情、对国家发展繁荣的自豪之感一下子就被激发起来。

活动开展半月，南湖区委就收到了663条表述语，② 南湖区委先进性教育活动领导小组办公室对前期征集的表述语进行汇总梳理，还多次邀请专家学者研讨，综合征集党员、群众、专家等各方的意见，认为"南湖红船精神"是走在时代前列的象征，充分体现了"立党为公，执政为民"的精神，反映了"求索、忠诚、与时俱进"的内涵，经过多番细致地分析、提炼、论证和诠释，从中初选出5条③红船精神表述语，以进行更大范围、更广领域的探讨，力求通过多种途径集思广益，使"南湖红船精神"表述语既体现历史特征又符合时代要求。

为了进一步回应人们传承红船精神的热忱，南湖区还在《浙江日报》和《嘉兴日报》上刊登了征集《南湖之歌》歌词的启事，社会反响强烈，得到了广大词作者的热烈响应。最后选定了北京市著名词作家晓光创作的《南湖之歌》歌词作品。这首歌的歌词"古老的文化，从这里传扬，革命的红船，从这里起航……"，以南湖红船文化为载体，鼓舞人心，成为党员群众喜闻乐见的精神食粮。

---

① 宋有震、金骏：《南湖之滨激荡"红船精神"冲击波》，《嘉兴日报》2005年5月11日第1版。

② 潘叶：《"红船精神"永远领航　嘉兴市南湖区"红船精神"大讨论概述》，《嘉兴日报》2005年7月1日第6版。

③ 具体是：开天辟地，与时俱进；立党为公，忠诚为民；开天辟地、敢为人先；开天辟地，坚定信念，劈波斩浪，扬帆引航；坚定信念，百折不挠，忠诚为民，和舟奋进。

"南湖红船精神"大讨论汇集全区广大党员的智慧,调动了社会各界人士的力量,既是一场挖掘、研究、宣传、弘扬红船精神的思想交流会,又是一场生动活泼的教育实践活动。这已经或多或少地触及"红船精神"的核心,只等待一个机会,一双巨手将之完善提升,并推及全省全国。①

3. 省委领导调研集民智

中国共产党有"从群众中来,到群众中去"的优良传统和"领导与群众相结合"的方法优势。毛泽东曾在《关于领导方法的若干问题》中说:"只有领导骨干的积极性,而无广大群众的积极性相结合,便将成为少数人的空忙。但如果只有广大群众的积极性,而无有力的领导骨干去恰当地组织群众的积极性,则群众积极性既不可能持久,也不可能走向正确的方向和提到高级的程度。"② "南湖红船精神"大讨论活动不仅有广大党员和群众的热切参与,也是在省、市领导的高度重视、密切关注和精心组织下进行的。

自从2005年3月,以"红船"为载体的党员先进性教育活动开展以来,浙江省、市领导就十分重视和关注南湖区委组织开展的"南湖红船精神"大讨论,多次深入调研,实地指导,对活动提供了宝贵意见。省、市主流媒体也积极引导,广泛宣传,使这场讨论的范围逐渐扩大、影响力持续提升。在获悉秀城区开展"红船精神大讨论"后,习近平对这一活动予以高度重视和充分肯定,指派省委办公厅副主任舒国增专程到秀城区做专题调研了解先进性教育活动的开展情况。5月中旬,浙江省委组织部长斯鑫良来嘉兴调研时,专门听取了有关"红船精神大讨论"的汇报,对红船精神讨论的相关情况进行汇聚,收集"群众的意见",指出,红船精神不单是南湖区的事,也是浙江省乃至全国的事,要从浙江省乃至全国的大局出发,集中民智,加以通盘考虑,把红船精神提炼出来,推向全国。

4. 省委书记妙手著文章

历史的经验往往是螺旋式上升发展。群众活动中经常能够迸发出新

①　廖述毅:《2005年"红船精神"大讨论》,《嘉兴日报》2009年10月4日第2版。
②　《毛泽东选集》第3卷,人民出版社1991年版,第898页。

思想的火花，闪现出一些先进做法和经验，很重要，也很有价值，但稍显散杂、不系统。这时候，就需要借助卓越的党政领导和理论家之手，以宏大视野和理论思维，把群众的智慧进行汇聚、加工、升华，形成重大的思想理论成果，以更好地武装群众、鼓舞群众，成为群众的思想武器。红船精神的提炼过程就是如此。广大党员和群众对红船精神的相关内容都做了初步地探讨，已经涉及红船精神的核心内容，但又不全面。于是，习近平躬体力行、高瞻远瞩，撰写理论文章，使理论形态的红船精神得以面世。

当时广大党员和群众对红船精神思考主要聚焦在三个方面：一是红船精神最鲜明的精神内涵；二是红船精神的历史价值；三是红船精神的现实意义。在听取了关于"南湖红船精神"大讨论情况的汇报后，习近平就保持和发展先进性这一时代课题，对红船精神展开理论思考，于2005年6月21日在《光明日报》上发表题为《弘扬"红船精神" 走在时代前列》理论文章。

文章指出，红船的历史渊源在于"1921年8月初，中国共产党第一次代表大会在浙江嘉兴南湖的一条游船上胜利闭幕"，"见证了中国历史上开天辟地的大事变"；红船的历史地位是"中国革命源头的象征"①，并对红船的历史变迁、浙江嘉兴"南湖红船精神大讨论"进行了精要概括，将红船精神的深刻内涵提炼为"开天辟地、敢为人先的首创精神，坚定信念、百折不挠的奋斗精神，立党为公、忠诚为民的奉献精神"②。

习近平的《弘扬"红船精神" 走在时代前列》理论文章为"南湖红船精神"大讨论活动做了全面的诠释与注解，也标志着理论形态的红船精神提炼的基本完成。这是红船精神研究史上的一个重大突破。这篇文章的发表也将红船精神推向了全国，推动了红船精神的学习与研究。

---

① 习近平：《弘扬"红船精神" 走在时代前列》，《光明日报》2005年6月21日第2版。
② 同上。

四　习近平与《弘扬"红船精神"　走在时代前列》

　　习近平的署名文章《弘扬"红船精神"　走在时代前列》于 2005 年 6 月 21 日发表在《光明日报》第 2 版上。全文共 5000 多字，站位高远、立意深邃、气势磅礴，将红船精神置于中华民族伟大复兴史、中国现代革命史、中国共产党发展史和党领导中国人民革命、建设、改革的奋斗史的宏大时空中来考察，深切观照现实，聚焦党的先进性建设这一时代主题，对红船精神的概念由来、历史形成、科学内涵、历史地位、时代价值、实践要求等诸多方面做了系统阐述。可以说，这既是一篇阐明红船精神的深刻理论文章，也是一篇实践红船精神的行动指南。文章一经发表在浙江省内立即引起热议，也逐渐引起了各界的关注与重视，并正式将红船精神推向了全国。

　　任何一项思想理论的产生绝非一时之功，必定是深厚积累的凝结。正如《光明日报》原总编辑苟天林回忆当年刊发此文所说："这是历经艰辛实践、深刻思考后写成的沉甸甸的文章，对于加强党的建设、巩固党的执政基础、践行党的神圣使命，具有十分重要的理论意义和实践指导价值。"[①] 2005 年习近平时任浙江省委书记，提炼红船精神既是他主政浙江的实践经验总结与政治思考，也与他多年的实践历练、使命情怀与理论积累分不开。

　　习近平有十分丰富的实践经历。1969 年习近平响应党中央的号召到梁家河村插队，开始他的从政履历。从梁家河走来，习近平的从政足迹几乎遍布村、县、地、市、省、中央每个行政级别，遍布中国的西部、中部、东部地区，农民、大学生、军人、干部他都当过。长期的从政经历，为他累积了丰厚的实践基础，为他思想形成提供了重要来源。他回忆上山下乡的知青经历岁月时曾说，"这段经历使我对基层有了深刻的了解，作出了再下基层的选择"，"使我增进了对基层群众的感情……我们

---

　　① 邓晖：《光明日报社召开学习"红船精神"大会》，《光明日报》2017 年 12 月 2 日第 2 版。

必须牢记全心全意为人民服务的宗旨。要时刻牢记自己是人民的公仆"①。丰富的从政经验和工作阅历为习近平积累了经验与智慧，与之后他能够担当起国家要职、肩负重任有直接关系，也对他能够公开提炼"红船精神"有着较为深切的影响，为他提供了开阔的理论视野。

自从到梁家河插队，习近平的人民情怀和使命担当精神就逐渐凸显出来。他深入基层，贴近群众，体悟老百姓生活的艰苦与冷暖，竭力帮助老百姓解决最受关注、最直接、最迫切的问题，与当地人民群众打成了一片，建立起诚挚的感情。正如《习近平的七年知青岁月》记述道，"近平到梁家河以后，在生活或劳动中与老乡接触，越来越多地了解到当时农村的落后与老乡生活的艰苦，对他们很同情，激发出为他们做实事的志愿"②。从那时起，为老百姓办实事就成了他最为坚实的人生信条。习近平担任梁家河大队支书之时，大力学习沼气建造技术，结合地域实际成功建起陕西第一口沼气池，解决了当地老百姓做饭燃料、照明和肥料等诸多问题。习近平始终不渝地坚持"凡是为民造福的事一定要千方百计办好"的使命意识和"树政绩的根本目的是为人民谋利益"的情怀宗旨，不论身处基层，还是居于要职，一向如此，并在工作中常常教育、影响身边的人这样做。从实践中形成的担当精神和人民情怀，使得习近平能够重视普通党员和群众实践活动，及时呼应党员先进性教育主题活动，集中群众智慧，担当起提炼红船精神的责任，满足了人们对"红船精神"崇敬之情的表达与传承。

在实践历练中，习近平非但不忘学习，还非常注重对理论的汲取和学习。习近平非常热爱看书，阅读广泛，离开家乡去梁家河插队时就带了厚厚的一箱书，"他碰到喜欢看的书，就要把书看完；遇到不懂的事情，就要仔细研究透彻"③。此后不论是在高校学习，在国务院办公厅工作，抑或履职于河北省、福建省等地，他学习的脚步从未停止。1998年，习近平又重返高校，在清华大学人文社会学院马克思主义理论与思想政

---

① 习近平：《我的上山下乡经历》，《党建文汇》2014年第1期。
② 《习近平的七年知青岁月》，中共中央党校出版社2017年版，第25页。
③ 同上书，第145页。

治教育专业在职研究生班学习。无论从他署名发表的《农村市场化建设与中国加入 WTO》①《解放思想、实事求是要一以贯之——重读邓小平同志〈解放思想，实事求是，团结一致向前看〉》②《略论〈关于费尔巴哈的提纲〉的时代意义》③ 等系列理论文章，还是《突出重点 把握关键 努力提升福建经济综合竞争力》④《福建省产业结构调整优化研究》⑤ 等政论性文章，都足以看出他扎实的马克思主义理论功底和思维能力。深厚的马克思主义理论素养，数年在基层重要岗位的从政实践，使他对党群关系的认识与党的建设有了更为深切的体会与思考，为他提炼红船精神提供了足够的理论积累与实践素材。

红船精神的提出，是习近平党建思想的一次发展与跃进，充分彰显出他高度的理论自觉和理论自信，体现了他敢为人先、勇于担当的创新精神，求真务实、实事求是的科学态度，以及传承革命精神的红色情怀。

（一）主要内容

习近平《弘扬"红船精神" 走在时代前列》文章主体由"'红船精神'——党的先进性之源""'红船精神'对党的先进性建设具有重要意义""在新的实践中继承和弘扬'红船精神'"构成，文章结构十分凝练，意涵非常丰富，论述了有关红船精神的诸多方面。

第一，介绍了红船的历史渊源。红船不是凭空产生的，也不是人们随意捏造的，而是有着坚实的史料支撑和史学依据。在鸦片战争以来中华民族救亡图存的伟大历史重任的大背景下，早期马克思主义者敢为人先，肩负使命，筹划创建中国共产党，在 1921 年 7 月于上海召开中国共

---

① 习近平：《农村市场化建设与中国加入 WTO》，《清华大学学报》（哲学社会科学版）2001 年第 4 期。

② 习近平：《解放思想、实事求是要一以贯之——重读邓小平同志〈解放思想，实事求是，团结一致向前看〉》，《求是》1999 年第 1 期。

③ 习近平：《略论〈关于费尔巴哈的提纲〉的时代意义》，《中共福建省委党校学报》2001 年第 9 期。

④ 习近平：《突出重点 把握关键 努力提升福建经济综合竞争力》，《发展研究》2000 年第 5 期。

⑤ 习近平：《福建省产业结构调整优化研究》，《管理世界》2001 年第 5 期。

产党第一次全国代表大会，但由于会议受到法国巡捕的袭扰，会议中断，转移到浙江嘉兴南湖的一条游船上续会，通过了党的第一个纲领和关于工作任务的决议，确立党的名称为中国共产党，并向世界庄严地宣告中国共产党的诞生。"这条游船因而获得了一个永载中国革命史册的名字——红船"①。

第二，论及了红船的历史地位。习近平说，"红船，见证了中国历史上开天辟地的大事变，成为中国革命源头的象征"②，这把握住了中国共产党和中国革命的逻辑关系，直接道出了红船是中国革命源头的象征。自1840年鸦片战争后，西方列强不断侵入，近代中国逐渐沦落为半殖民地半封建社会，中国人民处于水深火热之中，中华民族居于生死存亡的历史关头，中国人民逐渐踏上了救亡图存的漫长道路。各个阶级、各个政党、各种政治力量前仆后继，太平天国运动、戊戌变法、义和团运动、辛亥革命接连而起，但囿于阶级局限和时代条件，种种救国方案相继失败。艰巨的历史任务亟须科学的理论指导，苦难的时代呼唤着新的理论的诞生。俄国十月革命开辟了世界无产阶级社会主义革命的新时代，也给中国送来了马克思主义。中国先进分子从十月革命的胜利看到了中国革命的出路。马克思主义与中国工人运动的结合催生中国共产党的诞生，使得中国革命有了新的科学理论指导，有了新的坚强政党领导，有了最为广泛的群众基础支撑，有了新的革命道路探索，中国革命站在了一个全新的具有划时代意义的历史起点上，展现出全新的光辉图景，并能不断持续向前。因而，见证中国共产党诞生的红船，自然也就成为中国革命源头的鲜明象征，具有源头坐标性意义。

第三，回顾了历史变迁中红船备受关怀。历史车轮总是向前发展，建党的那段历史岁月离我们越来越远，然而，"红船，一直接受着人们特别是共产党人的瞻仰"③。自从党的一大南湖会议会址、南湖革命纪念馆建成以来，红船就一直备受党和国家领导人的亲切关怀，也接受着无数

① 习近平：《弘扬"红船精神" 走在时代前列》，《光明日报》2005年6月21日第2版。
② 同上。
③ 同上。

党员和人民群众的参观与景仰，所散发的红色基因深刻影响着一代又一代中国人。作为党的一大和中国革命的亲身参与者和见证者，董必武曾多次来到南湖，以诗词、楹联等形式以表胸臆。改革开放以来，历届党和国家领导人更是倍加关怀，以不同形式显示对党诞生地的重视和对红船的敬仰之情，给广大人民做了良好的示范和引领作用。

第四，概述了南湖红船精神大讨论与先进性教育活动。习近平十分重视革命精神的弘扬和传承，在浙江工作期间曾先后五次来到南湖革命纪念馆瞻仰红船，还基于南湖独特的政治文化资源提出了以"看一次展览，听一次党课，学一次党章，观一次专题片，瞻仰一次红船，重温一次入党誓词"[1] 为主要内容的"六个一"党员学习教育理念和实践方案。2005 年党中央部署开展保持共产党员先进性教育活动，习近平率领浙江省理论学习中心成员来到南湖瞻仰红船，并带动了一大批党员干部来南湖参观学习。特别是嘉兴市南湖区立足党诞生地的光辉资源，创新先进性教育活动的载体和形式，"红船精神"大讨论活动由党员影响到群众，由市扩大到全省并辐射全国，"有力地促进了先进性教育活动"[2]。

第五，提出红船精神的概念。红船作为中国革命源头的象征，见证着中国共产党诞生的伟大实践，具有强烈的昭示作用，在人们心中成为在特定历史背景和实践基础上形成的一种代表中国共产党精神风貌、优良传统的"物化"凝结，"是铸就在中华儿女心中的永不褪色的精神丰碑"——红船精神。

第六，明确了红船精神的归属。中国共产党带领人民革命、改革、建设的历史，就是一部中国共产党精神史，在此期间产生了十分丰富的精神形态，如先驱精神、黄埔精神、北伐精神、八一精神、井冈山精神、苏区精神、长征精神、南泥湾精神、抗大精神、白求恩精神、张思德精神、太行精神、延安整风精神，等等，这其中有具有代表性意义和里程碑地位的精神坐标，也有在此基础上衍生发展起来具有地域、实践个性的革命精神。21 世纪以来，学界有"井冈山精神、长征精神、延安精神、

---

① 习近平：《弘扬"红船精神" 走在时代前列》，《光明日报》2005 年 6 月 21 日第 2 版。
② 同上。

西柏坡精神"的民主革命时期的四大精神说。而习近平认为，红船精神同"井冈山精神、长征精神、延安精神、西柏坡精神"等一道是我们党前进的强大精神力量和精神财富。①

第七，厘定了红船精神的历史地位。中国共产党的诞生这一开天辟地的大事变所蕴含的红船精神，在中国共产党革命精神发育成长史上具有开源性、统领性和贯穿性的重要历史地位，是中华民族精神的伟大升华。习近平将其地位精辟地概括为，"'红船精神'正是中国革命精神之源：中国共产党形成的优良传统和革命精神，无不与之有着直接的渊源关系"②。具体来看有以下几层意义。其一，红船精神是中国革命精神之源。中国共产党的成立使中国革命有了新的历史起点并从此焕然一新，红船精神是中国革命精神的历史起点。中国共产党系列革命精神中，红船精神始终像一条精神红线贯穿其中，红船精神的核心内涵在其后的不同精神形态中得到传承和发展，因此，红船精神还是中国革命精神的逻辑起点，红船精神是源，其他革命精神是流。其二，红船精神是中国共产党的优良传统之源。红船精神蕴含了我们党最初优良传统的思想因子，党历史上形成理论联系实际、密切联系群众、艰苦奋斗、大公无私等优良传统与之有着紧密的渊源关系。其三，红船精神是中国共产党的先进性之源。中国共产党的诞生，标志着中国社会发展有了新的科学理论、新的政党领导，成为中国工人阶级和中华民族的先锋队。

第八，指出了红船精神的根本特征。习近平指出，"红船精神就充分体现了走在时代前列的精神，这也就集中体现了党的先进性，是党的先进性之源"③。简而言之，红船精神的根本特征就是走在时代前列，就是先进性。马克思、恩格斯曾指出，无产阶级政党的先进性在于"在实践方面，共产党人是各国工人政党中最坚决的、始终起推动作用的部分；在理论方面，他们胜过其余无产阶级群众的地方在于他们了解无产阶级运动的条件、进程和一般结果"④。中国共产党自成立之日起，就在理论

---

① 习近平：《弘扬"红船精神" 走在时代前列》，《光明日报》2005 年 6 月 21 日第 2 版。
② 同上。
③ 同上。
④ 《共产党宣言》，人民出版社 2014 年版，第 41 页。

上坚信社会主义和共产主义，用马克思主义武装全党，在实践中革命性最坚定、最彻底，将广大无产阶级组织起来，决心要始终走在时代前列。作为建党实践的结晶，红船精神充分彰显了中国共产党的先进性特征。

第九，阐释了红船精神的深刻内涵之一：开天辟地、敢为人先的首创精神。习近平从20世纪旧中国的社会性质与十月革命谈起，阐述了中国共产党成立、夺取政权、执掌政权、长期执政的历史过程。近代中国人在无数的主义、学说中反复比较借鉴，破天荒地以异域的马克思主义为思想武器，敢于担当起民族独立、人民解放的历史使命，推动中国共产党的成立，"从此使中国革命的历史翻开了崭新的一页"①。从南湖起航，井冈山的星星之火燃成燎原之势，中国共产党逐渐成长壮大起来。

第十，阐释了红船精神的深刻内涵之二：坚定理想、百折不挠的奋斗精神。习近平指出，一大召开之时的社会环境、会议的曲折经历以及之后中国共产党革命的艰苦奋斗历程等都体现出党的"坚定的理想信念和百折不挠的革命精神"②。这股奋斗精神来源于坚定的马克思主义信仰，也源自革命实践锻造的坚强的革命意志、精神品质。

第十一，阐释了红船精神的深刻内涵之三：立党为公、忠诚为民的奉献精神。"过去的一切运动都是少数人的，或者为少数人谋利益的运动。无产阶级的运动是绝大多数人的，为绝大多数人谋利益的独立的运动。"③中国共产党诞生之时，就确立起全心全意为人民服务的根本宗旨，在革命、建设的历史进程中，共产党人肩负起为人民谋利益的神圣职责，并始终身体力行着。立党为公、忠诚为民的奉献精神是红船精神的本质所在。

第十二，精辟提炼了红船精神，形成了将红船精神的内涵与地位融为一体的完整表达——"开天辟地、敢为人先的首创精神，坚定理想、

---

① 习近平：《弘扬"红船精神"　走在时代前列》，《光明日报》2005年6月21日第2版。
② 同上。
③ 《马克思恩格斯文集》第2卷，人民出版社2009年版，第42页。

百折不挠的奋斗精神，立党为公、忠诚为民的奉献精神，是中国革命精神之源，也是'红船精神'的深刻内涵"①。这既是从行文上对前面所述内容的小结，也是正式生成红船精神的集中表达。

第十三，揭示了红船精神对于党的先进性建设的重要意义之一：昭示我们要"以创新的精神永葆党的生机和活力"。习近平认为，发展是时代主题，党的先进性建设首先就要提升党领导社会发展的能力。在社会发展过程中想要始终站在时代潮头，就需要坚持和发扬红船精神，要敢为人先，突破固有，开拓创新，在理论、实践、制度等多方面创新。

第十四，揭示了红船精神对于党的先进性建设的重要意义之二："鼓舞我们坚定共产主义理想和中国特色社会主义信念。"② 中国的革命、建设、改革事业从来都不是一帆风顺的，其间必然是充满诸多矛盾、风险、挑战、阻力。在前进道路上，我们党必须坚持和发扬红船精神，坚定理想信念，以永不懈怠的奋斗精神带领人民，推进中国特色社会主义事业阔步前进。

第十五，揭示了红船精神对于党的先进性建设的重要意义之三："鞭策我们牢记立党为公、执政为民本质要求和全心全意为人民服务的根本宗旨，求真务实、一心为民的强大道德力量。"③ 作为一个马克思主义政党，人民立场是我们的理论立场、政治立场和价值立场，密切联系群众是我们党区别于其他政党的显著标志。红船精神昭示着我们党和人民之间好比舟水关系，要紧紧依靠人民，为了人民，以人民为中心，不断巩固党的执政基础，永葆党的先进性。

第十六，阐述了要结合中国发展实践继承和弘扬红船精神。"正如党的先进性不是与生俱来、一劳永逸的，'红船精神'也是具体的、历史的。"④ 继承和弘扬红船精神，要立足中国特色社会主义伟大实践，结合当时的时代主题，贯穿于树立和落实科学发展观、构建和谐社会和加强党的先进性建设等各方面实践中来。

---

① 习近平：《弘扬"红船精神" 走在时代前列》，《光明日报》2005年6月21日第2版。
② 同上。
③ 同上。
④ 同上。

第十七，阐述了要在推进浙江发展中继承和弘扬红船精神。红船起航于浙江，是历史必然性和偶然性的综合结果，是浙江的荣光，也是推动浙江发展的独特精神力量。要联系浙江实际，在新的实践中继承和弘扬红船精神：要"深入实施'八八战略'，努力在树立和落实科学发展观方面走在时代前列"；"要全面建设'平安浙江'，努力在构建社会主义和谐社会方面走在时代前列"；"要切实增强执政本领，努力在加强党的先进性建设方面走在时代前列"。

（二）重大贡献

习近平署名文章《弘扬"红船精神"　走在时代前列》的发表，标志着红船精神理论提炼的基本完成，丰富与发展了中国共产党革命精神宝库，将红船精神的探讨推向了更高的形态，对红船精神的研究具有重大贡献。

第一，首次公开提出了红船精神，完善了中国共产党革命精神链条的起始环节，使党的诞生与精神的形成同步，使中国共产党人的精神谱系更为完整。就红船精神研究来说，概念的生成是由自发研究进入自觉研究的重要标志。在中国革命史上，由于党在各个时期所面临的革命形势和任务不同，在不同革命阶段的革命实践中产生形态各异的革命精神，其中有的成为各个阶段的精神坐标。应当说，任何一项革命精神概念的提出都是在这种精神产生之后的事情。纵观一系列革命精神，有些是当时提炼形成的，而大多是后人根据其在党史、革命史上的重要地位和深远影响提炼而成。而在相当长的一个历史时期里面，由于1921年中国共产党成立到1927年大革命时期革命斗争的复杂性和多样性，以及涉及一些革命历史、历史人物的评价等诸多原因，未能提炼出标志性的革命精神。而从1959年南湖革命纪念馆落地起，"红船"就一直停泊在浙江嘉兴南湖上，一直接受着人们特别是共产党人的瞻仰，成为一种伟大精神的象征。为进一步回应人们对红船的浓烈敬仰之情和对传承伟大精神的期盼，习近平以党中央部署开展保持共产党员先进性教育活动为契机，在南湖红船精神大讨论的基础之上，在全国首次公开提出了红船精神。可以说，2005年开始的红船精神大讨论，经由习近平理论文章的生动介绍与推动，已经转化为一场更大范围和更宽领域的学术探讨、实践学习活动，并一直延续至今，也必将成为伴随中国共产党自身建设之始终的一个不断持续深化和全面展开的话题。

第二，科学阐明了红船精神的深刻内涵，形成了系统完整的表达。革命精神的理论提炼是革命精神的生成和演变过程中的重要一环，直接影响着革命精神的时代传承。如果说革命实践是对革命精神的第一次建构，那么，理论提炼是革命精神的第二次建构。任何一项革命精神的理论提炼，既要尊重基本的客观历史事实，集中表达特定社会背景下一定的革命主体在革命实践中所彰显出来的精神风貌、意志品质，具有精神标识的地位，又要立足时代发展需要，顺应党和国家精神文化发展要求和人们对美好精神生活的向往，起到资政育人的作用。在开展"南湖红船精神"讨论之前，对红船精神的内涵理论界和学术界鲜有探讨。而在大讨论过程中，人们对红船精神的内涵表述不一，在深度上和准确度上稍有欠缺。建党的革命实践历史十分复杂，红船精神的内涵十分丰富。习近平高瞻远瞩，深思熟虑，将红船精神的内涵提炼为"开天辟地、敢为人先的首创精神，坚定理想、百折不挠的奋斗精神，立党为公、执政为民的奉献精神"。这一精神表达，既准确展现了早期中国共产党人在多元社会思潮中选择马克思主义信仰、在险恶的斗争环境中坚定捍卫信仰以及在国难当头放弃个人私利为最广大人民的根本利益奋斗的精神表征，又从中国共产党革命精神史角度做了考虑，指出红船精神的内涵是中国革命精神之源。

第三，重新厘清了中国革命精神史，精准标注了中国革命精神的源头坐标。在相当长的一个历史时期，中国革命精神的源头坐标是井冈山精神。学界一般认为，中国革命精神是马克思主义中国化在精神文化层面的重要成果展现，是马克思主义与中国革命和建设的具体实践相结合的产物。"中国革命精神的生成，是马克思主义中国化的重大精神成果，是中国共产党创造的先进政治文化在精神形态的凝练和科学表达。"[1]　在

---

① 李康平：《马克思主义中国化的重大精神成果——论中国革命精神》，《思想政治教育导刊》2014 年 10 期。

很长的一个历史时期内，理论界和学术界以中国共产党开始探索"农村包围城市，武装夺取政权"的中国革命正确道路的标志性事件——井冈山革命根据地的创建及其在马克思主义中国化进程中的重大历史地位为依据，认为正是在开辟井冈山革命根据地的斗争实践中，中国共产党革命精神才开始形成。以毛泽东为代表的中国共产党人，正是"从井冈山的斗争中，找到了中国革命的新方向、新道路——井冈山道路，才形成了中国共产党精神的完备原型——井冈山精神"①。而马克思主义中国化的第一个重大理论成果——毛泽东思想，就是初步形成于井冈山斗争时期。因此，井冈山精神就成为革命精神的源头，是中国共产党系列革命精神的最初定型。② 而事实上，独立形态的革命精神的形成和存在并不以马克思主义中国化历史进程为依据。早期马克思主义者肩负起民族复兴大任，不顾个人安危，推动中国共产党的建立。党成立之初一无所有，在敌人的白色恐怖之下，之所以能够创造一个又一个彪炳史册的人间奇迹，靠的就是坚定的理想信念和革命精神。习近平指出，红船精神就是中国革命精神之源，准确地标注了中国革命精神的源头坐标，实现了中国共产党历史与中国革命精神史在时间序列上的一致性。

第四，集中探讨了红船精神对于党的先进性建设的重要意义，凝结了习近平对于党的建设的思考，也是习近平新时代中国特色社会主义思想萌芽的重要显现。对于红船精神的时代价值，习近平《弘扬"红船精神" 走在时代前列》一文主要聚焦于红船精神对加强党的先进性建设的理论意义和实践意义。自 1988 年任福建省宁德地委书记后，习近平一直担任或者兼任市级以上高级领导干部，他在党忧党，十分关注党的建设的理论与实践问题，对党的执政能力建设和党性修养有着许多思考。在《之江新语》所收纳的文稿中，涉及党的建设的文章就有 80 多篇。对红船精神的理论提炼也凝结着习近平多年在基层历练和在重要岗位任职时对党的建设的一些理论思考。党的十九大提出了习近平新时代中国特色社会主义思想，并将其确立为我们党必须长期坚持的指导思想和行动指

---

① 余伯流、陈钢：《井冈山革命根据地史》，江西人民出版社 2014 年版，第 489—490 页。
② 刘孚威：《井冈山精神：中国革命精神之源》，江西人民出版社 1999 年版，第 244 页。

南，实现了党的指导思想的又一次与时俱进。在研究这一思想的形成过程时，习近平在浙江主政的实践以及《弘扬"红船精神" 走在时代前列》是一个很好的研究资料与历史见证。

（三）思维方法

习近平以辩证唯物主义和历史唯物主义为指导，运用了独特的思维方法对建党历史中形成的革命精神进行理论提炼和阐释。

1. 意象思维与借代方法

意象思维是中国人的一种独特的思维方式。《周易·系辞》中就有"观物取象""立象以尽意"的说法。一般来说，意象思维的创造过程历经"观象"→"取象"→"复造象"①。借代是不直说某人或某事物的名称，而是借和它密切相关的名称以指代。

从以往党的革命精神史中系列革命精神的命名和表达来看，一般有三种表达习惯和命名法则：一是基于历史事件命名，如八一精神、长征精神、抗战精神等；二是基于历史人物命名，如雷锋精神、焦裕禄精神等；三是基于发生地域命名，如井冈山精神、苏区精神、延安精神、西柏坡精神等。从中国共产党建党精神的产生来看，在地点上包括北京、上海、湖南、湖北、山东、广东以及海外等多地，是多个地域合力作用的结果，难以基于一个地域来命名；在人物上包括李大钊、陈独秀、毛泽东、董必武等一大批早期马克思主义者，是一个优秀群体共同的实践，也难以基于某个历史人物来命名。倘若基于历史事件命名，将其命名为建党精神，则显得较为平铺直叙，缺乏生动性和形象性，也不符合在党的思想建设与思想政治宣教等实际工作中概念表达要做到形象、生动、传神等要求，在实际中传承和传播的效果会大打折扣。言不尽意，立象以尽意。运用意象思维和借代方法，从"中国共产党第一次代表大会在浙江嘉兴南湖的一条游船上胜利闭幕"这一历史事实出发，选取游船（红船），接着赋予它承载建党的历史事实、历史意义，中国革命就是这艘航船，"红船，见证了中国历史上开天辟地的大事变，成为中国革命源

---

① 龚鹏程：《文化符号学导论》，北京大学出版社 2005 年版，第 35 页。

头的象征","接受人们特别是共产党人的瞻仰",最后命名指代,"红船劈波行,精神聚人心",以红船精神指代建党精神。"船""红船"概念紧密相关的"意象"贯穿于《弘扬"红船精神" 走在时代前列》全文,如"一个大党诞生于一条小船""从这条红船扬帆起航""沿着红船的航向""始终站在历史和时代发展潮头""在惊涛骇浪不断的革命大潮中,红船精神在升腾""载着红船的意愿""依水行舟""不能刻舟求剑,必须勇立潮头""逆水行舟,不进则退""高扬理想的风帆,荡起奋发的双桨,乘着改革开放的浪潮",等等。红船精神,既能展现出党代表们排除万难以赴会,在"一条小船"召开会议的历史画面,又能展现出中国共产党作为伟大舵手将中国革命这艘航船从这里扬帆起航、劈波斩浪、勇立潮头的动态过程,形象生动,准确传神。红船精神,既有"一条小船诞生一个大党"的想象力,有"其作始也简,其将毕也巨"的哲学深意,也暗含党和人民的关系如同舟水关系,有"水可载舟,亦可覆舟"的政治诠释,既彰显了中国传统文化的深厚底蕴,又展现了马克思主义的立场、观点,意涵深刻,影响深远。

2. 历史与现实相结合的方法

"历史、现实、未来是相通的。历史是过去的现实,现实是未来的历史。"[①] 通过历史,可透析现在、昭示未来,善于借鉴历史经验、利用历史资源,可以助推当下发展。这篇文章以"弘扬'红船精神',走在时代前列"为题,将红船精神的提炼与党的先进性建设这一时代主题紧密结合起来;其历史叙事没有停留在某一个历史片刻,而是历经党的成立,党领导新民主主义革命、社会主义建设以及改革开放等时期,充分体现了其历史思维。具体来看,比如在介绍红船时,习近平从红船的历史渊源说起,从党成立之初的"游船",到受人瞻仰的"红船",再到当时的先进性教育活动、人们热烈探讨红船精神,体现了一种由往至今的思路。再如,阐述红船精神三方面内涵时,文章充分挖掘历史的内涵,从建党的社会历史背景出发,到建党实践,再到红船起航,强调红船精神始终是推动中国革命和建设事业的重要精神力量。文章不仅对红船精神做了

---

① 《习近平谈治国理政》,外文出版社 2014 年版,第 67 页。

基础理论的阐释，还重点阐述了红船精神对党的先进性建设的重要理论意义和实践意义，并结合了浙江发展的实践来谈如何继承和发扬红船精神。

3. 实事求是的方法

文章以实事求是的方法来阐述红船精神。对红船诞生的问题，没有指出"红船诞生于浙江"或"红船精神诞生于浙江"等有地方主义研究倾向的用语，而是指出"红船起航于浙江，既有历史的偶然性，也有历史的必然性"。这是一种尊重历史事实、实事求是的客观结论。从历史上来看，党的一大本来在上海召开，由于法国巡捕袭扰的意外因素，而被迫转移到嘉兴南湖游船上召开，是有一定的历史偶然性。而从浙江所具备的社会历史条件看，比如浙籍先进知识分子为马克思主义在中国的传播、发动早期工人运动以及推动中国共产党成立所做的贡献，浙江所具备的历史基础、社会经济基础等综合因素，转移至浙江嘉兴南湖又有一定的历史必然性。总的来说，有学者认为这艘红船是"北京设计，上海制造，南湖起航"①。又如，文章敢于突破"井冈山精神是中国革命精神之源"传统观点的束缚，指出"'红船精神'正是中国革命精神之源"，体现了习近平求真务实、实事求是的方法和态度。再如，文章对于细节的处理，"1921 年 8 月初，中国共产党第一次代表大会在浙江南湖的一条游船上胜利闭幕"，对于一大会议闭幕的时间，学术界到目前为止还没有一个权威的统一说法，因而采用一个较为笼统的时间，也体现了科学严谨的态度。

习近平《弘扬"红船精神" 走在时代前列》，阐述了"红船精神"的深刻内涵、历史地位和时代价值等相关基本问题，为中国革命精神谱系增添了浓墨重彩的一笔。红船精神的提出，体现了历史积淀与时代需要的完美结合，也体现了习近平作为马克思主义政治家的远见卓识和历史担当。红船精神概念的正式提出和内涵的基本表达，也推动着理论界和学术界对红船精神的进一步研究。

---

① 李忠杰：《红船驶进新时代》，《人民日报》2018 年 1 月 23 日第 24 版。

第 二 章

红船精神研究的初步发展
（2005.7—2012.10）

经过在南湖区的热烈讨论，以及习近平在《光明日报》上发表《弘扬"红船精神" 走在时代前列》文章做进一步理论提炼，红船精神在一定范围内产生了学术影响和社会影响。由此到2012 年10 月，红船精神研究迈向起步阶段。红船起航于浙江，升华于浙江，浙江人民立足党的诞生地这一独特的政治文化资源，以高度的政治热情和文化使命感学习、宣传与弘扬红船精神。红船精神在理论研究上得到了初步发展，具有一定的学术奠基作用；在宣传方面获得进一步传播，红船精神的影响力逐步由浙江向外辐射；在实践方面也获得了区域性传承，与浙江基层党组织建设、教育等有了一定的结合。整体而言，取得了一定的地域化研究成果和宣传效果。

一　初步发展期的研究概况

这一时期的红船精神研究，以浙江人民为主力，立足地域特色与实践，学习、研究与宣传红船精神，也初步搭建起研究平台，取得了一定的成果。

（一）研究的准备条件
1. 党和国家高度重视文化建设和浙江省相关的文化政策为红船精神研究提供了良好的学术环境和宣传氛围

在党的十七大上，胡锦涛提出"要充分发挥人民在文化建设中的主体作用，调动广大文化工作者的积极性，更加自觉、更加主动地推动文化大发展大繁荣"①。胡锦涛重视革命精神的弘扬，在不同场合不同会议上多次指出，要牢记党的奋斗历史，坚持发扬党的优良传统，弘扬共产党人的革命精神。

这一时期浙江省相关文化发展政策更直接为红船精神的研究与宣传提供了支持。2005 年 7 月召开的中共浙江省委十一届八次全会通过了《关于加快建设文化大省的决定》，要全面实施文化建设的"八八工程"。② 2008 年 6 月，浙江省委召开文化建设专题工作会议，制定出台了《浙江省推动文化大发展大繁荣纲要（2008—2012）》，提出建设文化大省的目标。作为文化建设"八项工程"之一，文化研究工程旨在系统研究浙江文化的历史成就和当代发展，深入挖掘浙江文化底蕴，研究浙江现象、总结浙江经验、指导浙江未来发展。为此，浙江省委还进一步制定了《浙江省文化研究工程实施方案（2005—2009）》，明确将工程分为"浙江当代发展研究"和"浙江历史文化研究"两大模块。作为红船起航地和红船精神的升华地，浙江省嘉兴市始终高度重视红船精神这一文化资源和精神旗帜，注重以红船精神来领航嘉兴各项事业的发展。2006 年，嘉兴市组织召开工作会，提出了"大力弘扬'红船精神'，以加强党的执政能力建设和先进性建设为主线"，"以弘扬'红船精神'为主题，充分发挥党的诞生地的政治优势"③ 的工作要求。2007 年 3 月，嘉兴市委把大力弘扬红船精神作为一项重要事业写进市第六次党代会工作报告，要求结合实际工作弘扬和传承红船精神，将其作为激励各级领导干部引领和团结人民群众科学发展、稳步前进的精神力量。此后的嘉兴市第七、第八次党代会坚持将"红船精神"写进党代会工作报告，作为嘉兴市委的一项重要任务。这些举措既充分显示了浙江一定要当好"红船精神"的

---

① 胡锦涛：《高举中国特色社会主义伟大旗帜 为夺取全面建设小康社会新胜利而奋斗——在中国共产党第十七次全国代表大会上的报告》，《人民日报》2007 年 10 月 25 日第 1 版。
② 具体是：文明素质工程、文化精品工程、文化研究工程、文化保护工程、文化产业促进工程、文化阵地工程、文化传播工程、文化人才工程。
③ 陈茂林：《大力弘扬"红船精神"改革创新组织工作》，《嘉兴日报》2006 年 1 月 17 日第 1 版。

传承者的决心和信心，也为学习、宣传、研究红船精神提供了政策支持与实践引导。

2005 年 10 月，经中办、中宣部批准，国家发改委正式立项同意建造南湖革命纪念馆新馆。2006 年 6 月 28 日南湖革命纪念馆新馆举行隆重奠基仪式；2007 年 3 月南湖革命纪念馆新馆正式开工建设；2011 年建党九十周年之际新馆正式对外开放。南湖革命纪念馆新馆位于南湖之畔，占地面积 2.73 公顷，由"一主两副"三幢建筑组成，整座建筑既体现了庄重大气的建筑风格，又有着浓浓江南文化的元素。新馆陈列由"开天辟地"和"光辉历程"两个展览组成，重点突出了中国共产党创建的整个历史背景和过程，体现南湖作为党的诞生地的地方特色，同时又将展览内容延伸至当代，较为完整地展示了中国共产党 90 多年的光辉历程。

2. 红船精神研究会的成立和各类研讨会的举办为红船精神研究创设了良好的平台

为了深入研究"红船精神"及其所代表的南湖红色文化的现实价值，推进社会主义核心价值体系、社会主义精神文明建设和南湖区学习型党组织建设，由浙江省嘉兴市南湖区文明办发起，于 2010 年 11 月 26 日成立了嘉兴南湖红船精神研究会。4 个团体和 77 名个人成为研究会首批会员，开展了一系列研究活动。嘉兴学院成立了红船精神研究中心。2011 年 6 月 17—20 日，在由中国马克思主义哲学学会、人民出版社"中国共产党思想理论资源数据库"网站、复旦大学哲学学院、嘉兴学院、南湖红船精神研究会联合主办的"中国共产党 90 周年与马克思主义哲学创新理论研讨会暨中国马克思主义哲学史 2011 年学会"上举行了"嘉兴学院红船精神研究中心"揭牌仪式。会上，学者们就红船精神展开了讨论。研究会的成立，为红船精神的进一步研究和宣传搭建了一个崭新的工作平台，使研究逐渐进入专业化阶段。

此外，2011 年，嘉兴市委党校申报"'中共一大与红船精神'特色数字资源库"建设项目。这一数据库作为全国党校"三大文库"的重要组成部分获中央党校立项。2011 年 10 月下旬，数据库顺利通过中央党校图书馆的验收并启用。"中共一大与红船精神"数据库分为"中共一大"和"红船精神"两个子库，充分挖掘中共"一大"尤其是"一大"南湖会议和红船精神的特色资源，收录了相关图书、论文、图片、音频、视频等多种类型的资料共 1000 余件，其中包括大量具有珍贵历史价值的地方资源和特色资源，为红船精神的研究、宣传提供了坚实的史料支撑。

为了迎接中国共产党成立 90 周年，进一步研讨红船精神，提升红船精神的影响力，嘉兴市召开了相关理论研讨会议。2011 年 6 月 13 日，嘉兴市社科联、嘉兴南湖红船精神研究会联合主办"一船红中国、万众跟党走——弘扬红船精神主题行活动"，来自延安、西柏坡等革命圣地以及浙江省的有关专家就"红船精神"的内涵和意义进行了深入的研讨。2011 年 4 月 22 日，浙江省委宣传部、《求是》杂志政治部、嘉兴市委在党的诞生地嘉兴联合举行"弘扬'红船精神'、打造红色文化"理论研讨会，对红船精神的产生、内涵以及价值进行了专门的讨论。理论研讨会的召开，为学者提供了一个良好的交流机会，也进一步宣扬了红船精神。

3. 党和国家重大纪念活动是宣传红船精神的重要契机

善于抓住党和国家的重大纪念活动，是这一时期红船精神研究与宣传的有利时机。这一时期中国共产党成立 85 周年、新中国成立 60 周年、中国共产党成立 90 周年等重大纪念日，是宣传红船精神的重要机会。

2006 年，在中国共产党成立 85 周年之际，中国国家博物馆举办了"开天辟地——纪念中国共产党成立 85 周年图片展"，此次展览由中共浙江省委主办，中共浙江省委宣传部、中共嘉兴市委承办，向全国人民展现了建党的光辉历程，宣传了红船精神。在党的生日之际，中华全国新闻工作者协会邀请全国二十多家主流媒体，走进党的诞生地——嘉兴，进行了相关宣传与报道，使红船精神的影响力进一步提升。浙江嘉兴市委精心准备了一系列纪念活动，主要包括六项大型活动八项系列活动①，歌颂党的丰功伟

---

① 六项大型活动具体是：浙江省纪念建党 85 周年庆祝大会、纪念建党 85 周年暨加强党的先进性建设理论研讨会、"开天辟地——纪念中国共产党成立 85 周年巡回展"、"心中的爱唱出来"大型文艺晚会、"红船杯"学党章知识竞答活动、南湖革命纪念馆新馆奠基仪式。八项系列活动具体是：第二届"红船颂"全国中国画名家作品邀请展、南湖诗会、"红船颂"嘉兴市合唱歌会、"歌颂共产党、描绘新农村"嘉兴市农民画创作大赛、"永远跟党走"万名大学生入党宣誓仪式、党的诞生地嘉兴行采访活动、2006 年嘉兴工业展览会、2006 年中国红色旅游交易会（推介会）。

绩，激励大家继承党的优良传统，在南湖区掀起了弘扬红船精神的热潮。

在 2009 年中华人民共和国 60 华诞之际，《嘉兴日报》大篇幅、大力度推出"红船精神传递"系列报道活动。记者从嘉兴南湖出发，走访了南昌、井冈山、遵义、延安、西柏坡、重庆、大庆、深圳、上海浦东等共和国历史中的特色之城，弘扬红船精神、八一精神、井冈山精神、长征精神、延安精神、西柏坡精神、红岩精神、铁人精神、深圳速度、浦东开发等精神文化，进行了持续两个月的报道活动，以 10 个城市的精神坐标感受党在不同历史时期的精神追求，触摸共和国的精神丰碑。

2011 年中国共产党成立 90 周年之际，浙江省嘉兴市举行"七个一"系列活动①，又一次掀起了讨论、宣传、弘扬红船精神的热潮。这一年4 月中旬，嘉报集团推出"红船精神一大代表故里行"大型采访活动，历时 32 天，行程一万多公里，途经湖南、湖北、贵州、山东等省的十多个城市，《南湖晚报》刊发了 41 个整版的报道、200 多篇稿件，宣传了红船精神。这一系列结合重大纪念活动的宣传报道，使红船精神进一步传播，红船精神研究的话题持续升温，推动其理论研究的开展。

（二）研究的基本状况

这一时期，对红船精神的研究与宣传取得了一些进展。

1. 理论文章类

自红船精神提出以来，一些浙江学者对红船精神给予了关注，初步阐释了红船精神。主要论文有：魏清源的《党的革命精神的最初孕育》②，史晴的《红船精神的文化渊源探析》③，陈水林的《红船精神的形成、发展和传承》④《中共"一大"为何选择嘉兴?》⑤ 等。这些文章就红船精神

---

① "七个一"系列活动具体是：浙江省庆祝中国共产党成立 90 周年大会、南湖革命纪念馆新馆开馆仪式、浙江省"提高党的建设科学化水平"党建论坛、举办"七一"红船节活动、"激情广场"系列文化活动、"七一"纪念林植造暨纪念林揭碑仪式和举行南湖革命纪念馆新馆纪念邮票发行仪式。

② 魏清源：《党的革命精神的最初孕育》，《石油政工研究》2009 年第 1 期。

③ 史晴：《红船精神的文化渊源探析》，《嘉兴学院学报》2011 年第 3 期。

④ 陈水林：《红船精神的形成、发展和传承》，《嘉兴学院学报》2011 年第 1 期。

⑤ 陈水林：《中共"一大"为何选择嘉兴?》，《嘉兴日报》2011 年 5 月 25 日第 1 版。

的产生背景、文化渊源及发展进行了相关的探讨。还有，钱梅根的《论"红船精神"的核心内涵及现实意义》①，陈水林的《中国共产党精神财富的内容结构与传承规律》②《论"红船精神"》③《红船精神是中国共产党革命精神的源头》④，这些文章阐释与解读了红船精神的内涵。

另外，习近平的《85年来的加强党的先进性建设的实践与启示》⑤，王照祥、顾伟建的《弘扬南湖红船精神　打造红色之源品牌——对发展嘉兴红色旅游的思考》⑥，赵群乐的《弘扬"红船精神"，构建核心价值》⑦，王河、于永法的《继承南湖红船精神　发扬南湖红船精神》⑧，魏清源的《传承革命精神　推进伟大事业》⑨，张志松的《"红船精神"及其时代意义——兼谈嘉兴南湖革命纪念馆的价值嬗变》⑩《政党建设与中共诞生地纪念馆的价值取向》⑪，李卫宁的《弘扬"红船精神"打造红色文化》⑫，赵建华的《推进经济转型发展需要弘扬"红船精神"》⑬《传承弘扬"红船精神"　推动科学发展走在前列》⑭ 等，这些文章研讨了红船精神的价值意义。

---

① 钱梅根：《论"红船精神"的核心内涵及现实意义》，《资料通讯》2006年第7、8期。
② 陈水林：《中国共产党精神财富的内容结构与传承规律》，《党史文苑》2008年6月下。
③ 陈水林：《论"红船精神"》，《红旗文稿》2011年第11期。
④ 陈水林：《红船精神是中国共产党革命精神的源头》，《嘉兴日报》2011年6月25日第3版。
⑤ 习近平：《85年来的加强党的先进性建设的实践与启示》，《今日浙江》2006年6月13日。
⑥ 王照祥、顾伟建：《弘扬南湖红船精神　打造红色之源品牌——对发展嘉兴红色旅游的思考》，《建设和谐社会与浙江旅游业论文集》，2006年。
⑦ 赵群乐：《弘扬"红船精神"，构建核心价值》，《江南论坛》2007年第12期。
⑧ 王河、于永法：《继承南湖红船精神　发扬南湖红船精神》，《资料通讯》2007年第6期。
⑨ 魏清源：《传承革命精神　推进伟大事业》，《学习月刊》2009年第9期。
⑩ 张志松：《"红船精神"及其时代意义——兼谈嘉兴南湖革命纪念馆的价值嬗变》，《中共浙江省委党校学报》2010年第4期。
⑪ 张志松：《政党建设与中共诞生地纪念馆的价值取向》，《江南论坛》2010年第7期。
⑫ 李卫宁：《弘扬"红船精神"　打造红色文化》，《求是》2011年第10期。
⑬ 赵建华：《推进经济转型发展需要弘扬"红船精神"》，《嘉兴日报》2010年9月18日第3版。
⑭ 赵建华：《传承弘扬"红船精神"　推动科学发展走在前列》，《嘉兴日报》2011年6月30日第1版。

邹建良的《创新特色教育模式　打造"红船精神"传承之地》①，周奇迹、曹志清、邹建良的《弘扬"红船精神"　构建党建教育特色》②，富华的《依托红色教育资源　致力培养青年马克思主义者——嘉兴学院多维度创新大学生党建工作》③，陈立力的《"红船精神"与高校青年马克思主义者的培育》④等文章，对红船精神在理论与实践上的教育价值进行了一定的探索。

2. 宣传报道类

这一时期，关于红船精神在南湖区乃至浙江省内的传承、实践的宣传报道较多，大多数刊登于《嘉兴日报》《浙江日报》和《今日浙江》等报刊上。红船精神是在保持共产党员先进性教育活动中讨论并提炼出来的。浙江省嘉兴市立足地域特色，为展示党的诞生地的风采，着力推动弘扬红船精神与基层党组织建设相结合，在实践中逐步形成了一员双岗、党内直选、非公企业党建、党内关爱机制等一系列党建工作亮点，为推动服务型党组织建设，推出了搭建党员服务平台、依托"96345"党员志愿者服务总站的新做法。一些报纸对此进行了一系列宣传报道，这是这一时期关于红船精神宣传报道的一大特色。如《"红船精神"催生南湖独特红色文化》⑤《践行"红船精神"　打造"满意工程"》⑥《南湖区打造"红色第一区"品牌》⑦《扬"红船精神"　为党旗增辉》⑧《弘扬

---

① 邹建良：《创新特色教育模式　打造"红船精神"传承之地》，《中国高等教育》2010年第 22 期。

② 周奇迹、曹志清、邹建良：《弘扬"红船精神"　构建党建教育特色》，《纺织教育》2010 年 6 期。

③ 富华：《依托红色教育资源　致力培养青年马克思主义者——嘉兴学院多维度创新大学生党建工作》，《中国教育报》2010 年 7 月 5 日第 3 版。

④ 陈立力：《"红船精神"与高校青年马克思主义者的培育》，《思想教育研究》2011 年第 5 期。

⑤ 宋有震：《"红船精神"催生南湖独特红色文化》，《嘉兴日报》2005 年 7 月 3 日第 1 版。

⑥ 应丽斋、朱丹：《践行"红船精神"　打造"满意工程"》，《嘉兴日报》2006 年 6 月 28 日第 1 版。

⑦ 冯成：《南湖区打造"红色第一区"品牌》，《嘉兴日报》2006 年 1 月 27 日第 6 版。

⑧ 程茂林、杨尧鑫：《扬"红船精神"　为党旗增辉》，《中国纪检监察报》2006 年 5 月 23 日第 1 版。

"红船精神" 增强党性观念 嘉兴扎实开展坚定理想信念教育》① 《与时俱进推进党的诞生地党建工作》② 《大力弘扬 "红船精神" 改革创新组织工作》③ 《弘扬 "红船精神" 唱响时代主旋律》④ 《在 "红船精神" 指引下奋进》⑤ 《嘉兴 "红船精神" 的生动实践》⑥ 《嘉兴党建: "红船精神" 放光芒》⑦ 《南湖区党风廉政建设宣传教育向纵深发展》⑧ 《嘉兴打造党建高地》⑨ 《南湖区: 全面提高党的建设科学化水平》⑩ 《南湖街道: 以和谐大发展诠释 "红船精神"》⑪ 《宝贵的永远是精神——"建党圣地话党建"之一》⑫ 《大力弘扬 "红船精神" 继续保持和发展党的先进性》⑬ 《"红船精神" 在心中激荡——老党员吴孟超率队赴南湖重温入党誓词侧记》⑭ 《"红船精神" 在这里发光》⑮ 等。还有将红船精神与社会其他领域行业实践相结合的报道，如电力企业，《"红船先锋工程" 铸造党建特色

---

① 褚定华、陈培华：《弘扬 "红船精神" 增强党性观念 嘉兴扎实开展坚定理想信念教育》，《浙江日报》2005 年 4 月 5 日第 1 版。

② 《与时俱进推进党的诞生地党建工作》，《浙江日报》2007 年 5 月 31 日第 16 版。

③ 程茂林：《大力弘扬 "红船精神" 改革创新组织工作》，《嘉兴日报》2006 年 1 月 17 日第 1 版。

④ 武亮靓：《弘扬 "红船精神" 唱响时代主旋律》，《今日浙江》2007 年第 16 期。

⑤ 曹必英、吴玉莲：《在 "红船精神" 指引下奋进》，《嘉兴日报》2005 年 11 月 24 日第 6 版。

⑥ 王河、于永法：《嘉兴 "红船精神" 的生动实践》，《嘉兴日报》2007 年 3 月 26 日第 5 版。

⑦ 程茂林：《嘉兴党建："红船精神" 放光芒》，《嘉兴日报》2007 年 3 月 24 日第 1 版。

⑧ 陆林兴、金骏：《南湖区党风廉政建设宣传教育向纵深发展》，《浙江日报》2007 年 7 月 27 日第 20 版。

⑨ 王国锋、方力、陈培华：《嘉兴打造党建高地》，《浙江日报》2011 年 6 月 26 日第 1 版。

⑩ 《南湖区：全面提高党的建设科学化水平》，《嘉兴日报》2011 年 12 月 23 日第 16 版。

⑪ 赵月英、王韶韵：《南湖街道：以和谐大发展诠释 "红船精神"》，《嘉兴日报》2011 年 1 月 13 日第 22 版。

⑫ 廖述毅、徐宁：《宝贵的永远是精神——"建党圣地话党建"之一》，《嘉兴日报》2011 年 6 月 27 日第 1 版。

⑬ 赵洪祝：《大力弘扬 "红船精神" 继续保持和发展党的先进性》，《今日浙江》2011 年第 13 期。

⑭ 张鹏、肖鑫、唐先武：《"红船精神" 在心中激荡——老党员吴孟超率队赴南湖重温入党誓词侧记》，《科技日报》2011 年 6 月 13 日第 5 版。

⑮ 李国敏、毛江山：《"红船精神" 在这里发光》，《科技日报》2011 年 10 月 12 日第 11 版。

品牌》①《弘扬"红船"精神，推进"三新"建设》②《继承弘扬红船精神　打造红船服务品牌》③《红船精神　电力传承》④；消防工作，《南湖消防：红船精神励志扬帆》⑤；公安工作，《"红船精神"浸润警营》⑥《红船旁的守卫者——嘉兴南湖革命纪念馆采访纪事（下）》⑦；检察工作，《传承红船精神，坚定理想信念，推动检察工作科学发展》⑧；银行金融业，《让"红船精神"继往开来——记人行嘉兴市中心支行》⑨；检疫工作，《立足科学发展　弘扬"红船"精神——记2008年奋进中的嘉兴检验检疫人》⑩。还有综合性的宣传，如将红船精神与中国实践相结合的《大力弘扬"红船精神"　把中国特色社会主义伟大事业全面推向前进》⑪，与浙江嘉兴发展相结合的《发扬"红船精神"　建好"三市一地"》⑫《弘扬"红船精神"　发展红色旅游——访嘉兴市委副书记、市长鲁俊》⑬《嘉兴"红船精神"创和谐》⑭《红船精神接力传承　凝心聚力和

---

① 叶和平、刘章银：《"红船先锋工程"铸造党建特色品牌》，《中国电力企业管理》2011年第10期。

② 吴轶群：《弘扬"红船"精神，推进"三新"建设》，《农电管理》2006年第9期。

③ 邹志峰：《继承弘扬红船精神　打造红船服务品牌》，《农电管理》2010年第6期。

④ 《红船精神　电力传承》，《嘉兴日报》2010年7月1日第20版。

⑤ 英文、杨茜：《南湖消防：红船精神励志扬帆》，《嘉兴日报》2008年11月11日第5版。

⑥ 詹肖冰、李舟：《"红船精神"浸润警营》，《人民公安报》2009年1月9日第8版。

⑦ 詹肖冰、杨鸿圣：《红船旁的守卫者——嘉兴南湖革命纪念馆采访纪事（下）》，《人民公安报》2005年5月24日。

⑧ 杜克强：《传承红船精神，坚定理想信念，推动检察工作科学发展》，《嘉兴日报》2011年9月4日第3版。

⑨ 马黎：《让"红船精神"继往开来——记人行嘉兴市中心支行》，《中国金融家》2011年第8期。

⑩ 禾风：《立足科学发展　弘扬"红船"精神——记2008年奋进中的嘉兴检验检疫人》，《中国国门时报》2009年1月21日第4版。

⑪ 彭冰冰：《大力弘扬"红船精神"　把中国特色社会主义伟大事业全面推向前进》，《嘉兴日报》2011年7月24日第3版。

⑫ 毛传来、王国锋：《发扬"红船精神"　建好"三市一地"》，《浙江日报》2009年3月17日第2版。

⑬ 徐文潇、顾伟建：《弘扬"红船精神"　发展红色旅游——访嘉兴市委副书记、市长鲁俊》，《中国旅游报》2011年5月11日第17版。

⑭ 王慧敏、顾春：《嘉兴"红船精神"创和谐》，《人民日报》2011年10月17日第1版。

谐双拥》①《弘扬"红船精神" 推进创新创业》②《"红船精神" 一座城市的魂——大学生记者对话嘉兴市长陈德荣》③《弘扬红船精神 做好驻村工作》④。还有结合纪念日活动的报道，如《对"红船精神传递"大型报道的回顾》⑤《"开天辟地"图片展在京开幕》⑥ 等，这些报道都在一定范围内宣传了红船精神。

3. 理论专著

2011 年出版的胡建成等著的《红船精神及其当代价值》，是国内第一本专门论述红船精神的理论专著，也是这一阶段学术界关于红船精神的唯一的理论专著。该书对红船精神的历史地位、基本内涵及其对推动党的建设的时代价值进行了多方面的阐释，是这一时期红船精神研究的集大成之作。关于这部著作在后文将做专门介绍，在此不再赘述。

二 研究初步发展的特点与价值

自红船精神提炼出来，浙江尤其是嘉兴方面显示出极高的热情，并以强烈的使命感来传承、弘扬红船精神，红船精神研究逐渐起步、有所发展，主要有以下特点和价值。

（一）研究的区域化特点

第一，这一时期研究的总体特点是以宣传形态为主，学术形态有所发展。红船精神是在党中央号召开展保持共产党员先进性教育活动背景

---

① 嘉兴市双拥办：《红船精神接力传承 凝心聚力和谐双拥》，《浙江日报》2011 年 8 月 1 日第 7 版。

② 蔡琦、应丽斋：《弘扬"红船精神" 推进创新创业》，《嘉兴日报》2007 年 9 月 11 日第 1 版。

③ 《"红船精神" 一座城市的魂——大学生记者对话嘉兴市长陈德荣》，《杭州日报》2007 年 7 月 28 日第 4 版。

④ 高思敏：《弘扬红船精神 做好驻村工作》，《绍兴日报》2011 年 7 月 24 日第 3 版。

⑤ 杨志勇、刘平：《对"红船精神传递"大型报道的回顾》，《城市报刊研究》2009 年第 6 期。

⑥ 李晓鹏：《"开天辟地"图片展在京开幕》，《浙江日报》2006 年 6 月 24 日第 1 版。

下，由人民群众讨论再由省委领导提炼出来的，带有很强的政治性、官方性，并不是一个纯粹的学术话题，提炼过程中学者这一群体并没有过多的介入，也没有给予足够重视。因此，这一时期红船精神研究的总体特征是以宣传形态为主，学术形态有所发展但不充分。红船精神提出以来，浙江省委宣传部以及嘉兴市委宣传部高度重视红船精神的宣传工作，推动弘扬红船精神与党组织建设相结合，充分利用中国共产党成立 85 周年、中华人民共和国成立 60 周年、中国共产党成立 90 周年等重大纪念日，结合地域特色资源开展一系列纪念活动，将这些活动与红船精神结合起来进行长时段、长篇幅的宣传报道，总结出了一系列有特色的关于基层党组织建设的先进做法，产生了一批宣扬红船精神的宣传成果。从学术研究来看，在 2005—2009 年有过些许关于红船精神的探讨，如魏清源对红船精神的产生进行了讨论，钱梅根认为红船精神的核心内涵是首创精神，并对其现实意义进行了论述，等等；2010—2011 年，两次理论讨论会召开，两个研究红船精神的学术团体成立，学界对红船精神的研究和讨论逐渐增多，对红船精神的基本内涵、时代价值做了初步的探讨，陈水林、张志松、邹建良等学者也开始逐渐关注红船精神。这些进展值得肯定。但研究成果数量总体上较少，研究形态主要以论文为主；在研究内容上，对于红船精神的基础理论阐释显然是不足的，研究呈现零散性、不全面性，研究成果具有宣传性强的特点。

第二，红船精神研究以浙江理论宣传工作者尤其是嘉兴理论宣传工作者为主力，研究视域有限，也是这一时期的一大特点。红船精神的提炼在当时在一定范围内产生了社会影响，但并没有在全国范围内引起理论界和学术界关注。红船起航于浙江，浙江嘉兴南湖作为党的诞生地之一，是历史赋予的独特政治文化资源和精神力量，浙江理论宣传工作者尤其是嘉兴理论宣传工作者有着地缘优势，并善于利用这一优势对红船精神展开了宣传与研究。自 2005 年起，有关红船精神的宣传报道就从未停止过。这一时期，时任嘉兴市市长李卫宁，中共南湖区委常委赵建华，中共浙江嘉兴市委党校的钱梅根，时任嘉兴南湖革命纪念馆馆长张志松，嘉兴学院的陈水林、彭冰冰、史晴，嘉兴职业技术学院的邹建良、周奇迹、曹志清等纷纷撰写了关于红船精神的文稿，研究与宣传红船精神。

《浙江日报》《嘉兴日报》《南湖晚报》等报刊刊登了一大批理论与实践文章，是宣传红船精神的重要媒介。综观这些成果，红船精神的宣传和研究视野主要集中在浙江实践，集中探讨红船精神的内涵及其在党的建设、高校教育等方面的理论与实践价值，而未能从中国特色社会主义建设实践这一广阔背景出发，对红船精神的文化价值及其对中华民族伟大复兴的重要意义等做更进一步的讨论。

（二）研究的奠基性价值

第一，这一时期研究的理论价值在于拓展了红船精神的影响力，为红船精神研究奠定了基础。这一时期，浙江理论工作者尤其善于抓住党和国家的重大纪念日宣传红船精神，例如在中国共产党成立 85 周年之际，在中国国家博物馆举办了"开天辟地——纪念中国共产党成立 85 周年图片展"；2009 年中华人民共和国 60 华诞之际，《嘉兴日报》以大篇幅、大力度推出"红船精神传递"系列报道活动，从嘉兴南湖出发，走访了南昌等 10 个城市，通过多媒体联动、多方互动的方式，大力推动红船精神走出去，提升红船精神的影响力。随着红船精神的宣传不断增多，嘉兴市南湖红船精神研究会和嘉兴学院红船精神研究中心陆续成立，一些理论研讨会议召开，虽然在当时没有形成较为丰厚的研究成果，但却为后来的研究提供了重要的平台支撑和学术交流的机会。这一时期，也有一定的学术成果积累，《红旗文稿》《求是》《思想教育研究》《中国高等教育》《中国教育报》等重要刊物都发表了相关文章，也出版了胡建成等的理论专著《红船精神及其当代价值》，为后来红船精神的全面展开和系统深入研究打下了良好的基础。

第二，这一时期研究的实践价值在于推动了浙江基层党组织建设和高校育人等方面的实践创新。立足党诞生地的独特资源，以红船精神大讨论为活动形式是南湖区委开展保持共产党人先进性教育活动的一大创举和特色。红船精神提炼之后，浙江省尤其是嘉兴市高度重视这一精神资源，推动各领域多方面的宣传红船精神的实践。嘉兴坚持以"红船精神"为引领，注重学习型党组织建设，推行党代表任期"1＋10"制度。全面推行"一员双岗制""党员承诺制""服务积分制""党员义工制"

等。嘉兴坚持以服务型基层党组织建设为重点，深化"三级联创"活动，开展先锋工程，根据城乡一体新社区不同类型，创新"一村一社区""多村一社区""镇区社区"等组织模式，不断提升党员服务水平。① 嘉兴学院充分利用红色文化资源特别是嘉兴南湖红色资源充实课堂教学，将其融入思想政治课程体系，开展"参加一次党史报告会，瞻仰一次南湖红船，聆听一堂红船党课，重温一次入党宣誓，参加一次党员奉献日，做出一次先锋承诺"为内容的"六个一"思想政治教育系列活动，并依托南湖这一爱国主义教育基地和社会实践基地，开展了一系列"红色教育"活动。在学生党建工作方面，将新党员入党宣誓仪式安排在南湖红船边，教育新党员要继承红船精神;② 推动"红船精神"与高校青年马克思主义者的培育相结合。③ 嘉兴职业技术学院，以"红船精神"为主题开展特色模块实践教学，利用南湖红船这一得天独厚的特色资源，紧紧抓住重大节日、纪念日等契机开展系列特色活动，以《嘉职院大讲堂》《嘉职院论坛》、邓小平理论和"三个代表"重要思想读书会为特色平台，开展"学理论、搞调研、做课题"等活动，传承红船文化，充分利用"启航网"和省级精品课程"毛泽东思想和中国特色社会主义理论体系概论"网站，开辟"红船精神、红色经典和主题实践"等特色栏目，创新特色教育模式。④ 这些都推动了高校思想政治教育理论与实践创新，起到了良好的示范和引领作用。

三　胡建成与《红船精神及其当代价值》

浙江人民出版社 2011 年 6 月出版的胡建成等著的《红船精神及其当代价值》，是 2010 年浙江省哲学社会科学规划项目《红船精神及其当代

① 黄宇:《嘉兴党建:"红船精神"的生动实践》,《观察与思考》2011 年第 7 期。

② 富华:《嘉兴学院用"红船精神"引领学子》,《中国教育报》2011 年 6 月 16 日第 1 版。

③ 陈立力:《"红船精神"与高校青年马克思主义者的培育》,《思想教育研究》2011 年第5 期。

④ 邹建良:《创新特色教育模式　打造"红船精神"传承之地》,《中国高等教育》2010年第 22 期。

价值》（项目批准号：10CGML14YB）的最终成果。这本书阐述了红船精神的产生发展、历史地位和历史内涵，集中论述了红船精神对党的建设的重要价值意义，是国内第一部研究红船精神并具有一定分量的理论专著。它既是这一时期红船精神研究成果的极具代表性之作，也推动着红船精神研究的进一步深入与展开。

（一）史学思想

《红船精神及其当代价值》于 2011 年 6 月出版，适应了这一时期推进党的建设这项伟大工程的必要性和迫切性，以及进一步加强党的执政能力建设，保持与发展党的先进性、纯洁性，全面提升党的建设的科学化水平的现实需要。改革开放以来，社会主义市场经济制度逐渐建立完善，"建设一个什么样的党、怎样建设党"成为直接关乎党和国家前途命运的重大理论和现实问题，也是几代中国共产党人孜孜以求不断探索的重要课题。特别是 20 世纪 80 年代末 90 年代初，国际形势发生了近半个世纪以来最为深刻的变动。苏联和东欧一些社会主义国家的共产党经不住时代的挑战与考验，导致苏联解体、东欧剧变。世界无产阶级革命时代开启于俄国十月革命，建立起社会主义国家，支持世界社会主义运动和民族解放运动，推动一大批国家走上社会主义道路，形成世界社会主义阵营，苏联一跃成为世界一流强国，苏联共产党一时成为世界大党、强党；而一夜风云散，变换了时空，世界社会主义运动因为苏联解体、东欧剧变而陷入低潮，这些社会主义国家的共产党丧失了执政地位和执政基础，亡党亡国，世界社会主义运动受到了史无前例的重挫。

前车之鉴，后事之师。我们在给这些社会主义国家红旗落地的悲痛事实做历史归因、总结教训时要看到，原因虽然是多方面的，教训是全方位的，但其中最为重要的一条就是执政党的自身建设没有搞好，党的建设关乎社会主义建设的全局，要与时俱进加强执政党自身建设。放眼国内，中国共产党从新中国成立初期开始全面执政，逐渐成为长期执政的党，中国从受到外部封锁到实行对外开放，从实行计划经济到发展社会主义市场经济，党所处的地位和环境、所肩负的历史使命、党的自身状况，都发生了新的重大变化，提升党的执政能力至关重要。胡锦涛曾指出:"提高的党的执政能力、巩固党的执政地位,是我们党执政以后的一项根本性任务,也是我们党将长期面对并必须始终解决好的一个历史性课题。"① 根据复杂的国际国内环境,为适应时代的要求、人民的要求、社会发展的要求,2004 年 9 月,党的十六届四中全会通过了《中共中央关于加强党的执政能力建设的决定》,对加强党的执政能力做了总体部署。在 2006 年庆祝中国共产党成立 85 周年暨总结保持共产党员先进性教育活动大会上,胡锦涛指出,"我们必须清醒认识新的历史条件下加强党的自身建设的必要性、紧迫性、艰巨性、复杂性,全面把握党所肩负的历史使命和党员队伍的总体状况,扎扎实实加强党的先进性建设",并指出,"提出加强党的先进性建设的重大战略思想,就是要更加鲜明地强调党的先进性建设这一重大课题,更加深入地认识共产党执政规律和党自身建设规律"②,以党的先进性建设作为党的各方面建设的主线,全面推进党的建设新的伟大工程。党的十七大报告中又指出,"世情、国情、党情的发展变化,决定了以改革创新精神加强党的建设既十分重要又十分紧迫"③,要以改革创新精神全面推进党的建设新的伟大工程,全面提升党的建设科学化水平。而这本书是应时而作,书中对红船精神价值的撷取主要集中于党的建设,突出表现了加强党的先进性建设和执政能力建设的必要性和迫切性。书中言,"90 年来,中国共产党经历了民主革命和社会主义革命、社会主义建设、改革开放等不同历史时期,党的建设环境、历史使命、中心任务等都发生了重大的变化","通过创造性思维活动,不断揭示党建活动的本质和规律,赋予党建理论创新以新的形态,把党的建设的伟大工程不断向前推进"。④ 立足实际,充分挖掘党史文化资源并发挥其现实作用,推进党的先进性建设和执政能力建设,永葆党的先进性,全面提升党的执政能力,使中国共产党始终保持与时俱进的

① 《十六大以来重要文献选编》中,中央文献出版社 2011 年版,第 593 页。

② 胡锦涛:《在庆祝中国共产党成立 85 周年暨总结保持共产党员先进性教育活动大会上的讲话》,《求是》2006 年第 13 期。

③ 胡锦涛:《高举中国特色社会主义伟大旗帜　为夺取全面建设小康社会新胜利而奋斗——在中国共产党第十七次全国代表大会上的报告》,《人民日报》2007 年 10 月 25 日第 1 版。

④ 胡建成等:《红船精神及其当代价值》,浙江人民出版社 2011 年版,第 75 页。

品质、始终走在时代前列，把党锻造成中国人民的主心骨和中国特色社会主义的坚强领导核心，肩负起带领中国人民实现中华民族伟大复兴的历史使命，应是作者和当时每一个国人的现实期盼。

《红船精神及其当代价值》是鉴于红船精神对现实的重要价值意义，为推动新时期的中国共产党理论创新、制度创新、实践创新和党的建设而作。在中国共产党的成长壮大过程中，在中国社会发展过程中，精神的力量是十分重要的。一个政党没有先进的文化支撑和精神支柱，就不可能成为一个具有强大生命力、凝聚力和向心力的政党，就不可能始终走在时代前列。红船精神是在近代中国社会大变革的时代背景下，早期共产党人在众多社会思潮中选择和坚定马克思主义信仰，在危险社会环境中传播马克思主义，推动中国共产党的建立，并立志解放中国广大劳苦大众，实现中华民族伟大复兴的建党精神，确立了中国共产党的先进品质、理想信念、价值追求。红船精神始终像一条精神红线，贯穿于中国共产党的全部理论活动和实践活动中，中国共产党精神史上由此衍生出一系列革命精神，并成为中国共产党在各个时期攻坚克难、奋力前进的意志支持和精神力量系统。正如作者在引言中讲到的，"中国共产党成立之时形成的红船精神蕴含着体现时代要求的先进性，红船精神是党的先进性的集中体现，是推动先进性建设的内在动力"[1]。书中说，"红船精神是党成长壮大的精神之源。党的精神文化氛围中成长起来的中共党员，都会自觉或不自觉地按照这种精神文化的指向去思考、去做事，社会和人民群众也会按照这种精神文化的指向作出价值评判，从而成为党的肌体里不断涌现着的推动党的建设的动力"[2]。《红船精神及其当代价值》以往鉴今、观照现实的写作意图十分明显。作者将对红船精神的基本阐述及其时代价值聚焦于中国共产党的建设，着重探索红船精神推动党的建设的价值意义，号召充分继承和弘扬红船精神，不断推动党的建设的理论创新、制度创新和实践创新，以永葆党的先进性，提升党的执政能力，深化党的建设的理论水平和实践水平。

---

[1] 胡建成等：《红船精神及其当代价值》，浙江人民出版社 2011 年版，第 35 页。

[2] 同上。

　　《红船精神及其当代价值》也是浙江纪念中国共产党成立 90 周年理论研究系列作品中的一大精品力作，抓住了党和国家重大节日的契机，肩负起了理论工作者的学术担当和使命。红船精神产生于中国共产党诞生这一开天辟地的大事变，是中国共产党革命精神的第一个历史坐标。红船精神的理论提炼是在全党集中开展保持共产党员先进性教育活动的实践背景中，经嘉兴市的红船精神大讨论，以及时任浙江省委书记习近平在《光明日报》上发表理论文章，结合党的先进性教育活动进一步理论阐发完成的。可见，不论是作为一种社会意识的红船精神，还是作为理论形态的红船精神，它出场的历史情境、实践活动、表达语境与党的建设始终是紧密相连的。中国共产党是一个注重学习历史、从中汲取智慧的政党，是一个善于总结历史经验、从中获取前进动力的政党，是一个善于运用历史规律指导未来发展的政党。在党和国家的每个重大节日和纪念日，党和国家主要领导人以回顾历史、结合当下、展望未来为叙事方式发表重要讲话，是我们党的一大优良传统和重要优势。2011 年正值中国共产党成立 90 周年，中国共产党从成立之初只有 50 多名党员逐渐成长、壮大为一个大党，在 90 年的峥嵘岁月中创造了太多的奇迹与飞跃，积累了一系列的经验、精神等历史资源，值得我们去好好总结、提炼。紧密结合现实，与时代发展同步伐，与党的理论创新、实践创新同频共振，应是每一个理论工作者的学术使命和学术担当。纪念建党活动，必然要回顾建党时的历史活动、精神风貌等。在这样一个重大纪念活动中，提炼好、研究好、宣传好中国共产党的建党精神，并从中汲取伟大力量推动党的建设这项伟大工程是一个非常应时应景的任务与课题。而纵观党的精神研究中，对于红船精神的研究在当时开展得还很不够，作者敏锐地洞察到了这一点，对红船精神进行了及时有力的研究，正如书中所言："在迎接建党 90 周年之际，开展中国共产党建党精神研究，弥补从建党到井冈山精神的这一段空白，把中国共产党历史形成的一系列精神贯穿起来，形成系统化的完整成果，是非常有必要的。"[1] 作者在该书的后记还写道："在中国共产党成立 90 周年来临之际，开展对中国共

---

　　[1]　胡建成等：《红船精神及其当代价值》，浙江人民出版社 2011 年版，第 35 页。

产党建党精神即红船精神的研究，特别是对红船精神的当代价值进行深入研究具有十分重要的意义。"① 由此可见，作者着眼于红船精神的重要历史地位以及其与党建的密切联系，以强烈的学术热情与担当，开展红船精神研究，以理论作品献礼中国共产党成立 90 周年，为党的事业进一步发展做出了应有的理论贡献。《红船精神及其当代价值》成为这一时期浙江人民出版社出版的"浙江纪念建党 90 周年理论研究系列"成果②作品之一，与这些作品一起不仅回顾总结了我党艰辛而光荣的历程，梳理研究了我党积累的宝贵精神财富，而且起到了很好地弘扬党史、传播理论、凝聚人心的作用。

（二）研究建树

《红船精神及其当代价值》全书分为引言、正文、参考文献和后记。正文分为七章：第一章"红船精神是中国共产党革命精神之源"；第二章"红船精神是党的先进性的集中体现"；第三章"弘扬红船精神，不断推进党的建设的理论创新"；第四章"弘扬红船精神，不断推进党的制度建设与创新"；第五章"弘扬红船精神，不断推进党的建设的实践创新"；第六章"弘扬红船精神，保持党和发展党的先进性"；第七章"弘扬红船精神，不断提高党的执政能力"。全书的主导性思路是：第一、第二章主要围绕红船精神产生的历史背景、基本历史内涵做基础诠释，第三至第七章主要将红船精神与历史和现实结合，就党的理论创新、制度创新、实践创新、发展党的先进性、提升党的执政能力五个方面展开探讨。全书的历史跨度大，史味浓厚，具有很强的可读性。

---

① 胡建成等：《红船精神及其当代价值》，浙江人民出版社 2011 年版，第 35 页。

② "浙江纪念建党 90 周年理论研究系列"由十本专著和两部论文集组成。具体是：《马克思主义中国化历史研究》《新中国成立初期的马克思主义大众化》《中国新文学与中国共产党》《红船精神及其当代价值》《中国共产党党内学习教育研究》《增强党员意识研究》《党章修订与党的建设发展研究》《红船扬帆远航——中国共产党在浙江 90 年纪事》《历史新篇——中国共产党在浙江（1949—1978）》《历史的永恒——浙江革命遗址集锦》《执政党建设的时代命题——提高党的建设科学化水平》《改革创新视野下的浙江党建》。

1. 深入历史，阐述红船精神的源头地位

只有深入历史，才能更好地了解历史，明白潜藏在历史之中的必然性逻辑和意义。《红船精神及其当代价值》将红船精神放置于近代中国社会深刻变革的宏大历史情境中来考察，较为深入全面地记述了红船精神产生的历史背景和社会历史条件，生动地展示了红船精神在中华民族精神发展史、中国共产党革命精神史上的源头地位。

事实上，自红船精神提炼之后，一些理论工作者和宣传工作者就对它的产生和源头地位做出了相关探讨。如魏清源在《党的革命精神的最初孕育》① 一文中，从五四运动、中共一大召开等社会实践来看红船精神的产生。如史晴在《红船精神的文化渊源探析》② 一文中，从文化角度对红船精神进行了溯源，认为红船精神植根于中华民族传统文化，是顺应现实和时代的要求，站在无产阶级革命的高度，在特定历史条件下对中华民族传统文化的继承与发展，使红船精神带有鲜明的马克思主义特色。但这些探讨的视域都较为狭隘，限于篇幅，其论述往往是短时段的历史叙事，未能用一种大历史的思维和手法去揭示红船精神的产生和源头地位。而《红船精神及其当代价值》深入近代中国历史乃至世界无产阶级革命历史之中，揭示红船精神产生的历史必然性逻辑，将其历史起点、地位与历史条件紧密联系起来，从史学的维度论述红船精神的中国共产党革命精神之源的地位。正如书中所言："中国共产党的建党精神不是凭空产生的，而是近代中国社会的深刻变革孕育了红船精神。"③

《红船精神及其当代价值》的第一章以"红船精神是中国共产党精神之源"为标题，花了大量篇幅从发生学意义上来论证红船精神的源头地位。习近平于 2005 年在《光明日报》上发表题为《弘扬"红船精神"走在时代前列》的理论文章，高屋建瓴地提出了"红船精神是中国革命精神之源"的重要论断。但应该实事求是地指出，当时学术界和理论界对此的理论阐释是非常不够的。而该书刚好弥补了这一不足，深入历史

---

①　魏清源：《党的革命精神的最初孕育》，《石油政工研究》2009 年第 1 期。

②　史晴：《红船精神的文化渊源探析》，《嘉兴学院学报》2011 年第 3 期。

③　胡建成等：《红船精神及其当代价值》，浙江人民出版社 2011 年版，第 7 页。

之中，从多条历史线索中横纵交错地考察红船精神的历史地位。

一是中华民族精神发展的线索。该书指出，"红船精神是中华民族精神在近代的升华"①。中华民族素以勤劳与智慧著称，曾经创造了辉煌的古代文明，在 17 世纪之前一直领先于世界水平，也有着自强不息的历史文化传统，如"富贵不能淫，贫贱不能移，威武不能屈"的民族气节，"杀身成仁，舍生取义"高尚的价值取向，等等。正是凭着这种自强不息的救世精神，中国人民面对西方列强的侵略时，才能团结奋起救国、抵抗外来侵略。追求民族独立和国家的民主、富强，成为当时一大批仁人志士的共同目标。从"中体西用"的洋务运动到"西体中用"的维新变法，从提出《资政新篇》的太平天国运动到倡导三民主义的辛亥革命，前仆后继地探索，囿于时代条件和阶级局限，均以失败告终。书中紧紧抓住了新文化运动这一主要的历史节点，指出"这是一场观念形态的革命，是对千百年来历史沉淀而成的旧文化的扬弃和超越"，"既是由此前七十多年的历史呼啸而来，又是这段曲折历史的深刻反思"，"它是以辛亥革命后的社会现实为起点，进而追溯几千年历史积淀而成的文化传统，并对这种文化传统进行整体性的理性批判"②。作者从中国人民延绵不绝的自强不息的救世精神，到社会历史运动，再深入中华民族精神的本质，找到红船精神在中华民族精神史的历史坐标。

二是马克思主义革命精神的线索。该书指出，"红船精神是汲取马克思主义革命精神的逻辑成果"③。近代中国是社会转型的重要时期，形成了诸多社会思潮，影响着中国人探索中华民族救亡图存的道路。俄国十月革命，马克思主义彻底的革命精神在俄国得到了实践，开启了世界无产阶级革命运动的新时代，也为苦苦探寻中国革命道路的有志之士指引了新的路向。一大批年轻知识分子转向科学社会主义，主张走俄国的道路，从中产生了一批青年马克思主义者，成为中国共产党早期的创始人。"俄国十月革命胜利的影响，缩短了中国知识分子接受马克思主义的过

---

① 胡建成等：《红船精神及其当代价值》，浙江人民出版社 2011 年版，第 7 页。
② 同上书，第 8 页。
③ 同上。

程，为马克思主义的传播开辟了道路，这可以说是历史发展的逻辑与社会思潮流变、理论发展的逻辑达到了高度的统一。"① 这是对特定历史时期的历史发展与社会思潮之间关系的规律性的深刻揭示。十月革命胜利后，列宁十分关注中国的革命，他在 1919 年 3 月领导创建了共产国际，支持和帮助中国共产党建党，推动马克思主义在更大范围的传播，马克思主义革命精神在更多国家和地区得到实践和彰显。马克思列宁主义传入后，早期共产党人以此为指导，充分继承和发展马克思主义革命精神，在中国革命实践中形成了红船精神。

三是五四新文化运动的线索。该书引用了毛泽东在《新民主主义论》中对五四运动所做的一段评价："五四运动在思想上和干部上准备了一九二一年中国共产党的成立。"② 从五四运动为中国共产党的诞生所做的准备阐述五四运动与红船精神的形成的逻辑关联，着重介绍了蔡元培在五四新文化运动中的中心地位及与中共诞生的密切关系。"蔡的延聘，使得'南陈北李'得以相聚北大，主编《新青年》，在五四运动中相知并相约建党"，"蔡元培建议陈独秀把《新青年》带到北大编辑出版，有力支持和促进了新文化运动"，"蔡元培、邵飘萍、周炳林等先后点燃北京、上海的五四运动之火，一大批马克思主义者成长起来，为建党奠定了干部基础"。通过选取一个代表人物来说明五四新文化运动对中共建党的意义。正如书中所说，"五四运动以后，马克思主义作为中国社会思潮的主流，为新文化运动注入了社会主义素质，从而为红船精神的形成奠定了基础"③。

四是早期共产党人的建党活动的线索。历史唯物主义认为，社会存在决定社会意识，一定的社会意识总是在一定的历史和现实中由一定社会主体在历史实践中表征出来。中国共产党的建党活动，是红船精神产生的实践基础，充分体现了红船精神。精神归根结底还是一种人的意识，体现在历史主体的社会活动之中，正如该书所言，"由首创、奋斗、奉献

---

① 胡建成等：《红船精神及其当代价值》，浙江人民出版社 2011 年版，第 11 页。
② 《毛泽东选集》第 2 卷，人民出版社 1991 年版，第 700 页。
③ 胡建成等：《红船精神及其当代价值》，浙江人民出版社 2011 年版，第 12 页。

这三种精神组成的红船精神集中体现在早期共产党人的建党活动之中"①，他们的一系列革命活动充分展现了红船精神所包含的深刻的历史内涵。该书阐述了几个较为有代表性的历史事件：一是"南陈北李"相约建党。二是蔡和森与毛泽东讨论建党。此外，该书还着重论述了浙江籍先进知识分子为传播马克思主义和创建中国共产党做出的重大贡献，"他们翻译出版《共产党宣言》，从事工人运动、农民运动联络各地建立共产主义小组和共青团组织，安排一大代表的住地和会场等，为党的成立作出了巨大贡献"②。书中主要介绍了1920年陈望道翻译我国第一本《共产党宣言》中译本，邵力子主编《民国日报》，沈玄庐等主编《评论》等刊物宣传马克思主义和社会主义，沈雁冰翻译有关苏俄的文章，俞秀松、沈玄庐等积极推动马列主义与工农相结合，王会悟做好一大创建的筹备和会务工作，等等。他们的工作在思想理论、阶级基础、组织基础等方面为党的创建做出了一定的贡献。

五是中国革命精神史的线索。这一条线索是基于红船精神的时代背景和社会条件，进一步对红船精神进行定位，这是一种逻辑上的递进。该书指出"开天辟地、敢为人先的首创精神，坚定理想、百折不挠的奋斗精神，立党为公、忠诚为民的奉献精神，充分体现了走在时代前列的精神，是中国共产党革命精神之源"③，并从时间、功能、发展三个维度做了进一步的论证与分析。从时间上看，在中国共产党的精神系统中，红船精神是产生最早的。从功能上看，红船精神是党成长壮大的精神之源。从发展维度看，从新民主主义革命时期形成的红船精神、长征精神、延安精神、西柏坡精神，到社会主义建设时期的雷锋精神、铁人精神、焦裕禄精神，再到改革开放以来形成的改革开放精神、航天精神和抗震救灾精神，"这些精神是一脉相承的，90年来穿越时空，始终激励、推动着党的发展壮大。这些定型化、成熟化、社会化了的革命精神构成了蔚为壮观的精神集群，组成了中华民族精神当代形态的时代内容，成为时

---

① 胡建成等：《红船精神及其当代价值》，浙江人民出版社2011年版，第16页。
② 同上。
③ 同上。

代精神的主旋律,这是中国共产党对中华民族复兴在精神层面的伟大创造和贡献"①。既对红船精神与中国共产党其他革命精神的源流关系进行了阐释,还对包括红船精神在内的革命精神的重大意义做了一定的概括。

该书在对此章节进行小结时指出:"中国共产党诞生的历史起点很高,是近代中国社会变革深入到思想文化领域的产物。中国共产党敢于把产生于西方国家的先进的科学理论——马克思列宁主义拿过来指导落后国家的革命,这是中华民族精神在近代的特殊历史背景下的升华。一个落后的半殖民地半封建社会的中国因此选择了通过新民主主义走向社会主义的独特道路,这就是红船精神所包含的深刻的历史内涵。"②

2. 在长时域视角下阐释红船精神的丰富历史内涵

《红船精神及其当代价值》以红船精神的首创精神、奋斗精神、奉献精神的基本内涵为主线,对红船精神的历史内涵的阐述,超越了建党时期(1919年五四运动至1921年中国共产党成立)的短时域,而从中国共产党成立以来的90年的光辉历程的长时域里去解读,全方面、宽领域地展现穿越时空的红船精神对永葆党的先进性的积极作用,较为宏观地把握了红船精神。

一是开天辟地、敢为人先的首创精神的历史内涵。对于首创精神的历史内涵,《红船精神及其当代价值》将其放在近代以来的中国社会变革中来阐释,指出"红船精神中的开天辟地指的是近代中国落后挨打,面临着'三千年未有之大变局',这个变局的结果是中国走上社会主义道路"③。并强调"三千年未有之大变局"的起点为1840年爆发的鸦片战争,在这里还引用了马克思在《鸦片贸易史》中的一段话,"一个人口几乎占人类三分之一的大帝国,不顾时势,安于现状,人为地隔绝于世并因此竭力以天朝尽善尽美的幻想自欺。这样一个帝国注定最后要在一场殊死的决斗中被打垮"④。这说明中国不自觉地被动地卷入了近代历史和

---

① 胡建成等:《红船精神及其当代价值》,浙江人民出版社2011年版,第42—43页。

② 同上书,第15页。

③ 同上书,第45页。

④ 《马克思恩格斯选集》第1卷,人民出版社1995年版,第716页。

世界全球化进程之中，逐渐由被动到主动地开启了中国社会的大变局，使得中国社会发生根本性的变化。该书进一步将大变局的内涵概括为"四个转型"，即由农业文明向工业文明的经济转型，由城乡二元分割走向城乡一体化的社会转型，由封建帝制走向民主共和的政治转型，由封建经学走向现代科学的文化转型。敢为人先是首创精神又一内涵，该书认为，红船精神中的敢为人先不仅是指在半殖民地半封建的中国创建了中国共产党，更为重要的是党诞生后敢于把产生于西方国家的先进的科学理论——马克思列宁主义拿过来指导革命和建设，敢于跨越资本主义"卡夫丁峡谷"，开创了新民主主义革命道路和中国特色社会主义道路，引领中国走向现代化。该书对中国革命和建设进行了长时段的历史叙事，从开拓井冈山革命根据地，探索出中国革命的新道路，到新中国成立后进行社会主义三大改造，再到改革开放开创了中国特色社会主义等一系列伟大创举，充分展示了中国共产党敢为人先的创新精神。

二是坚定理想、百折不挠的奋斗精神的历史内涵。该书对坚定理想、百折不挠都做了进一步的历史阐述，点出了这种精神背后的历史逻辑。阐释"坚定理想"时，该书紧紧围绕马克思主义中国化的理论主题，对中国共产党坚定理想信念不断推动理论发展的历史进程进行了回顾。该书指出，"马克思主义中国化"就是用马克思主义来解决中国的问题，同时又使中国丰富的实践经验上升为理论，并且同中国的历史、中国的优秀传统文化相结合，以形成具有中国特征、中国作风和中国气派的中国化的马克思主义。[1] 并认为，马克思主义中国化问题既是理论发展的内在要求，也是解决中国问题的需要，它是一个不断探索的历史过程。正如书中所言，"在一定意义上，中国共产党的历史就是一部提出和探索马克思主义中国化，并在实践中不断推进马克思主义中国化的历史"[2]。1938年，毛泽东在党的六届六中全会上做了《论新阶段》的政治报告，提出了"马克思主义中国化"的理论和实践命题，自此，推动马克思主义中国化就成为党内的共识。经过几代中国共产党人的努力，形成了一系列

---

① 胡建成等：《红船精神及其当代价值》，浙江人民出版社 2011 年版，第 56 页。

② 同上。

一脉相承又与时俱进的马克思主义中国化理论成果。质言之，中国共产党坚定理想的最为重要的表现就是不断坚持推动马克思主义中国化，推动中国社会主义实践进一步发展。百折不挠的精神，该书认为主要是在困难面前所表现出来的意志，即"培育一不怕苦二不怕死的艰苦奋斗精神"①，这是中国共产党取得事业胜利的精神支柱。书中列举了谭嗣同、林觉民等近代革命者的事迹，以及中国共产党人在农村革命根据地开创时期、苏区时期、长征时期、抗日战争时期、解放战争时期、社会主义建设时期等一系列艰难困苦的环境下搞革命、干事业，将这种百折不挠的精神体现得淋漓尽致。

三是立党为公、忠诚为民的奉献精神。该书认为，"立党为公，忠诚为民，是我们党同一切剥削阶级政党的根本区别。我们党一成立就公开宣布党除了最广大人民的利益，没有自己特殊的利益。它从根本上回答和解决了我们为谁服务的问题"②。这种精神是在毛泽东亲自培育和倡导下形成的，在众多共产党人身上体现出来。书中列举了延安时期白求恩、张思德两位精神模范人物，在他们身上体现的就是完全彻底地为人民服务的精神；以及新中国成立后的雷锋精神、铁人精神、焦裕禄精神，都是中国共产党立党为公、忠诚为民的生动体现。这些历史人物是中国共产党全心全意为人民服务的伟大缩影和真实写照，也在中国历史中铸造了一个又一个精神丰碑。该书还鲜明地指出，"全心全意为人民服务是中国共产党发展壮大的根本原因"③。该书主要围绕群众路线来阐释忠诚为民。该书对"群众路线"概念的提出做了一番考据，指出，比较早在党内明确使用"群众路线"的是周恩来（《中央给红四军前委的指示信》）。而毛泽东在《反对本本主义》《关心群众生活，注意工作方法》《必须注意经济工作》等文章中也对此进行了一些论述，尤其是在1943年的《关于领导方法的若干问题》中从哲学高度对群众路线做了理论概括，并阐述了群众路线的基本内涵"一切为了群众，一切依靠群众；从群众中来，

---

① 胡建成等：《红船精神及其当代价值》，浙江人民出版社2011年版，第64页。
② 同上书，第68页。
③ 同上书，第69页。

到群众中去"①。同时，该书还对如何走群众路线、群众路线随着时代发展产生的新内涵以及忠诚为民精神在中国共产党革命、建设不同时期的贯彻进行了阐述。

3. 对以红船精神推进党的建设的独到见解

对于红船精神的当代价值的探讨，《红船精神及其当代价值》一书主要围绕以红船精神为引领，推动党的建设的理论创新、制度创新、实践创新、保持和发展党的先进性、提高党的执政能力五个方面来展开，分别是该书的第三至第七章。阐述的基本逻辑理路就是从历史与现实两方面揭示红船精神在党的建设全局中的重要性与迫切性，进而揭示这方面创新的基本内涵。其中对党的建设的理论与实践的论述既有对历史经验的总结，也有对现实情况及其推进措施的分析，提出了一些富有新意的观点与见解。

一是关于党的建设的理论创新。该书指出"90 年来红船精神穿越时空，在党的发展壮大中发挥了引导理论创新的重要作用"，"要弘扬'开天辟地，敢为人先'的首创精神，进一步解放思想，通过创造性的思维活动，不断揭示党建活动的本质和规律，赋予党建理论以新的形态，把党的建设伟大工程不断向前推进"②。该书指出了理论创新对党的建设的重要推动作用。书中对毛泽东、邓小平、江泽民、胡锦涛等人的党建思想进行了梳理，进而分析了党的理论创新的现实必要性，对理论创新的基本任务和基本途径进行了概括，提出党建理论创新的基本任务就是"紧密联系实际、研究新情况、解决新问题、创造新经验、不断摸索和总结党的建设规律，将党的建设提升到规律的高度来研究和把握"。基本途径为：把"解放思想、实事求是、与时俱进"作为党建理论创新的根本依据；把"回答新问题"作为党建理论创新的着力点；把"扬弃"作为党建理论创新的根本方法。还提出了"党的现代化建设的理论创新"等理论观点。党的十七届四中全会提出建设马克思主义学习型政党的重要任务，作者对此做了学理阐释，指出"建设学习型马克思主义政党是对

---

① 胡建成等：《红船精神及其当代价值》，浙江人民出版社 2011 年版，第 69 页。

② 同上书，第 75 页。

党建理论的重大贡献"①。并结合学习型政党建设的时代必然性、基本要求以及途径方法做了阐述。

二是关于党的制度建设与创新。该书指出，"红船精神是中国共产党的建党精神，已深深地熔铸在中国共产党的生命力、凝聚力和创造力之中"，"要弘扬红船精神不断推动党的制度建设和创新"②。书中指出，党的制度建设与创新及其对党的其他建设、党和国家前途命运的重大历史意义，是一个根本性的问题。提出要用科学制度保障党的建设，要从坚持和完善党的领导制度、创新党内民主制度、推动干部人事制度改革、推动反腐倡廉制度创新四方面加强党的制度建设与创新。此外，该书还重点探讨了积极发展党内民主的意义，指出发展党内民主既是中国共产党自身健康发展的根本要求，也是国内外共产党的历史经验教训的深刻总结，更是党的事业兴旺发达的重要保证。要积极发展党内民主，以党内民主带动人民民主，坚持民主集中制原则。

三是关于党的建设的实践创新。红船精神是党的先进性的集中体现，始终引领我们党推动党的建设不断创新，带领人民推动社会发展。"我们党成立 90 年来，在领导中国革命、建设和改革的伟大实践中，面对不断出现的新问题、新情况和新考验，始终不渝地坚持'开天辟地、敢为人先的首创精神，坚定理想、百折不挠的奋斗精神，立党为公、忠诚为民的奉献精神'，使我们党从小到强、由弱到强，从挫折中奋起，在战胜困难中不断成熟，始终走在时代前列。"③ 重视和加强党的建设是中国共产党的一大制胜法宝，中国共产党一路走来在党的建设方面积累了丰富的实践经验。该书围绕十七届四中全会通过的《中共中央关于加强和改进新形势下党的建设若干重大问题的决定》总结的六方面基本经验进行了阐释。该书认为，党的建设的实践创新的重点是坚持从严治党，提高管党治党水平。"坚持党要管党原则和从严治党方针，是我们党从长期执政党建设实践得到的重要认识和结论，是我们党的一贯要求和优良传统。"④

①　胡建成等：《红船精神及其当代价值》，浙江人民出版社 2011 年版，第 105 页。

②　同上书，第 116 页。

③　同上书，第 158 页。

④　同上书，第 181 页。

并指出从严治党的关键是从严治理干部队伍，"党的干部队伍是党建的'物质载体'。从严治党，关键是从严治理干部队伍，使干部的权力进一步得到制约和监督，使群众对党信服，对干部信服"①。可见，作者对党的建设的实践创新及从严治党有着深刻的认识，其观点既有深刻理论性，又有现实针对性。

四是关于保持和发展党的先进性。该书指出，"中国共产党成立之时形成的红船精神蕴含着体现时代要求的先进性"，"弘扬红船精神，保持和发展党的先进性是时代的要求"②。党的先进性建设是党的建设的核心与主线，关乎马克思主义政党的生存与发展，是一项紧迫而永恒的时代课题。该书指出，红船精神体现了党的先进性的深刻内涵和本质特征，是推动先进性建设的内在动力，是党的先进性之源，是共产党人的一面精神旗帜，对于党的先进性建设具有重要意义。该书认为，"保持党员的先进性是党的先进性建设的基础工程"③。作为党的肌体的细胞，党员是党组织和党内生活的主体，党员的先进性直接关系党的执政基础的巩固，因此，党的先进性和共产党员的先进性是辩证统一的。可见，该书将保持和发展党的先进性的关键放在了保持共产党员的先进性上，并指出了两者的辩证关系。此外，该书还对保持党员先进性的基本要求做了六方面的阐述，并对建立健全保持共产党员先进性的长效机制进行了相关探索。

五是关于提高党的执政能力。党的十六大以来，胡锦涛多次指出要提高党的执政能力，全面推进党的建设新的伟大工程。党的十六届四中全会通过了《中共中央关于加强党的执政能力建设的决定》，更是将党的执政能力建设这一重大理论和实践课题推进到一个新的高度。党的执政能力建设是事关全局的重大战略课题，也是这一时期学术界探讨的热点话题。该书将传承红船精神对加强党的执政能力建设的理论与实践意义归为三点：红船精神"是激励我们把握发展这一时代主题和党执政兴国

---

① 胡建成等：《红船精神及其当代价值》，浙江人民出版社2011年版，第186页。

② 同上书，第193页。

③ 同上书，第212页。

的第一要务，大胆探索、开拓的强大思想武器"，"是鼓舞我们坚定共产主义理想和中国特色社会主义信念，不畏艰难、艰苦奋斗的强大精神支柱"，"是鞭策我们牢记立党为公、执政为民本质要求和全心全意为人民服务的根本宗旨，求真务实、一心为民的强大道德力量"①。并指出，弘扬红船精神、加强党的执政能力建设，要巩固党执政的群众基础，建设高素质的党的干部队伍，改革和完善党的领导体制、工作机制，加强基层党组织和党员队伍建设。

(三) 史学方法

《红船精神及其当代价值》将红船精神放在近代以来中华民族伟大复兴的历史时域中来考察，阐释它形成的历史背景和社会条件以及蕴含的深刻历史内涵，进而从中国共产党自身建设的历史进程中来探讨如何以红船精神推动党的建设的各方面创新，在此研究过程中采用了有理有据的史学方法，突出体现在以下两方面。

1. 历史与现实逻辑照应的方法

历史是过去传到将来的回声，是将来对过去的反映。学习和研究党的历史，是为了以史鉴今，观照现实，更好地看清前进的方向。历史与现实逻辑照应的方法是理论研究应该秉持的一个方法论原则。这一史学方法在《红船精神及其当代价值》中尤为明显。

从《红船精神及其当代价值》这一书名就能看出，该专著既阐释产生于中国共产党成立这一开天辟地大事变的精神文化，也探讨这种精神对当代社会发展的价值意义，是运用历史与现实逻辑照应的总体思路的展现。引言部分，作者从红船精神的产生写起，指出，红船"见证了中国历史上开天辟地的大事变，因此，中国共产党的建党精神被誉为'红船精神'"，"中国共产党引领革命的航船，劈波斩浪"，"90 年来，红船精神穿越时空，一脉相承，对永葆党的先进性，引领党始终走在时代前列起到了积极作用"②。该书强调从建党之初一直到今日，红船精神一直

---

①　胡建成等:《红船精神及其当代价值》，浙江人民出版社 2011 年版，第 234—235 页。

②　同上。

发挥着重要的价值意义，让读者产生一种由过去延续到现今的历史感，这也是作者在本书奠定的一个主基调。从书的每一章来看，这种历史与现实逻辑照应的方法也是贯彻始终的。

第一、第二章在阐述红船精神的产生发展、历史内涵时都是从历史开始，继而过渡到现实，没有拘泥于建党时期的短时域，而是将其放在建党至今的长时域中，既有深厚的历史底蕴，又有强烈的现实感，由历史到现实的逻辑照应感极强。

如，第一章"红船精神是中国共产党革命之源"在记述了红船精神的产生和发展之后，最终落脚到红船精神的传承创新，谈到虽然当今与老一辈无产阶级革命家所处的时代环境有巨大的不同，"当代青年的精神面貌的各个方面都发生了许多变化，但作为人的精神有着相同的内在结构和运动规律，换言之，两者是存在共同性的"，"这已成为中华民族赖以振兴和腾飞的强大精神动力，也是党的精神财富在未来薪火相传、继往开来、世世代代加以继承和发展的丰富的资源宝库"①。

第三至第七章在阐述以红船精神推进党的建设创新之时，仍然是贯彻历史与现实逻辑照应的方法，对于党的理论创新、制度建设与创新、实践创新、保持和发展党的先进性建设、党的执政能力建设的探讨都必先回顾党史，寻求相应的思想理论基础和历史实践经验，进而观照现实。

如，第四章"弘扬红船精神，不断推进党的建设的理论创新"，首先对党的90年奋斗历程中形成的丰富的党建理论，对毛泽东党建思想、邓小平党建思想、江泽民党建思想、胡锦涛党建思想进行了梳理，再回应现实，阐述当前党建理论创新的基本任务与基本途径，对建设马克思主义学习型政党进行阐述，指出了建设学习政党的三点要求：坚持推进马克思主义中国化、时代化、大众化，坚持用中国特色社会主义理论体系武装全党，坚持开展社会主义核心价值体系学习教育；四条途径方法：建立学习制度，注重创新实践，加强教育培训，明确学习重点。

①　胡建成等：《红船精神及其当代价值》，浙江人民出版社2011年版，第43页。

2. 问题导向方法

习近平指出，"坚持问题导向是马克思主义的鲜明特点"①。问题是理论思维创新的起点，是不断创新的源动力。坚持问题导向应是马克思主义理论学科研究的一个重要方法论原则。在《红船精神及其当代价值》中比较突出地运用这一方法，尤其是在论述以红船精神推动党的建设时都会探究党的建设所面临的国际国内的挑战以及表现出来的问题，进而思考推动党的建设的理论创新、制度创新、实践创新等方面的路径。下面试举一二例来说明。

如，在阐述以红船精神推进党的建设的实践创新时，作者着眼于当前党建实践创新面临的新环境、新课题，从世情、国情、党情三个维度来把握党建实践中的问题与挑战，再提出党建创新的时代内涵。作者指出，从世情上看，当今世界发生的大变化大调整远远超出了人们的预料，"最显著最重大的变化就是和平与发展成为时代主题，苏联解体、东欧剧变、两极格局终结，世界社会主义发生严重曲折，西方资本主义出现种种新情况，世界多极化不可逆转，经济全球化深入发展"② 等。从国情上看，改革开放这场伟大革命既给党注入巨大活力，也深刻地改变了党所面临的社会环境，突出表现在经济增长的资源环境代价问题、发展不平衡问题、农业稳定发展和农民持续增收难度加大、企业核心竞争力和自主创新能力不强，以及就业、社会保障、教育卫生、居民住房、安全生产、司法和社会治安等关切群众利益的问题，等等。从党情来看，作者指出了党的执政能力同新形势新任务新要求不完全适应、党员干部理想动摇、宗旨观念淡化、理论与实际脱节、思想道德建设有待加强等一系列问题。基于这些时代新课题，作者提出了党建实践创新的六个方面内涵。

再如，在阐述以红船精神推进党的能力建设时，作者在开篇就从历史借鉴和现实需要两方面指出了党的执政能力建设的重要性和紧迫性，

① 习近平：《在哲学社会科学工作座谈会上的讲话》，《人民日报》2016 年 5 月 19 日第 1 版。

② 胡建成等：《红船精神及其当代价值》，浙江人民出版社 2011 年版，第 162 页。

旨在提升读者对这一论题的关注，也为下文的理论构建做好铺垫。作者指出，"中国共产党从夺取政权转向治理天下的那一刻起，如何经受执政考验，便成为其事业兴衰成败的关键"①。其中谈到了毛泽东的"进京赶考说""两个务必"思想，邓小平在开创中国特色社会主义制度过程中对党的执政能力提出的新要求，江泽民的将党的执政能力建设与保持党的先进性紧密结合等思想。另外也指出党所处的历史方位变化的三个层面：一是由于党的地位和环境的变化导致党的功能、目标、任务、活动方式等与执政前相比有了根本的不同；二是党内存在一些权力腐化、脱离群众、贪图享受、消极腐败的负面现象；三是对外开放和社会主义市场经济发展对党的执政能力提出了新的挑战。基于对前面问题的分析，作者提出了党的执政能力建设的科学内涵和主要任务，归纳为着力提高以下五种能力："驾驭社会主义市场经济的能力""发展社会主义民主政治的能力""建设社会主义先进文化的能力""构建社会主义和谐社会能力""应对国际局势和处理国际事务的能力"。以上论述思路体现了作者坚持问题导向的思维方法。

（四）简短评论

红船精神提炼后，在这一起步阶段得到了一定的研究与宣传，但总体上理论研究成果不够。《红船精神及其当代价值》一书能以长篇理论专著的形式来研究和阐释红船精神，无疑是这一时期研究红船精神的一大力作，走在了全国理论界的前列，是一部具有"拓荒"意义的专著，体现了学术研究的前瞻性与学术担当精神。《红船精神及其当代价值》以长时域的历史眼界、恢宏的历史叙事方式对红船精神进行史学探源，阐释红船精神的历史生成及90年来的历史征程，既让读者对红船精神的产生与发展有了比较清晰的认识，又对中国共产党的历史有了全景式的了解，让读者明白作为社会意识的红船精神在中国共产党历史中、在近代以来中华民族伟大复兴的征程中一直是在场的，进而启发当代人传承创新红船精神，从中汲取前进的伟大力量。该书还将红船精神的当代价值集中

① 胡建成等：《红船精神及其当代价值》，浙江人民出版社2011年版，第227页。

于中国共产党的建设，结合党的建设的重要方面进行了阐述，对党的建设有多方面的探讨，具有一定的理论启发与现实意义。

当然，《红船精神及其当代价值》也有美中不足之处。

一是论域有待进一步加强。红船精神的当代价值涵盖中国特色社会主义的多方面各领域，是一个很宽广的价值域。本书虽然以"红船精神及其当代价值"为题，却在探讨时将红船精神的当代价值集中于党建价值，对于红船精神的政治价值、文化价值、社会价值、教育价值等未能展开探讨。诚然，作为中国共产党的建党精神，它的党建价值是最为直接明显的，但基于论题"红船精神及其当代价值"来看，书中的论域实则潜在地缩小了红船精神的价值域，在读者心中可能产生一种"红船精神产生于建党，其价值最终也必然归于建党"的误区。

二是关于红船精神对党的建设的价值逻辑的阐释有待进一步加强。如前所述，本书第三至第七章分别阐述弘扬红船精神，推动党的建设的理论创新、制度创新、实践创新、保持和发展党的先进性、执政能力建设。而从书中内容来看，主要侧重于阐释如何推进党的建设，缺乏对两者逻辑关联的必要阐释，红船精神的价值意义在此部分不明显。如，第三章"弘扬红船精神，不断推动党的建设的理论创新"，只是这一章的开头部分谈到了"90多年来红船精神穿越时空，在党的发展壮大中发挥了引领创新的重要作用"，"我们要弘扬'开天辟地、敢为人先'的首创精神，进一步解放思想，通过创造性的思维活动，不断揭示党建活动的本质和规律，赋予党建理论以新的形态，把党的建设伟大工程不断推向前进"[①]。而这一章的"创新党建理论，推进党的建设""用科学理论指导党的建设""建设马克思主义学习型政党"三节内容主要是关于党建理论的历史发展、理论创新的挑战、内涵以及如何推动理论创新，文中未出现红船精神的字眼。第四章、第五章亦是如此。第六章、第七章中分别有对红船精神对党的先进性建设、执政能力建设的意义探讨，但在论述如何推进党的先进性建设、执政能力建设时又缺乏对红船精神价值的必要探讨。

---

① 胡建成等:《红船精神及其当代价值》，浙江人民出版社2011年版，第75页。

综上所述，这本书是这一时期研究红船精神的上乘之作，是这一时期红船精神研究水平的标志性作品，是献礼中国共产党成立 90 周年的一大精品，起到了宣传党史、弘扬红船精神的良好作用，为后续研究打下了良好的基础，推动红船精神研究的继续发展。

第三章

红船精神研究的渐次展开
（2012. 11—2017. 9）

经过几年的探索与尝试，红船精神研究取得了一些进展，打下了一定的基础。党的十八大以来，以习近平同志为核心的党中央立足于世情国情党情的深刻变化，与时俱进地提出一系列治国理政的新理念、新思想、新战略，推动中国特色社会主义进入新时代，中国哲学社会科学继续呈现繁荣局面。以习近平同志为核心的党中央尤其重视中国革命精神的传承与弘扬，在治国理政的视野和方略中思考革命精神的时代内涵和价值意蕴，对伟大革命实践中孕育出的系列革命精神做了重新阐释与解读，始终强调"我们是革命者，不要丧失了革命精神"，为红船精神研究提供了全新的历史方位和鲜明的时代指向。这一时期，学术界和理论界结合新时代中国特色社会主义的多方面实践研讨红船精神，在研究力量、研究视域以及研究成果等方面有了较大突破和发展，红船精神研究得到了渐次展开。

一　渐次展开期的有利条件与基本进展

党的十八大以来，红船精神研究进入了一个新的时期。在政界、学界等多方的合力推动下，红船精神研究得到了多方面的拓展，形成了一批具有一定水平与质量的理论成果，充分表明红船精神在新时代焕发出新的理论魅力和实践价值。

（一）研究的有利条件

这一时期红船精神研究得到了理论界和学术界的高度重视，相关研究工作扎实开展，主要得益于以下几方面有利条件。

1. 党的十八大以来党中央高度重视对历史的总结和中国革命精神的弘扬，为红船精神研究提供了良好的学术环境和研究导向

学术研究离不开昌明的政治环境，学术的增长点总是与时代的发展诉求紧密联系，与中国特色社会主义实践的客观需要相衔接，与党和国家的实践创新、理论创新同频共振。习近平以始终如一的革命情怀高度重视对党史的学习和总结，善于从党史中总结历史经验，揭示发展规律，把握未来趋势，强调各级领导干部要保持和发扬革命先辈的那么一股革命热情、那么一种拼搏精神，以优良作风带领广大党员和人民群众迎难而上、锐意进取。特别是党的十八大以来，以习近平同志为核心的党中央立足于新时代治国理政的科学实践，发表了一系列重要论述，重新赋予革命精神以新的时代内涵，大力阐扬了老一辈无产阶级革命家和历史人物的革命精神，深化了对革命精神的科学认识，弘扬和光大了中国革命精神谱系，也为新时代宣传好、研究好、弘扬好革命精神提供了基本导向和科学指南。

革命圣地和革命老区是革命历史的基本现场，是革命精神文化的发源地，它以一处处革命遗址、历史遗物再现和印证着壮阔的革命历史，彰显出革命精神的厚重品格、不朽光辉。党的十八大以来，"红色基因""革命精神"成为习近平总书记系列重要讲话中的高频词汇，参观革命圣地也就成为习近平总书记执政理念中浓墨重彩的一笔。

习近平始终秉承着一如既往的红色情怀，走访革命圣地和革命老区，他先后到过河北西柏坡（2013 年 11—12 日），山东临沂（2013 年 11 月 25 日），福建古田（2014 年 10 月—31 日），陕西延安、照金（2015 年 2 月 13—14 日），贵州遵义（2015 年 6 月 16 日），江西井冈山（2016 年 2 月 1—3 日），宁夏将台堡（2016 年 7 月 18—20 日）等地考察，发表了一系列重要讲话，做出很多批示，对弘扬好、传承好革命精神提出了具体要求，以实际行动彰显和诠释革命精神的重要地位和价值意义，提出

"红色基因代代相传"的时代工程和"把红色资源利用好,把红色传统发扬好,把红色基因传承好"的总体部署,释放出宣传好、研究好中国革命精神的重大任务和光辉使命。

中国共产党在领导人民进行伟大社会革命的历史征程中铸就了具有鲜明历史印记、深刻文化内涵和鲜明地域特色的革命精神形态。虽然那段革命历史岁月已渐渐远去,但是它留下的革命精神永驻,深受党和人民的重视。习近平总书记以高度的历史使命和责任担当,站在战略和全局的高度,以历史与现实相结合的眼光对中国革命精神做出了全新的提炼与阐发。

关于井冈山精神,习近平指出,"井冈山时期留给我们最为宝贵的财富,就是跨越时空的井冈山精神。今天,我们要结合新的时代条件,坚持坚定执着追理想、实事求是闯新路、艰苦奋斗攻难关、依靠群众求胜利,让井冈山精神放射出新的时代光芒"[1],对井冈山精神做出了新的理论概括和时代解读,为继续传承好、弘扬好井冈山精神注入了新的活力。

关于苏区精神,习近平指出,"在革命根据地的创建和发展中,在建立红色政权、探索革命道路的实践中,无数革命先辈用鲜血和生命铸就了以坚定信念、求真务实、一心为民、清正廉洁、艰苦奋斗、争创一流、无私奉献等为主要内涵的苏区精神",对苏区精神的内涵提出了系统完整的理论表达,并强调"我们要始终大力弘扬苏区精神"[2]。

关于长征精神,习近平根据时代和实践的发展重新阐释了它的基本内涵,"就是把全国人民和中华民族的根本利益看得高于一切,坚定革命的理想和信念,坚信正义事业必然胜利的精神;就是为了救国救民,不怕任何艰难险阻,不惜付出一切牺牲的精神;就是坚持独立自主、实事求是,一切从实际出发的精神;就是顾全大局、严守纪律、紧密团结的精神;就是紧紧依靠人民群众,同人民群众生死相依、患难与共、艰苦

---

① 《习近平春节前夕赴江西看望慰问广大干部群众》,《人民日报》2016年2月4日第1版。

② 习近平:《在纪念中央革命根据地创建暨中华苏维埃共和国成立80周年座谈会上讲话》,《人民日报》2011年11月5日第1版。

奋斗的精神"①。

关于延安精神，习近平强调："伟大的延安精神教育滋养了几代中国共产党人，始终是凝聚人心、战胜困难、开拓前进的强大精神力量。弘扬延安精神，要把坚定正确的政治方向放在第一位，牢记全心全意为人民服务宗旨，坚持解放思想、实事求是、与时俱进，始终牢记'两个务必'，保持延安时期那么一种忘我精神、那么一股昂扬斗志、那么一种科学精神，为建设和发展中国特色社会主义不懈奋斗。"②

关于西柏坡精神，习近平指出："毛泽东同志当年在西柏坡提出'两个务必'，包含着对我国几千年历史治乱规律的深刻借鉴，包含着对我们党艰苦卓绝奋斗历程的深刻总结，包含着对胜利了的政党永葆先进性和纯洁性、对即将诞生的人民政权实现长治久安的深刻忧思，包含着对我们党坚持全心全意为人民服务根本宗旨的深刻认识，思想意义和历史意义十分深远。"③

关于抗战精神，习近平总书记进行了新的阐释："在中国人民抗日战争的壮阔进程中，形成了伟大的抗战精神，中国人民向世界展示了天下兴亡、匹夫有责的爱国情怀，视死如归、宁死不屈的民族气节，不畏强暴、血战到底的英雄气概，百折不挠、坚忍不拔的必胜信念。伟大的抗战精神，是中国人民弥足珍贵的精神财富，永远是激励中国人民克服一切艰难险阻、为实现中华民族伟大复兴而奋斗的强大精神动力。"④

此外，习近平总书记还在不同场合强调过遵义会议精神、沂蒙精神、照金精神、吕梁精神、老区精神、铁人精神、焦裕禄精神、雷锋精神等，号召全党和全国人民要继承和发扬好这些革命精神。习近平总书记以党

---

① 习近平：《在纪念红军长征胜利 80 周年大会上的讲话》，《人民日报》2016 年 10 月 21 日第 2 版。

② 李亚杰：《习近平在陕西调研时强调　结合新的实际弘扬延安精神　坚持求真务实推进党的建设》，《人民日报》2009 年 11 月 17 日第 3 版。

③ 习近平：《习近平在调研指导河北省党的群众路线实践教育活动时强调　充分调动干部和群众积极性　保证教育实践活动善做善成》，《人民日报》2013 年 7 月 13 日第 1 版。

④ 习近平：《在纪念中国人民抗日战争暨世界反法西斯战争胜利 69 周年座谈会上的讲话》，《人民日报》2014 年 9 月 4 日第 2 版。

的重大纪念活动为契机，对老一辈革命家的革命精神进行高度凝练和集中表达，深入挖掘其中蕴含的深刻内涵，号召全党要学习毛泽东同志"高瞻远瞩的政治远见、坚定不移的革命信念、勇于开拓的非凡魄力、炉火纯青的斗争艺术、杰出高超的领导才能"①；学习周恩来同志"不忘初心、坚守信仰，对党忠诚、维护大局，热爱人民、勤政为民，自我革命、永远奋斗，严于律己、清正廉洁"②的革命精神；学习朱德同志"无限忠诚、光明磊落的坚强党性，实事求是、求真务实的思想方法，心系人民、艰苦朴素的公仆情怀，一生学习、一生向前的奋斗精神"③；学习邓小平同志对共产主义远大理想和中国特色社会主义共同理想信念坚定的崇高品格、对人民无比热爱的伟大情怀、始终坚持实事求是的理论品质、不断开拓创新的政治勇气、高瞻远瞩的战略思维、坦荡无私的博大胸襟，等等。习近平总书记关于革命精神的重要论述，光大了中国共产党革命精神谱系，赋予了革命精神不同的时代特点和价值意义，为继承弘扬革命精神奠定了坚实的理论基础，注入了鲜活的时代动力。

在庆祝中国共产党成立95周年大会上，习近平总书记首次系统提出"文化自信"这一重大命题，对革命文化的重要地位做了更加精准的概括，强调中华优秀传统文化、在党和人民伟大斗争中孕育出的革命文化和社会主义先进文化，"积淀着中华民族最深层的精神追求，代表着中华民族独特的精神标识"④。革命精神是革命文化的主要精神内涵和重要组成部分，是中华民族最为独特的精神标识。因此，在新时代提炼、研究、传播好革命精神对弘扬革命文化、坚持中华民族的精神追求与自身独特的精神标识、坚定文化自信都具有重要意义。

革命精神既是一个理论问题，更是一个实践问题。习近平总书记强

---

① 习近平：《在纪念毛泽东同志诞辰120周年座谈会上的讲话》，《人民日报》2013年12月26日第2版。

② 习近平：《在纪念周恩来同志诞辰120周年座谈会上的讲话》，《人民日报》2018年3月1日第2版。

③ 习近平：《在纪念朱德同志诞辰130周年座谈会上的讲话》，《人民日报》2016年11月29日第2版。

④ 习近平：《在庆祝中国共产党成立95周年大会上的讲话》，《人民日报》2016年7月2日第2版。

调:"要实现党和国家兴旺发达、长治久安,全党同志必须保持革命精神、革命斗志,勇于把我们党领导人民进行了 97 年的伟大社会革命继续推进下去,决不能因为胜利而骄傲,决不能因为成就而懈怠。"[①] 在新的历史条件下,宣传好、研究好、弘扬好革命精神,永葆中国共产党人的初心使命,是推进中国特色社会主义事业的现实需要。

红船精神是习近平总书记结合自身地方主政的实践经验与理论思考对中国共产党建党伟业中孕育出的革命精神的提炼与概括。而作为中国革命精神谱系中的"一名新兵",红船精神研究是系列革命精神研究中的薄弱环节,这一时期学界对红船精神投入了更多的关注。中共中央对历史学习与研究和革命精神的重视,尤其是习近平总书记关于革命精神的重要论述,既为学界的研究工作创造了良好的学术环境与氛围,也为学术研究提供了重要的理论基础与方法论指导,有利于更加丰富的、有创见的学术成果的产生,红船精神研究工作得到了扎实的推进。

2. 高等学校、嘉兴学院中国共产党革命精神与文化资源研究中心等不同层级研究平台的设立,推动红船精神研究工作的广泛开展与协同创新

研究平台的建立标志着研究的专门化、常规化,也助推着研究工作进一步深入开展。为推动红船精神的研究,2012 年 12 月,浙江省嘉兴市委党校成立了"红船精神与科学发展研究中心",聘请国内众多党建研究专家,深入开展红船精神和科学发展理论与实践研究,与中共中央党校合作建成"中共一大与红船精神"数据库,主办或承办有关学术会议,依托党的诞生地的政治资源,推动研究成果积极转化,开发以弘扬红船精神为主线的"红色线路·精品课程·经典案例"课程体系,在领导干部间开展红船精神教育实践,引发了社会各界的高度关注,进一步提升了红船精神在国内外的影响力。

嘉兴学院中国共产党革命精神与文化资源研究中心的成立更推动着红船精神研究成为一项自觉的活动,研究中心在平台支撑、人才支持、

---

① 习近平:《在学习贯彻党的十九大精神研讨班开班式上发表重要讲话》,《人民日报》2018 年 1 月 6 日。

政策保障等方面提供全方面的投入，推进研究工作的全面深入。2013 年，教育部办公厅、中共中央党史研究室办公厅联合发布《关于设立"高等学校中国共产党革命精神与文化资源研究中心"的通知》［教社科厅(2013) 2 号］(下面简称《通知》)，决定联合设立八个高等学校中国共产党革命精神与文化资源研究中心①，嘉兴学院中国共产党革命精神与文化资源研究中心就是其中一个，并被纳入了高等学校人文社会科学重点研究基地建设计划。该《通知》明确指出设立研究中心的目的宗旨：在于发挥高校优势，整合各方面资源，汇聚研究力量，推动实质性合作和协同创新，研究好中国共产党革命精神和文化资源，形成党史、革命精神和文化资源的研究联盟，打造党史和革命精神研究的高地，建立革命传统教育宣传的阵地，建立红色文化资源开发利用的智库，为学习研究中国共产党的历史和革命文化，挖掘中国共产党丰富的革命文化资源，促进革命文化传承创新起到以往鉴今、资政育人的作用。同时，该《通知》还对研究中心的运作提出了相关的要求：各省 (市) 党委教育工作部门和教育行政部门、党史研究室和相关高校要高度重视研究中心建设，按照《高等学校中国共产党革命精神与文化资源研究中心建设实施办法》有关规定，切实履行指导和管理职责，在政策保障、组织管理、经费投入、队伍建设等方面给予大力支持。此外，该《通知》还公布了高等学校中国共产党革命精神与文化资源研究中心理事会组成人员名单、高等学校中国共产党革命精神与文化资源研究中心专家指导委员会委员名单。不仅明确了研究中心的发展定位、功能作用，更为研究中心开展工作提供了坚实保障。"研究中心"成立以来，通过基地年度重大项目和中国特色社会主义理论体系研究专项，引导各研究基地发挥地域优势和研究特色，结合国家和地方经济社会发展需要，深入开展中共党史、革命成果

---

　　①　八个高等学校中国共产党革命精神与文化资源研究中心具体是：复旦大学中国共产党革命精神与文化资源研究中心；嘉兴学院中国共产党革命精神与文化资源研究中心；湘潭大学中国共产党革命精神与文化资源研究中心；井冈山大学中国共产党革命精神与文化资源研究中心；赣南师范学院中国共产党革命精神与文化资源研究中心；遵义师范学院中国共产党革命精神与文化资源研究中心；延安大学中国共产党革命精神与文化资源研究中心；河北师范大学中国共产党革命精神与文化资源研究中心。

和红色文化资源相关问题研究,形成了一批有特色、有影响的研究成果。同时,每年结合重大历史节点组织一次高校党史教育论坛,汇聚高校党史教育工作者,围绕党史重大历史事件、党史学科建设、红船文化育人等开展研讨交流。

嘉兴学院中国共产党革命精神与文化资源研究中心是在 2011 年成立的红船精神研究中心的基础上建立和发展起来的,整合了一大批研究力量开展红船精神研究,还聘请了《求是》杂志社社长李捷担任学术委员会主任,武汉大学丁俊萍教授等担任学术委员会委员。该中心自成立以来,不断扩大研究规模,汇聚研究力量,深化理论研究,促进精神传承、服务社会发展,通过开展课题研究、召开相关学术会议、举办红船精神育人实践活动、创办《红船智库》等积极推进研究工作。2013 年嘉兴学院获批为首批全国高校思政课教师社会实践研究基地。在这一时期,中心研究团队承担并完成了马克思主义理论研究和建设工程重大实践经验总结课题和 2015 年度国家社科基金特别委托项目"浙江省'红船精神'研究",主持完成了"中国共产党的精神财富研究""红船精神研究""利用红色资源加强大学生理想信念教育研究"等多项省部级及以上课题,为红船精神研究做出了重要贡献。

建立协同机制,开展合作研究和协同创新,是促进红船精神研究全面展开的重要方式。2012 年,由嘉兴、井冈山、遵义、延安、西柏坡等革命圣地所在地的党委组织部、纪念(博物)馆发起并组建了"革命圣地党建实践联盟",助力革命精神的研究、宣传。2014 年,嘉兴学院红船精神研究中心与中共北京市委党史研究室、中共浙江省委党史研究室、浙江省中国特色社会主义理论体系研究中心、中国计量学院、南湖革命纪念馆等多家单位组成了红船精神研究与红色文化传播协同中心,以各单位的研究成果为基础,紧扣红船精神研究与红色文化传播这一主题开展研究工作。高等学校中国共产党革命精神与文化资源研究中心致力于实质性合作和协同创新,相互交流,互相借鉴、汲取先进经验和成功做法,联合推进课题研究,例如组织八个中心联合编写《中国共产党革命精神史读本》,推动了红船精神的研究。

3. 红船精神相关理论研讨会议的召开推动着红船精神研究工作的开拓

理论研讨会议既是了解理论界和学术界相关研究的基本进展和最新动态的一个重要窗口，也是学者们开展学术交流、拓展研究思路、借鉴研究经验的重要机会，对于研究工作的进一步开展有重要影响。党的十八大以来，红船精神主题研讨会逐渐增多，会议规格逐渐升级，参加每年一次的全国性红船精神理论研讨会议成为了红船精神研究界的固定行程。

2012 年 12 月，"深入贯彻党的十八大精神暨红船精神与嘉兴科学发展研讨会"在中共嘉兴市委党校举行，与会专家学者围绕"红船精神产生的历史条件""红船精神的科学内涵""红船精神的重要地位""红船精神及其所代表红色文化的现实价值""红船精神引领下嘉兴在经济社会发展和党的建设等方面取得的成绩和经验"等方面进行了理论解读和交流探讨。

2013 年 6 月，"中国共产党的创建暨红船精神学术研讨会"在浙江嘉兴市举行，会议就"党的创建和红船精神""红船精神的时代价值"等议题进行交流研讨和深入挖掘。2014 年 12 月，以"弘扬红船精神，践行群众路线"为主题的第二届"红船精神与科学发展"研讨会召开，会议旨在深入学习贯彻习近平总书记系列重要讲话精神，并着重研讨以"红船精神"为源头的中国革命精神及其对坚持党的群众路线的历史和现实意义。

2015 年是习近平《弘扬"红船精神" 走在时代前列》发表 10 周年，为了更好地继承和弘扬红船精神，《求是》杂志社、《光明日报》社、中共嘉兴市委联合主办了全国红船精神理论研讨会等系列纪念活动，编撰了《红船精神研究十年精粹》(2005—2015)，对 10 年来的红船精神研究做了全面总结和回顾，撰写了《红船精神研究十年综述》《红船精神学习研究十年回顾与思考》等重要文章。2015 年 6 月，全国"红船精神"研讨会在浙江省嘉兴市召开，全国各地的专家学者集聚一堂，就"红船精神提出的历史背景和时代价值""红船精神的深刻内涵""红船精神与其他革命精神的关系及其对党的建设的作用""如何进一步弘扬红船精神"等相关议题进行了热烈研讨和交流。

2016 年 12 月，以学习贯彻党的十八届六中全会精神为主题的第三届"红船精神与科学发展"理论研讨会在嘉兴举行，对"传承以'红船精神'为源头的中国革命精神与全面从严治党"、新时期如何以"红船精神"引领基层党建创新、如何弘扬"红船精神"深化党员干部理想信念教育等问题进行了深入研讨。

另外，还有一些区域性理论研讨会和座谈会，如浙江省社科联举行的红船精神座谈会，嘉兴学院自 2011 年开始每年召开一次的全校性"红船论坛"理论研讨会，都推动了红船精神研究工作的开展，也扩大了红船精神的影响力，吸引着更多的学者投入其中。此外，还有有关中国共产党革命精神的各级各类会议也在一定程度上对红船精神工作推进产生了正向影响和激励作用。

这些研讨会反映了红船精神研究的进展动态和基本趋向，为学习、宣传、研究、传承红船精神提供了良好契机，孕育了活动载体，搭建了有效平台，进一步促进了红船精神研究队伍的深入交流和广泛探讨，有力推动了红船精神研究的巩固和深入发展，使红船精神研究迈进了一个可持续发展的新阶段。

（二）研究情况评介

党的十八大以来，学术界对红船精神进行热烈研讨，开展了一系列紧跟时代发展且有特色的研究活动，研究内容涵盖红船精神的产生、内涵、价值等各个方面，研究视域广泛，研究形式纷呈，研究成果显著，丰富了红船精神研究。

1. 理论书籍类

（1）中共嘉兴市委宣传部、嘉兴市社会科学界联合会、嘉兴学院红船精神研究中心编：《中国共产党早期组织及其成员研究》①

中共党史出版社 2013 年 12 月出版的中共嘉兴市委宣传部、嘉兴市社会科学界联合会、嘉兴学院红船精神研究中心联合撰写的《中国共产党

---

① 《中国共产党早期组织及其成员研究》，中共党史出版社 2013 年版。

早期组织及其成员研究》，是关于红船精神历史研究的重要成果，确认了中国共产党早期组织成员共有58人，深入考证了每个成员的身份和基本情况，有些珍贵史料是第一次披露，再现了中国共产党初创的历程，揭示了红船精神形成的历史基础。该书是嘉兴市社会科学联合会重大委托课题"中国共产党早期组织及其成员研究"的最终成果，研究得到中共中央办公厅和中共浙江省委有关部门的支持，被批准列入浙江文化研究工程成果文库。

关于党的一大召开时，全国上下到底有多少党员这个问题，由于原始档案材料的缺失，一直未能得到准确数据，比如，共产国际代表马林给共产国际的报告称是50人，一大给共产国际的报告说是53人，陈独秀给共产国际的报告数字是个概数，说是50余人，后来张国焘在莫斯科说是57人，等等，对这个数字的认定曾一直存在困难，学界存在不同的观点和争议。而该课题组肩负起"中共创建过程中重大历史问题"的研究重任，在国内已有的档案材料和研究成果的基础上，经过三年的实地调研、资料搜集、史料梳理、严谨考证、严密推理，最终得出"中共一大宣告中国共产党成立之时共有58名党员"的结论。并且该书还列出了58名成员的名单"上海（14人）：陈独秀、李汉俊、李达、陈望道、沈玄庐、邵力子、袁振英、林伯渠、沈雁冰、沈泽民、杨明斋、俞秀松、李启汉、李中；北京（16人）：李大钊、张国焘、邓中夏、高君宇、何孟雄、罗章龙、刘仁静、范鸿劼、缪伯英、张太雷、李梅羹、朱务善、宋介、江浩、吴雨铭、陈德荣；武汉（8人）：董必武、陈潭秋、包惠僧、刘伯垂、张国恩、赵子健、郑凯卿、赵子俊；长沙（6人）：毛泽东、何叔衡、彭璜、贺民范、易礼容、陈子博；广州（4人）：谭平山、陈公博、谭植棠、李季；济南（3人）：王尽美、邓恩铭、王翔千；旅法（5人）：张申府、周恩来、刘清扬、赵世炎、陈公培；旅日（2人）：施存统、周佛海。"这是全书的一个中心观点和结论。这一新观点，得到了众多权威党史专家的认可，成为目前国内中共党史的最新研究成果。党史专家、《求是》杂志社社长李捷为该书作序，写道："这是一部填补中共党史研究重要空白之作。"

《中国共产党早期组织及其成员研究》全书共50万余字，框架分为总论、第一篇上海共产党早期组织、第二篇北京共产党早期组织、第三篇武汉共产党早期组织、第四篇长沙共产党早期组织、第五篇广州共产党早期组织、第六篇济南共产党早期组织、第七篇旅法中国共产党早期组织、第八篇旅日中国共产党早期组织、后记 10 个部分。该书主要解决中共早期组织成立经过及其成员名单甄别、中共早期组织成员生平两大研究任务。总论部分将中国共产党早期成员人数确认为 58 人，并对早期成员群体的构成进行了考察，介绍了早期组织成员群体的建党实践活动。第一篇至第八篇逐一介绍了上海、北京、武汉、长沙、广州、济南、旅法、旅日八地的早期党组织的成立经过、成员及其基本生平，充分说明了一条小船诞生一个大党，精神力量极其重要。

《中国共产党早期组织及其成员研究》一书，观点新颖，论证有理有据，得出了"中共早期组织有 58 个成员"的新观点，并对此进行了扎实的论证；考证严谨，分析细腻透彻，经过多番实证调研、文献调查、材料核实，对中国共产党早期组织成员不但落实了人、姓名及其组织归属，并逐一考查出他们的生平；方法得当，结构合理规范，研究过程中既有宏观整体把握的系统思维方法，又有微观精细考究的核实方法，进行了多方面、多角度的论证，具有重要的学术价值。该书的中心结论"中共一大宣告中国共产党成立之时共有 58 名党员"，得到了一大批权威专家的充分肯定和积极推荐，也被中共党史出版社 2016 年 6 月出版的《中国共产党的九十年》所采纳。该书在 2015 年进行了全面修订，增补了许多新发现的史料，纠正了勘误之处，比如课题组前往海南调研，进一步搞清楚了共产党早期组织成员陈德荣的情况，增加了他的生平介绍等，并由中共党史出版社 2016 年 6 月再版重印。

《中国共产党早期组织及其成员研究》一书在 2013 年出版后，就备受党史学界关注，也得到了《人民日报》《光明日报》《浙江日报》、人民网、新华网等 50 多家中央、地方媒体的报道，各大网站相继转载，在国内引起了较大反响。该书的出版对于推进和深化党史界的党的创建史研究，宣传党的创建历史，推进红船精神研究、红船人物研究，都具有重要的作用。

（2）中共浙江党史研究室主编：《中国共产党的创建暨红船精神学术研讨会论文集》①

中共党史出版社 2013 年 10 月出版的中共浙江党史研究室主编的《中国共产党的创建暨红船精神学术研讨会论文集》，由 2013 年 6 月 26 日中国中共党史学会、中共浙江省委党史研究室在浙江嘉兴联合举办的"中国共产党的创建暨'红船精神'学术研讨会"的 54 篇参会论文汇编而成，凝结了来自全国 15 个省、市、区的党史学、社会科学的专家学者的集体智慧，反映了这一学术会议的交流主题、研讨视阈和主要观点，是这一重要学术会议的见证。

《中国共产党的创建暨红船精神学术研讨会论文集》包含："五四运动以后进步刊物的创办与中共建立的关系""各地中国共产党早期组织的创建""中共建立前后对于建党理论的探索和准备""中共早期组织成员及人数研究和中共一大时间研究""浙江先进分子在建党中的若干问题研究""关于红船精神与中国共产党的建党精神""红船精神与党的先进性、纯洁性建设""红船精神与其他革命精神的关系""红船精神与中国梦"等不同的研究议题，既凸显了当前党史研究中关于中国共产党的创建与红船精神的重点问题、难点问题，也反映了当前国内同类研究的新成果、新水平，具有一定的代表性和启发性。

会议论文集既是开展学术研讨会的理论成果，也是推动这一领域交流讨论和研究工作巩固、拓展、深化的重要媒介。《中国共产党的创建暨红船精神学术研讨会论文集》的出版也标志着学界对红船精神研究旨趣的显著提升，并将有助于进一步提升红船精神的影响力，对于在新的历史时期深化红船精神的研究宣传，继承党的优良传统，丰富党的精神财富，意义深远。

（3）张志松、黄化：《红船精神史学探源及其教育实践研究》②

浙江大学出版社 2014 年 6 月出版的张志松、黄化著的《红船精神史学探源及其教育实践研究》，是 2012 年浙江省社科联的课题研究成果。

---

① 《中国共产党的创建暨红船精神学术研讨会论文集》，中共党史出版社 2013 年版。
② 张志松、黄化：《红船精神史学探源及其教育实践研究》，浙江大学出版社 2014 年版。

这本书从史学的角度，立足于以史育人，详细记述了红船精神的提出过程、史学方位与基本特征，客观全面系统地揭示了红船精神的历史学内涵，全景式地概括论述了浙江省特别是嘉兴市弘扬红船精神、传播红船精神、用红船精神教育激励干部群众的生动实践及其效果，是这一时期对红船精神的历史学内涵和教育实践深入研究的一大力作。

《红船精神史学探源及其教育实践研究》全书 25 万余字，分为三个部分："上篇 提出与渊源"，介绍了红船精神的提出过程，论述了红船精神在中国共产党革命历程中的历史方位和在中国共产党革命精神史中的源头特征，对红船精神的提炼、地位、本质、特征等方面做了基本交代；"中篇 历史学内涵"，从红船精神产生的历史时空出发，阐释近代以来陈独秀、李大钊、毛泽东等人在众多社会思潮中选择马克思主义信仰，投入革命实践，克服艰难险阻，推动中国共产党的创建，探索中国革命道路的历史过程，使读者对建党前后早期中国共产党人所彰显出的"开天辟地、敢为人先的首创精神，坚定理想、百折不挠的奋斗精神，立党为公、忠诚为民的奉献精神"的红船精神有了更为深刻、系统、生动具体的认识。"下篇 教育与实践"，则以浙江省特别是嘉兴市弘扬与传播红船精神的实践探索为案例和依据，在总结实践的基础上进行分类梳理和分析研究，总结出党政机关、新闻媒体、教育行政部门、研究社团、革命纪念馆等的有效措施和先进做法，用具体的实践活动反映人民自觉践行红船精神、主动传扬红船精神的生动情形。《红船精神史学探源及其教育实践研究》结构合理，内容丰富饱满，既有学理性又有可读性，是一部生动展现红船精神历史内涵和教育实践的专著。

（4）吕建华：《烟雨红船——母亲船的故事》①

中共党史出版社 2014 年 5 月出版的吕建华的《烟雨红船——母亲船的故事》，以纪实文学的形式，真实、生动、全面地介绍了党的一大会议的台前幕后，讲述了红船的由来、发生在红船上的故事和红船精神，揭示了中国共产党诞生的历史必然性，也诠释了这条母亲船开辟的航向引领中国人民创造一个又一个彪炳史册的人间奇迹的根本原因，是一部中

---

① 吕建华：《烟雨红船——母亲船的故事》，中共党史出版社 2014 年版。

国共产党创建史普及读本，也是对党史研究工作的一个很好的补充。

《烟雨红船——母亲船的故事》的作者吕建华，长期从事戏剧、影视、文学创作，是国家一级编剧，中国戏剧文学学会副会长，浙江省文联委员，浙江省戏剧作家驻会副主席兼秘书长，浙江省作家协会原戏剧文学委员会主任。同时，他曾在浙江嘉兴市从事过党史研究工作，接触到了嘉兴的大量党史材料，并在浙江省委党校系统研修过党史党建理论，可以说兼具深厚的文学艺术功底和扎实的党史理论功底，为他创作这部《烟雨红船——母亲船的故事》打下了良好的基础。红船起航于浙江嘉兴南湖，是浙江的一大光荣。吕建华先生成长于南湖边，自然拥有为党旗增辉、为红船喝彩的强烈责任感和使命感，于是写下了这部翔实、生动介绍"红船"与一大南湖会议的著作。

《烟雨红船——母亲船的故事》全书 20 万字左右，共有 10 章。开篇交代了红船——我们党的母亲船的由来，接着集中详细介绍了党的一大在上海召开最后一天而后转移到嘉兴南湖、在南湖游船开会的历史过程，揭示了中国共产党诞生的历史必然性，讲述了 13 位党代表参加一大南湖会议的鲜为人知的生动历程，追踪一大代表的人生足迹，还介绍了新中国成立后红船仿制的过程以及红船精神的提炼和内涵，以"红船"之名深入浅出地讲述了中国共产党的创建历史和建党精神，深刻揭示了这条母亲船所昭示的我们党带领中国人民从胜利走向胜利的根本原因。该书以生动的笔触、丰富的图片、独特的视角和坚实的党史史料为依据，并把它们化成一个个生动的故事，使读者阅读后能够清晰地了解一大南湖会议的整个过程和相关历史细节。

正如作者在该书的后记所言，"写这本书我遵循这样两个原则，一是所有的描写必须有可靠的史料作为依据，达到可信、可靠"，"二是尽量写得有故事性、可看性、通俗性，让普通读者也能对这一段历史产生阅读的兴趣"①。该书建立在深厚的历史事实的基础之上，依据可靠的党史材料，借鉴权威的党史研究成果，经过多番深入的实地调研，以纪实文学的形式，以生动的文学笔触讲述建党的故事，把这些历史资料转化为

---

① 吕建华：《烟雨红船——母亲船的故事》，中共党史出版社 2014 年版，后记。

人民大众愿意读、乐意读的生动的党史故事。这样既有真实性又有故事性的党史纪实文学作品，在政治上、思想上、理论上都是具有一定价值的，既有助于向广大党员干部群众特别是青少年普及党史知识，也有利于党史研究的推进。

（5）胡坚等编：《红船精神领航中国梦》①

浙江人民出版社 2015 年 5 月出版的《红船精神领航中国梦》，是中共嘉兴市宣传部、嘉兴市社会科学界联合会、嘉兴学院红船精神研究中心联合组织编写而成的一本通俗理论读物。这也是纪念《弘扬"红船精神" 走在时代前列》发表 10 周年、进一步继承和弘扬红船精神、助推实现中华民族伟大复兴中国梦的系列作品之一。自 2015 年 5 月首次出版以来，得到有关部门和广大读者的一致好评。为体现党的十九大精神和习近平新时代中国特色社会主义思想，以及理论研究的新成果，作者对该书的个别章节内容进行了适当修改，由浙江人民出版社于 2018 年 1 月重印再版。

《红船精神领航中国梦》共 18 万余字，分 5 个部分：第一部分介绍了作为中国共产党革命精神之源的红船精神的形成过程及其历史地位，第二至第四部分阐释了作为红船精神基本内涵的首创精神、奋斗精神、奉献精神的历史内涵，第五部分论述了红船精神与中国梦的关系，指出要以红船精神开辟中国道路、彰显中国精神、凝聚中国力量，结合时代特点大力弘扬红船精神。全书以红船精神的形成发展、基本内容、历史地位与时代价值为主线，系统阐述了中国共产党成立的历史背景、历史过程、历史意义，重点介绍了第一次党代会召开的完整议程、通过的纲领等相关细节，并讲述了李大钊、陈独秀、毛泽东、周恩来、陈望道、俞秀松、缪伯英、夏明翰、方志敏、赵世炎、恽代英、向警予、澎湃、刘延年、邓中夏、林伯渠、沈雁冰等早期中国共产党人践行红船精神的典型事例和感人故事，用通俗化的语言全面解读了其背后蕴含的红船精神，最后落脚于红船精神与中国梦的内在联系及其当代价值。这是一部旨在阐释红船精神与中国梦内在关联及其时代价值的红色通俗理论读物。

---

① 胡坚等编：《红船精神领航中国梦》，浙江人民出版社 2015 年版。

《红船精神领航中国梦》一书构思精巧，结构紧凑，内容丰富，图文并茂，通俗易懂，采用讲故事的形式阐释红船精神的形成及其基本内涵，并重点阐发了以红船精神引领实现中国梦，是广大党员干部和青年学生了解红船精神、传承红色基因、增强文化自信，坚定中国特色社会主义理想信念的重要书籍。2016 年，该书被推荐为全国优秀社会科学普及作品。

《红船精神领航中国梦》还被改编为《红船精神——启航的梦想》（*Spirit of the Red Boat——The Dream Sets Sail*，中英文版），由外文出版社于 2017 年 5 月出版发行，成为国家对外传播中国声音、讲好中国故事之"中国共产党精神"系列多语种图书全球推广项目的开篇之作。

（6）嘉兴学院思想政治理论教学科研部主编：《高校思想政治理论课教学案例集——"红船精神"及其在浙江的实践：首创·奋斗·奉献》①

高等教育出版社 2015 年 4 月出版的嘉兴学院思想政治理论教学科研部主编的《高校思想政治理论课教学案例集——"红船精神"及其在浙江的实践：首创·奋斗·奉献》，选取了与思想政治理论课教学密切相关的典型案例，展现了改革开放以来在红船精神引领下的浙江经济社会发展、政治建设、文化建设、生态建设和人民生活等情况，展现了浙江人民继承和弘扬红船精神的生动实践，彰显出红船精神的深刻现实影响力。该书是为贯彻落实中共中央关于高校思想政治理论课建设的有关精神，着力推进立体化教材体系建设，发挥"全国高校思想政治理论课教师社会实践研究基地"特色资源优势，由教育部社会科学司指导编写的。

《高校思想政治理论课教学案例集——"红船精神"及其在浙江的实践：首创·奋斗·奉献》全书 23 万字左右，正文分为主题阐释篇、首创篇、奋斗篇、奉献篇四篇。主题阐释篇以较短的篇幅阐述了红船精神的历史由来、理论提炼、基本内容、精神实质、历史地位、时代价值，对红船精神做了一个整体性的理解和把握。首创篇主要选取了浙江首创科

---

① 《高校思想政治理论课教学案例集——"红船精神"及其在浙江的实践：首创·奋斗·奉献》，高等教育出版社 2015 年版。

技金融综合服务平台、浙江温岭的民主恳谈制度、嘉兴市的行政审批层级一体化改革、嘉兴市公共文化服务体系建设、枫桥镇创新群众工作、嘉兴市创新社会管理、嘉兴市探索青春建党实践、嘉兴学院"红船先锋营"等 12 个案例进行分析。奋斗篇主要选取了浙江吉利控股集团有限公司董事长李书福、著名企业家马云、"文盲企业家"潘阿祥、浙江大学生村官、"浙江骄傲"雷玲玲、"爷爷级"大学生邹伟敏、理论工作者雷云等 11 个案例进行分析。奉献篇主要选取了浙江援藏 20 年、嘉兴市援疆、坚守"中国第一麻风村"10 年的浙江最美医疗团队等 10 个案例进行分析。

该书在结构上具有统一的样式，尤其是在第二篇、第三篇、第四篇，每一教学案例的介绍都采取了"案例正文 + 思考讨论 + 案例分析 + 教学建议"的模式，案例正文模块对典型事迹、典型人物进行集中而简明的阐述，思考讨论模块列出两个讨论议题，案例分析模块对案例进行原理性的解读与分析，教学建议模块主要分析案例的教学目的、用途和案例使用过程中需要注意的问题。书中每个案例蕴含的信息很丰富，具有典型性和代表性，将鲜活的案例与深刻的理论分析相结合，是一本很好的思想政治理论课教学的教辅资料。

（7）陈向阳：《红船扬帆》①

新世纪出版社 2016 年 7 月出版的陈向阳的《红船扬帆》，向青少年读者展现了红船扬帆起航时的基本历史背景与历史事实，讲述了 1840 年鸦片战争后，中国人民开始苦苦探索救亡图强、振兴中华之路，一次次失败后，俄国十月革命的爆发照亮中国革命道路，以陈独秀、李大钊、毛泽东等为代表的共产主义先觉者在中国传播马克思主义，推动中国共产党的创建，在中国共产党领导下中国革命走向胜利的历史。

《红船扬帆》以深入浅出、生动形象的语言表现中国共产党在创立之时经历的种种事件，将中国共产党人为实现中华民族独立自强而奋战到底、坚持不懈的决心展现得淋漓尽致，是一部集权威性与生动性于一体的社会主义核心价值观和红色历史教育读本，值得每一个中国青少年来阅读学习。

---

① 陈向阳：《红船扬帆》，新世纪出版社 2016 年版。

（8）中共嘉兴市委宣传部、嘉兴市社会科学界联合会、嘉兴学院红船精神研究中心联合主编：《红船精神研究十年精粹（2005—2015）》①

浙江人民出版社出版的由中共嘉兴市委宣传部、嘉兴市社会科学界联合会、嘉兴学院红船精神研究中心联合主编的《红船精神研究十年精粹（2005—2015）》，对理论界、学术界关于红船精神研究的论文成果进行了梳理、归类、整编，对 10 年来红船精神的研究做了全面回顾和总结，以学术论文集的形式出版，这些学术论文在一定程度上反映了红船精神提出以来的研究观点和研究水平，是当时学者了解红船精神研究现状的工具书。这本书的出版是中共浙江省委宣传部领导的纪念习近平同志发表《弘扬"红船精神"　走在时代前列》署名文章 10 周年系列理论活动之一。

《红船精神研究十年精粹（2005—2015）》一书历经收集整理、初步筛选和核校审定三个阶段后最终定型。从最初收集的 245 篇理论文章、6 部著作中选出 74 篇具有一定代表性的文章进行分类梳理。全书共分 9 个部分，第一部分为有关领导公开发表的文章，第二至第八部分按照研究内容分七个研究专题，第九部分是红船精神学习研究十年回顾与思考，对红船精神研究做了一个整体性回顾和梳理，对学界代表性观点进行评介，并提出深化红船精神研究的期盼与建议。

围绕学界某一研究领域的研究成果进行周期性的回顾、梳理，对了解这一领域研究现状、寻找研究问题、推动研究深入开展是非常有必要且有意义的。2015 年是习近平总书记提出红船精神 10 周年、学界开展红船精神研究工作 10 周年，《红船精神研究十年精粹（2005—2015）》的出版正当其时，既具有学术摸底的重要作用，也有宣传红船精神的良好效果，更有利于推动研究向前迈进。

（9）黄亚洲：《红船》②

天地出版社 2016 年 6 月出版的黄亚洲的《红船》，再现了 1919 年五四运动到 1928 年井冈山红军会师 10 年春秋里中国共产党从诞生、发展到

---

①　《红船精神研究十年精粹（2005—2015）》，浙江人民出版社 2015 年版。

②　黄亚洲：《红船》，天地出版社 2016 年版。

壮大的壮阔历史，深刻展现了其对中国革命新路探索和对中国社会带来深刻影响的历史脉络，全景式地描绘了"一个大党诞生于一条小船"，劈波斩浪驶向井冈山的历史进程，是献礼中国共产党成立95周年的优秀作品。该书于2017年8月签订英文版权，成为向世界讲述中国故事的精品图书。该书被国家新闻出版署列入"2019年农家书屋重点出版物推荐目录"名单。

该书作者黄亚洲先生，浙江杭州人，诗人、作家，曾任第八届全国人大代表、第六届中国作家协会副主席、党的十六大代表、浙江省作家协会主席，现任中国电影文学学会副会长、中国作家协会影视委员会副主任、《诗刊》编委。黄亚洲生于1949年，跟着共和国一块长大，对革命历史有着浓厚兴趣，一直深切关注和潜心研究中国近代革命史，很多作品都涉及重大历史题材，尤其是建党相关的题材，如长篇小说《建党伟业》，长篇小说《日出东方》（该书获得国家图书奖），长篇小说《雷锋》（获得全国"五个一工程奖"），《历史转折中的邓小平》（入选中宣部、中组部向全国党员干部推荐第九批学习读物）。此外，他还在诗集、影视剧本、电影作品、电视剧等方面具有诸多造诣，并荣获多项荣誉和奖项，受到业界的高度认可和肯定。作为诗人、作家、编剧，他有着深厚的文学功底和扎实的史学修养，数十年如一日孜孜不倦、笔耕不辍，描绘着波澜壮阔的中国革命图景，多年的创作积淀为他再次就中国共产党的创建历史进行文化创作铺就了良好基础。嘉兴南湖上的"红船"是"中国共产党诞生"这一开天辟地大事变的历史见证，经过历史积淀和人们赋予意义成为党和人民心中建党精神的象征。黄亚洲以壮阔的追寻之笔，目光再度聚焦于嘉兴南湖那艘巨船，深入挖掘中国共产党创立和革命斗争历史这个题材富矿，以长篇小说形式再现中国共产党的诞生历程，对红船精神进行了深情而有力的描绘和阐释。黄亚洲先生历经数年、增删十数次最终完成该书，这是精益求精的心血之作。

《红船》全书60余万字，共有18章，打破传统史学的历史叙事方式，以小说的体裁和写作手法描写了五四运动、中国共产党诞生、国共第一次合作、北伐战争、中山舰事件、"四一二"反革命政变、南昌起义、秋收起义、井冈山革命根据地的创建与朱毛会师等历史事件，重点塑造了陈独秀、李大钊、毛泽东、周恩来等百余名历史人物的性格情感、心理活动、革命活动，使 10 年中波澜壮阔的历史事件跃然纸上，将历史洪流中的众多人物塑造得生动坚实。以极具历史厚重感和文学感染力的文字反映出特定历史时空下历史人物的信仰抉择、坚定信念和迥异的人生境遇，反映了中国共产党孕育、初创、遇挫、寻路的艰难辉煌历程，也反映了中华民族在苦难时代下的伟大历史转身，揭示了中国共产党诞生的历史必然性，将"红船精神"在全书中激荡始终。

《红船》小说谋篇布局合理，结构紧凑，构思精巧，十年中的大事无一遗漏，又不拘泥于一时一事，多场景、多线索交错推进，使得恢宏的历史画卷娓娓展开；文笔简洁、流畅，生动传神地刻画了每一个重要历史人物的心路历程，使得以真实历史事件为背景的作品始终荡涤着人的思索与进取、沉浮与抉择的旋律，是一部富有深厚思想内涵的鸿篇巨制。正如万伯翱为该书作序所说，这是"红船精神的小说体现"①。全书汲取了众多党史研究最新成果，将其高质量地转化为大众喜闻乐见的文学艺术作品，集真实性、故事性与可读性于一身，是一部真实形象生动地反映党的诞生史和早期发展史的精品力作，蕴藏着中华民族生生不息、自强奋进、崛起复兴的强大精神力量，是全国党员干部、公务员、机构团体、青年学生学习党史、深入理解和弘扬"红船精神"、开展"不忘初心、牢记使命"主题教育的推荐读本。

（10）吕延勤、赵金飞主编：《红船精神》②

中共党史出版社 2017 年 1 月出版的吕延勤、赵金飞主编的《红船精神》，对红船精神的基本问题进行了理论阐释，是了解红船精神的一个简明读本。该书是《中国共产党革命精神系列读本》丛书中的一本。该系列读本还包括《先驱精神》《井冈山精神》《苏区精神》《长征精神》《抗战精神》《延安精神》《西柏坡精神》，由中共党史出版社出版发行。如果说人民出版社 2014 年出版的杨河主编的《中国共产党革命精神史读本（新民主主义革命篇）》《中国共产党革命精神史读本（社会主义革命与

---

① 黄亚洲：《红船》，天地出版社 2015 年版，序言。

② 吕延勤、赵金飞主编：《红船精神》，中共党史出版社 2017 年版。

建设篇)》系列读本是对中国共产党革命精神谱系的历史链条式梳理,那么该系列读本就是对中国共产党革命精神的进一步深入阐释和结合时代的解读,是深化中国共产党革命精神谱系研究的一大力作。

《红船精神》全书 18 万余字,共有五章,以红船精神的形成发展、基本内容、历史地位与时代价值为逻辑主线展开。在形成发展方面,该书从近代中国救亡图存的历史背景、马克思主义被选为指导理论、中国优秀传统文化的文化根基作用、中国工人阶级和工人运功提供的阶级基础、早期党组织创建及一大召开等建党实践活动,来揭示红船精神形成的时代背景和实践基础。在红船精神的内涵方面,坚持史论结合选取早期中国先进分子在建党过程中的典型事例、感人故事,解读其背后蕴含的崇高革命精神。在历史地位方面,该书给予红船精神是建党精神的集中体现、中国革命精神的重要源头、中国共产党先进性之源的三重定位。在时代价值方面,主要论述了红船精神在推进全面从严治党、培育和践行社会主义核心价值观以及实现中华民族伟大复兴中国梦过程中的时代意义。

《红船精神》内容丰富,观点鲜明,阐释准确,采用通俗化语言,将讲故事与讲道理有机结合起来,说理透彻,深入浅出,形式活泼新颖,图文并茂,兼具学术性、时代性、通俗性和可读性的特点,深入挖掘和充分利用史料,坚持史论结合、论从史出,体现了政治性和学术性的统一,在准确揭示红船精神科学内涵的同时又着力讲好红船故事、中国故事,既深入历史,富有史学韵味,又观照现实,紧跟时代脉搏,对于弘扬党的优良传统,培育和践行社会主义核心价值观,加强广大党员干部的理想信念教育,发挥党史资政育人作用具有重要意义。

2. 学术论文类

2012—2017 年,理论界、学术界发表了许多较高质量的理论文章,多角度、多层次对红船精神进行研究。这些文章体现着红船精神研究的新进展与新突破,在一定程度上反映了红船精神的研究水平。对这些文章进行归类梳理,选取代表性观点进行评介,以期从整体把握红船精神研究的基本脉络和基本情况,从局部厘清学术界、思想界在这一时期关于红船精神研究的主要观点。

任何一种精神的诞生都有其历史和时代的背景，对红船精神的形成背景的追问是研究红船精神的逻辑起点。关于这一问题，这一时期的研究更为深入透彻、细化具体，产生了一些创见。有研究者提出了红船精神生成和发展的三重逻辑：一是历史逻辑，红船精神的诞生是传承中华优秀传统文化的历史逻辑，是中华优秀传统文化、浙江区域文化传统在中国革命历史时期的延续与升华；二是政治逻辑，红船精神的产生是探索中华民族救亡图存道路的政治逻辑，是中国共产党人成功探索救亡图存道路的精神表征和精神样态；三是发展逻辑，红船精神是中国共产党始终保持党的先进性的发展逻辑，是中国共产党人引领中国革命、建设、改革各项事业兴旺发达的特有精神资源。① 还有研究者从早期共产主义者的建党思想与建党实践的角度来看红船精神的产生，如《早期共产主义者的建党思想与红船精神》②。关于红船精神产生的论文还有《邓恩铭与红船精神》③《"红船精神"的历史价值与现实意义》④ 等。

关于红船精神的历史地位，学术界进行了进一步的界定，其中有代表性的成果是邱巍的《论红船精神的理论定位与实践定位》⑤。该文对红船精神做了两个理论定位，其一，红船精神是建党精神，这是作者综合权衡红船精神的历史过程、传播形象、意义阐释等要素的论证结果；其二，红船精神是中国革命精神之源，作者与"井冈山精神是中国革命精神之源"的传统观点进行理论对话，指出将红船精神作为中国共产党革命精神之源，实现了党的历史起点与党的革命精神起点的一致。而红船精神的实践定位在于弘扬红船精神要突出全面从严治党要求，突出党的建设这个落脚点。⑥

---

① 陈华兴、唐晓燕：《红船精神生成与发展的内在逻辑及其当代价值》，《嘉兴学院学报》2015 年第 4 期。

② 杨青：《早期共产主义者的建党思想与红船精神》，《观察与思考》2013 年第 9 期。

③ 茅悦：《邓恩铭与红船精神》，《湘潮（下半月）》2016 年第 2 期。

④ 李永胜：《"红船精神"的历史价值与现实意义》，《渭南师范学院学报》2017 年第 19 期。

⑤ 邱巍：《论红船精神的理论定位与实践定位》，《嘉兴学院学报》2015 年第 4 期。

⑥ 同上。

　　关于这方面的论文还有：《"红船"历史坐标及其价值研究》①《论中国革命精神之源——红船精神》②《论红船精神的重大意义》③《红船精神在中国革命精神系统中的地位和作用》④《"红船精神"是中国共产党建党精神》⑤《关于红船精神认识误区的几点辨析》⑥ 等。

　　关于红船精神的内涵，这一时期学界对此做了进一步的阐释，有新的解读视角，也相应地产生了新的理论观点。有研究者从马克思主义总体性方法论出发，从总体的社会现实中把握"红船精神"，从结构总体中把握"红船精神"的理论逻辑，从历史总体中把握"红船精神"的发展逻辑。⑦ 还有研究者从习近平对红船精神的重要论述的角度指出，红船精神的本质特征是走在时代前列，其主要内容是开天辟地、敢为人先的首创精神，坚定理想、百折不挠的奋斗精神，立党为公、忠诚为民的奉献精神，并进一步深入挖掘红船精神的内涵。还有研究者从文化角度指出，红船精神传承了中华民族的优秀传统文化，体现了中华民族优秀传统文化的文化渊源和文化脉络，丰富且发展了中华民族的文化内涵；红船精神蕴含着理想信念的力量、百折不挠的追求、无私奉献的情怀，是当代思想文化建设的重要内容；红船精神是中国共产党人的价值观的集中体现和重要坐标，是培育和践行社会主义核心价值观的内在要求。⑧

　　此外，这一时期相关的论文还有：《"红船精神"的科学内涵和时代价值》⑨《首创精神的历史依据、形成条件和时代意义——学习习近平关

---

①　汪浩鸿、康文龙：《"红船"历史坐标及其价值研究》，《人民论坛》2015 年第 17 期。

②　蒋苍苍：《论中国革命精神之源——红船精神》，《嘉兴学院学报》2013 年第 4 期。

③　陈水林：《论红船精神的重大意义》，《嘉兴学院学报》2015 年第 4 期。

④　钟昌斌：《红船精神在中国革命精神系统中的地位和作用》，《嘉兴学院学报》2015 年第 4 期。

⑤　陈越强：《"红船精神"是中国共产党建党精神》，《浙江日报》2015 年 6 月 29 日第 7 版。

⑥　游海华：《关于红船精神认识误区的几点辨析》，《井冈山大学学报》（社会科学版）2016 年第 2 期。

⑦　彭冰冰：《"红船精神"内涵的总体性解读》，《井冈山大学学报》（社会科学版）2016 年第 5 期。

⑧　沈晔冰：《论红船精神的文化意义》，《观察与思考》2015 年第 8 期。

⑨　蓝蔚青：《"红船精神"的科学内涵和时代价值》，《中共杭州市委党校学报》2013 年第 1 期。

于红船精神论述的历史思考》①《"红船精神"的核心是开天辟地、敢为人先的首创精神》②《从红船精神的阐述到中国精神的弘扬——论习近平对中国精神的传承与弘扬》③《新时期大力弘扬"红船精神"的几点思考——纪念习近平同志提出"红船精神"10周年》④《基于精神资源和文化基因视域下的红船精神研究》⑤《论红船精神的先进文化特性》⑥《苏区精神与红船精神》⑦《浅析新时期"辽宁精神"对"红船精神"的传承》⑧《论南路革命精神之特性——兼与红船精神、井冈山精神、延安精神、西柏坡精神比较》⑨《从红船精神到特区精神》⑩ 等。

红船精神的思想政治教育价值一直是红船精神研究的一大着力点。这一时期,理论界和学术界的相关理论研究更为深刻透彻,实践探索更为生动具体、切实可行,涌现出一批学术论文成果。有研究者认为,红船精神是中国共产党创建时期形成的革命精神,其丰厚的思想政治教育价值在于:坚定信念、百折不挠的奋斗精神能够引领青年学子筑牢信仰之基,坚定信念,敢于担当;开天辟地、敢为人先的首创精神可以开掘动力之源,有利于激励青年学子不断创新;立党为公、忠诚为民的奉献精神,有助于青年形成奉献意识,固守价值之本,传承奉献精神。⑪ 还有

① 郭亚丁:《首创精神的历史依据、形成条件和时代意义——学习习近平关于红船精神论述的历史思考》,《嘉兴学院学报》2013年第4期。

② 李雪燕、陈大为:《"红船精神"的核心是开天辟地、敢为人先的首创精神》,《林区教学》2017年第4期。

③ 骆小峰:《从红船精神的阐述到中国精神的弘扬——论习近平对中国精神的传承与弘扬》,《嘉兴学院学报》2013年第7期。

④ 金延锋:《新时期大力弘扬"红船精神"的几点思考——纪念习近平同志提出"红船精神"10周年》,《观察与思考》2015年第6期。

⑤ 康文龙:《基于精神资源和文化基因视域下的红船精神研究》,《红色文化资源研究》2016年第2期。

⑥ 李伟:《论红船精神的先进文化特性》,《嘉兴学院学报》2014年第2期。

⑦ 陈安:《苏区精神与红船精神》,《光明日报》2013年12月26日第11版。

⑧ 王晓娜、徐冀宁:《浅析新时期"辽宁精神"对"红船精神"的传承》,《沈阳干部学刊》2015年第6期。

⑨ 高良坚:《论南路革命精神之特性——兼与红船精神、井冈山精神、延安精神、西柏坡精神比较》,《广州社会主义学院学报》2016年第1期。

⑩ 毛志华:《从红船精神到特区精神》,《今日海南》2017年第11期。

⑪ 彭冰冰:《"红船精神"的思想政治教育价值探析》,《思想教育研究》2016年第7期。

研究者认为，红船精神的思想政治教育价值在于，红船精神不仅是高校意识形态工作的思想文化引领，还是践行社会主义核心价值观的重要载体，也是加强和改进大学生教育工作的有效激励，应该在高校思想政治理论课教学中融入红船精神、在校园文化中宣传红船精神、在创新创业实践中发扬红船精神、在志愿服务社会活动中践行红船精神。① 在实践探索方面，有研究者从红船精神融入思想政治课实践教学的角度，将红船精神的文化资源转化为课程资源，构建"343"思想政治课实践教学新模式，即"三层对接"（首创精神与创新创业教育相对接，奋斗精神与艰苦奋斗、服务基层观念教育相对接，奉献精神与人生价值观教育相对接），"四个融入"（融入思想政治理论课教学、融入校园文化建设、融入网络传播、融入科学研究），"三大机制"（投入保障机制、示范效应机制、评价奖惩机制），探索了红船精神传承教育之路。②

另外，此类的文章还有《"红船精神"是新时期思想政治工作的导航仪》③《"红船精神"与大学生思想政治教育研究》④《"红船精神"融入大学生思想政治教育的实践与探索》⑤《"红船精神"融入高校思政理论课教学探析》⑥《高校青年马克思主义者培养的路径研究——以嘉兴学院为例》⑦《"红船精神"对接高校青年马克思主义者培养的机制探究》⑧

---

① 高丽静、徐梦怡：《红船精神的当代价值及弘扬路径——以高校思想政治教育为视角》，《浙江理工大学学报（社会科学版）》2017 年第 1 期。

② 邹建良：《"红船精神"融入思想政治课实践教学的探索与实践》，《思想政治课研究》2015 年第 2 期。

③ 李好学：《"红船精神"是新时期思想政治工作的导航仪》，《商业文化（下半月）》2012 年第 6 期。

④ 周洁：《"红船精神"与大学生思想政治教育研究》，《科教导刊（上旬刊）》2016 年第 1 期。

⑤ 邹建良、肖明朗、姚兰英：《"红船精神"融入大学生思想政治教育的实践与探索》，《延边教育学院学报》2017 年第 6 期。

⑥ 姚兰英、邹建良：《"红船精神"融入高校思政理论课教学探析》，《亚太教育》2016 年第 30 期。

⑦ 朱德海：《高校青年马克思主义者培养的路径研究——以嘉兴学院为例》，《成功（教育）》2013 年第 1 期。

⑧ 李安：《"红船精神"对接高校青年马克思主义者培养的机制探究》，《思想理论教育导刊》2016 年第 4 期。

《红船精神融入创业教育的理论逻辑与实施策略》① 《嘉兴学院以"红船精神"领航　开创"省身文化"育人品牌》② 《红船精神理想信念教育价值的内在逻辑、历史语境和实践路径》③ 《"红船精神"引领下大学生理想信念教育机制研究》④ 《"红船精神"与当代大学生理想信念教育》⑤ 《在"红船精神"的指导下深化高职学生理想信念教育》⑥ 《"红船精神"与营销专业学生价值观的塑造》⑦ 《"红船精神"对高校班级建设的启示——以嘉兴学院为例》⑧ 《红船精神对高校理论学习型社团发展的指导应用》⑨ 《"红船精神"对高校创先争优实践的指导作用》⑩ 《基于红船精神构建学生干部队伍建设工作机制研究》⑪ 《关于在高校丰富"红船精神"当代价值的路径思考》⑫ 《传承"红船精神"宜统一"三式"教学法》⑬

---

① 杨燕群:《红船精神融入创业教育的理论逻辑与实施策略》,《人民论坛》2016 年第 2 期。

② 黄芳芳:《嘉兴学院以"红船精神"领航　开创"省身文化"育人品牌》,《教育与职业》2014 年第 34 期。

③ 彭世杰:《红船精神理想信念教育价值的内在逻辑、历史语境和实践路径》,《毛泽东思想研究》2017 年第 4 期。

④ 蔡运男:《"红船精神"引领下大学生理想信念教育机制研究》,《中国教育学刊》第 S1 期。

⑤ 黄芳芳:《"红船精神"与当代大学生理想信念教育》,《领导科学论坛》2015 年第 23 期。

⑥ 毛军伟、王敏坚:《在"红船精神"的指导下深化高职学生理想信念教育》,《中国电力教育》2012 年第 8 期。

⑦ 曹冬梅:《"红船精神"与营销专业学生价值观的塑造》,《吉林广播电视大学学报》2013 年第 1 期。

⑧ 胡笛丽、谢安飞:《"红船精神"对高校班级建设的启示——以嘉兴学院为例》,《科教文汇》2012 年第 8 期。

⑨ 朱建博、徐芳洁、葛建伟:《红船精神对高校理论学习型社团发展的指导应用》,《教育教学论坛》2015 年第 31 期。

⑩ 虞岚:《"红船精神"对高校创先争优实践的指导作用》,《学校党建与思想教育》2012 年第 36 期。

⑪ 朱宇昊、王咪、韩倩云:《基于红船精神构建学生干部队伍建设工作机制研究》,《西部素质教育》2016 年第 2 期。

⑫ 金晶、安秀芳:《关于在高校丰富"红船精神"当代价值的路径思考》,《才智》2014 年第 9 期。

⑬ 王学军、纪红波、马晴:《传承"红船精神"宜统一"三式"教学法》,《今日中国论坛》2013 年第 7 期。

《基于纯洁性要求的高校学生党建工作创新实践——以"红船先锋学分制"为长效管理模式》① 《传播红船精神提升育人实效——谈"红船精神"在中小学党史教育中的继承与宣传》②《红色文化与中小学德育工作的四个有机结合》③《在大学生中弘扬红船精神的策略与方法研究》④《以"红船精神"引领大学开展创新创业校园文化建设》⑤ 《"红船精神"对"工匠型"实验教师培育的引领作用》⑥《"红船精神"之于大学生人格精神培育的价值和路径》⑦《管窥大学生党建与思政教育的结合模式——以党建"红船"精神为契机》⑧《红船精神引领高校党员干部教育的探索与实践——以嘉兴学院为例》⑨ 等。

红船精神是在创建中国共产党的伟大实践中孕育出的建党精神，红船精神与党的建设是红船精神提出以来学界特别关注和重点研究的内容。尤其是党的十八大以来，以习近平同志为核心的党中央提出将全面从严治党作为"四个全面"战略布局的重要一环，理论界和学术界将红船精神的传承与弘扬放在全面从严治党的视域中来研究。有研究者认为红船精神对全面从严治党、推进党的建设新的伟大工程的价值意义在于，红船精神有助于广大党员践行中国共产党核心价值观，是推动党的先进性和纯洁性建设的内在动力，有助于学习型、服务型、创新型马克思主义

---

① 杨燕群：《基于纯洁性要求的高校学生党建工作创新实践——以"红船先锋学分制"为长效管理模式》，《黑龙江史志》2014 年第 7 期。

② 陆慧芬：《传播红船精神提升育人实效——谈"红船精神"在中小学党史教育中的继承与宣传》，《黑龙江史志》2014 年第 7 期。

③ 陆慧芬：《红色文化与中小学德育工作的四个有机结合》，《才智》2014 年第 4 期。

④ 陈曦：《在大学生中弘扬红船精神的策略与方法研究》，《课程教育研究》2016 年第 28 期。

⑤ 肖明朗、邹建良：《以"红船精神"引领大学开展创新创业校园文化建设》，《长春教育学院学报》2016 年第 4 期。

⑥ 李海洲、杨宇、唐衍军：《"红船精神"对"工匠型"实验教师培育的引领作用》，《江西电力职业技术学院学报》2018 年第 1 期。

⑦ 宋之霞：《"红船精神"之于大学生人格精神培育的价值和路径》，《中国高校科技》2017 年 8 月第 S1 期。

⑧ 吴小娜：《管窥大学生党建与思政教育的结合模式——以党建"红船"精神为契机》，《才智》2017 年第 14 期。

⑨ 冯琼：《红船精神引领高校党员干部教育的探索与实践——以嘉兴学院为例》，《嘉兴学院学报》2017 年第 3 期。

执政党建设。① 还有研究者从践行党的群众路线的角度,认为红船精神是群众实践活动的结晶,是马克思主义群众路线方针和人民群众支持先进组织的集中体现,是革命、建设和改革开放时期群众路线的发展动力。②

此类论文有:《"红船精神"与"不忘初心、继续前进"》③《论红船精神与保持党的思想纯洁性》④《弘扬红船首创精神　探索反腐倡廉新路径》⑤《"红船精神"昭示我们什么》⑥《发扬"红船精神"推进党的先进性和纯洁性建设》⑦《弘扬红船精神　永葆党先进性——释论"红船精神"与党的先进性的关系》⑧《党校党性教育新模式探究——以"重走'一大'路·再现1921嘉兴故事"体验式教学项目为例》⑨《论红船精神的政治信仰价值》⑩《论红船精神与党的群众路线——舟水关系的当代诠释》⑪《"红船精神":群众路线教育实践活动的丰厚资源》⑫ 等。

中国梦是习近平总书记基于近代以来中华民族探索复兴之路的伟大历程而提出的理念凝练和价值表达,是中国特色社会主义发展的美好夙愿和目标指向,将红船精神放在国家富强、民族振兴、人民幸福的中国梦的视野中也是这一时期研究的重点内容。有研究者认为,从红船精神的提出到中国梦的系统阐述,体现了习近平总书记一以贯之的深远思考与紧跟时代潮流、不忘革命传统的伟大初心。红船精神第一次把实现中

---

① 赵金飞:《论红船精神的党建价值》,《嘉兴学院学报》2015年第4期。

② 秦正为:《"红船精神"与党的群众路线》,《廉政文化研究》2016年第4期。

③ 金延锋:《"红船精神"与"不忘初心、继续前进"》,《观察与思考》2016年第12期。

④ 彭冰冰:《论红船精神与保持党的思想纯洁性》,《嘉兴学院学报》2015年第4期。

⑤ 张春玲:《弘扬红船首创精神　探索反腐倡廉新路径》,《学理论》2016年第2期。

⑥ 金延锋:《"红船精神"昭示我们什么》,《党建》2015年第10期。

⑦ 刘怀望:《发扬"红船精神"推进党的先进性和纯洁性建设》,《上海党史与党建》2013年第10期。

⑧ 戴云龙:《弘扬红船精神　永葆党先进性——释论"红船精神"与党的先进性的关系》,《湘潮(下半月)》2013年第8期。

⑨ 毛程涛:《党校党性教育新模式探究——以"重走'一大'路·再现1921嘉兴故事"体验式教学项目为例》,《改革与开放》2016年第20期。

⑩ 彭冰冰:《论红船精神的政治信仰价值》,《红色文化资源研究》2017年第1期。

⑪ 洪坚:《论红船精神与党的群众路线——舟水关系的当代诠释》,《嘉兴学院学报》2015年第2期。

⑫ 赵建华:《"红船精神":群众路线教育实践活动的丰厚资源》,《浙江日报》2013年7月26日第14版。

国梦建立在科学理论指导的基础之上、中国共产党领导的基础之上和独立自主探索中国道路的历史起点上，因此，实现中国梦，必须弘扬红船精神。① 还有研究者认为，红船精神是在探求中国梦的历史进程中形成的伟大精神，是当今实现中国梦不可或缺的革命精神，要以红船精神为引领，进一步坚定前进方向、凝聚各方力量、提供精神动力。②

此专题相关的论文有：《红船精神与中国梦》③《论"红船精神"与中华民族伟大复兴的内在联系》④《红船：开启实现"中国梦"的历史航程》⑤《红船精神与中国梦》⑥《"红船精神"与"中国梦"论析》⑦《在实现中国梦的接力奋斗中继承和弘扬"红船精神"》⑧《赓续红船精神勇立新时代潮头》⑨《"红船精神"及其当代价值》⑩《论"红船精神"的时代价值与浙江实践》⑪ 等。

党的十八大报告提出了"富强、民主、文明、和谐，自由、平等、公正、法治，爱国、敬业、诚信、友善"的社会主义核心价值观，⑫ 从三个层面提出了培育社会主义核心价值观的国家价值目标、社会价值导向、公民价值准则。此后，社会主义核心价值观成为理论研究和探讨的一个热点，学术界也对红船精神与社会主义核心价值观的关系进行了研究。

---

① 李捷：《弘扬"红船精神"是实现"中国梦"的必然要求》，《嘉兴学院学报》2013 年第 4 期。

② 马赛：《论红船精神与中国梦》，《嘉兴学院学报》2014 年第 2 期。

③ 陈水林：《红船精神与中国梦》，《嘉兴学院学报》2013 年第 4 期。

④ 王祖强：《论"红船精神"与中华民族伟大复兴的内在联系》，《嘉兴学院学报》2013 年第 4 期。

⑤ 周少玲：《红船：开启实现"中国梦"的历史航程》，《嘉兴学院学报》2013 年第 4 期。

⑥ 徐定高、陈青青、黄章皛：《红船精神与中国梦》，《科技视界》2013 年第 29 期。

⑦ 李黎霞：《"红船精神"与"中国梦"论析》，《佳木斯大学社会科学学报》2014 年第 2 期。

⑧ 《在实现中国梦的接力奋斗中继承和弘扬"红船精神"》，《中国共青团》2017 年第 12 期。

⑨ 张伟斌：《赓续红船精神　勇立新时代潮头》，《观察与思考》2017 年第 12 期。

⑩ 许徐琪、李金见：《"红船精神"及其当代价值》，《党政干部学刊》2016 年第 4 期。

⑪ 段治文、马赛：《论"红船精神"的时代价值与浙江实践》，《嘉兴学院学报》2016 年第 4 期。

⑫ 胡锦涛：《坚定不移沿着中国特色社会主义道路前进　为全面建成小康社会而奋斗——在中国共产党第十八次全国代表大会上的报告》，人民出版社 2012 年版，第 31—32 页。

有研究者认为，红船精神与社会主义核心价值观在理论基础、价值旨趣等方面同质同根同源，红船精神以马克思主义为基础，承载着中华优秀传统文化，凝聚着实现中国梦的理想，蕴含着社会主义核心价值观的时代价值、深刻内涵、价值归依。应弘扬红船精神，将红船精神与社会主义核心价值观教育相合相融。① 还有研究认为，红船精神与中国共产党的核心价值观有着紧密联系，表现在主要内涵的一致性、科学体系的一脉相承性、思想基础的共同性，红船精神是中国共产党价值观的精神源头，社会主义核心价值观是红船精神的拓展与升华。弘扬红船精神可以为中国共产党核心价值观的建设与践行提供强大精神动力、理想信念支撑、宝贵精神财富。②

与此相关的论文有：《将"红船精神"融入大学生社会主义核心价值观教育》③《"红船精神"与浙江社会主义核心价值观培育》④《红船精神的历史地位与当代价值——基于价值导引视角》⑤《红船精神与社会主义核心价值观之共性关系研究》⑥《谈"红船精神"涵养大学生价值观培育的向度》⑦《红船精神与核心价值观培育的关系》⑧《红船精神的物化设计及传播研究——以嘉兴红色文化创意产业为例》⑨ 等。

---

① 周钰：《"红船精神"融入大学生社会主义核心价值观教育的路径探索》，《学校党建与思想教育》2017 年第 11 期。

② 王文军：《试论红船精神与中国共产党核心价值观》，《嘉兴学院学报》2013 年第 4 期。

③ 李安：《将"红船精神"融入大学生社会主义核心价值观教育》，《理论视野》2017 年第 4 期。

④ 郭维平：《"红船精神" 与浙江社会主义核心价值观培育》，《观察与思考》2014 年第 4 期。

⑤ 郭维平：《红船精神的历史地位与当代价值——基于价值导引视角》，《嘉兴学院学报》2015 年第 4 期。

⑥ 宋凤琴：《红船精神与社会主义核心价值观之共性关系研究》，《新丝路（下旬）》2016 年第 5 期。

⑦ 李海洲、唐衍军：《谈"红船精神"涵养大学生价值观培育的向度》，《浙江工商职业技术学院学报》2017 年第 4 期。

⑧ 郭维平：《红船精神与核心价值观培育的关系》，《红色文化学刊》2017 年第 3 期。

⑨ 杨燕群：《红船精神的物化设计及传播研究——以嘉兴红色文化创意产业为例》，《嘉兴学院学报》2016 年第 3 期。

3. 宣传报道类

有关红船精神的理论宣传和报道也是实现研究成果转化、提升红船精神知名度与影响力、推动红船精神研究的重要成果形态。这一时期有关红船精神的宣传报道比较丰富，可以归为两类：

一是对专门理论活动或者重大纪念活动进行宣传报道，比如对每年一届的学术研讨会的宣传报道，如《"红船精神"推动科学发展》[①]《传承弘扬红船精神 推进嘉兴科学发展 深入贯彻党的十八大精神暨红船精神与嘉兴科学发展研讨会举行》[②]《领会红船精神科学内涵 挖掘红船精神时代价值 中国共产党的创建暨红船精神学术研讨会在嘉兴举行》[③]《中国共产党的创建暨红船精神学术研讨会在嘉兴召开》[④]《第二届"红船精神与科学发展"理论研讨会发言摘编》[⑤]《弘扬"红船精神"开启新的征程 "红船精神"研讨会在嘉兴举行》[⑥]《探革命精神之源 迎党的九十四岁生日 专家学者汇聚嘉兴研讨"红船精神"》[⑦] 等。每年七一建党节之际，《浙江日报》、《嘉兴日报》都会推出一批关于红船精神的宣传报道[⑧]，2016 年是中国共产党成立 95 周年，全国党刊协会与嘉兴市委组织部联合举办了"纪念建党 95 周年，重走一大路——全国党刊走进嘉兴"采访活动，采访团参观了党的一大会址，聆听了嘉兴市委组织部对嘉兴党建工作的介绍，分组采访了 18 个党建工作点，涌现出一批宣传成

---

① 陈培华：《"红船精神"推动科学发展》，《浙江日报》2012 年 12 月 16 日第 2 版。

② 余延青：《传承弘扬红船精神 推进嘉兴科学发展 深入贯彻党的十八大精神暨红船精神与嘉兴科学发展研讨会举行》，《嘉兴日报》2012 年 12 月 16 日第 1 版。

③ 余延青、李持真：《领会红船精神科学内涵 挖掘红船精神时代价值 中国共产党的创建暨红船精神学术研讨会在嘉兴举行》，《嘉兴日报》2013 年 6 月 27 日第 1 版。

④ 《中国共产党的创建暨红船精神学术研讨会在嘉兴召开》，《嘉兴学院学报》2013 年第 4 期。

⑤ 《第二届"红船精神与科学发展"理论研讨会发言摘编》，《嘉兴日报》2014 年 12 月 28 日第 3 版。

⑥ 余延青：《弘扬"红船精神" 开启新的征程 "红船精神"研讨会在嘉兴举行》，《嘉兴日报》2015 年 6 月 30 日第 1 版。

⑦ 户华为、严红枫：《探革命精神之源 迎党的九十四岁生日 专家学者汇聚嘉兴研讨"红船精神"》，《光明日报》2015 年 6 月 30 日第 1 版。

⑧ 应建勇：《省领导赴嘉兴南湖开展重温"红船精神"活动 重温党的历史 弘扬红船精神》，《浙江日报》2013 年 8 月 14 日第 1 版。

果，如《"红船"故乡看党建》① 等。

二是"红船精神＋"的宣传模式，宣传在红船精神引领下的各类先进实践、典型模范等。"红船精神＋党建实践"是这一时期比较典型的报道。如《以"红船精神"增强宗旨意识》② 《"红船精神"促科学发展——浙江省嘉兴市党建工作创新纪实》③ 《南湖：弘扬"红船精神"打造党建高地》④《弘扬红船精神 建设党建高地》⑤《弘扬红船精神 建设三城一市》⑥《把建党圣地打造成党建高地》⑦《弘扬红船精神 打造党建高地》⑧《秉承"红船精神" 争当"三型干部"》⑨《把构建党建高地作为科学发展根本保障》⑩《加快科学发展努力把党的诞生地建设得更加美好》⑪ 等。此外，这一时期红船精神相关的宣传报道还有《"三改一拆"需要弘扬"红船精神"》⑫《弘扬红船精神，构建和谐社会》⑬《红船精神代代传》⑭《嘉兴南湖聚力打响红色廉政文化品牌》⑮《践行"红船精

---

① 帅建平：《"红船"故乡看党建》，《当代江西》2016 年第 8 期。

② 洪坚：《以"红船精神"增强宗旨意识》，《光明日报》2013 年 2 月 24 日第 7 版。

③ 牙韩彰、张国成：《"红船精神"促科学发展——浙江省嘉兴市党建工作创新纪实》，《当代广西》2012 年第 21 期。

④ 李茸、张文术：《南湖：弘扬"红船精神" 打造党建高地》，《浙江日报》2015 年 6 月 2 日第 2 版。

⑤ 李卫宁：《弘扬红船精神 建设党建高地》，《今日浙江》2012 年第 3 期。

⑥ 李回雄、陈培华：《弘扬红船精神 建设三城一市》，《浙江日报》2012 年 10 月 16 日第 4 版。

⑦ 连小敏：《把建党圣地打造成党建高地》，《今日浙江》2015 年第 17 期。

⑧ 连小敏：《弘扬红船精神 打造党建高地》，《政策瞭望》2015 年第 8 期。

⑨ 吴晓云：《秉承"红船精神" 争当"三型干部"》，《嘉兴日报》2013 年 11 月 24 日第 3 版。

⑩ 徐宁：《把构建党建高地作为科学发展根本保障》，《嘉兴日报》2012 年 11 月 7 日第 1 版。

⑪ 余延青：《加快科学发展努力把党的诞生地建设得更加美好》，《嘉兴日报》2012 年 11 月 9 日第 1 版。

⑫ 赵建华：《"三改一拆"需要弘扬"红船精神"》，《嘉兴日报》2013 年 6 月 30 日第 3 版。

⑬ 陈宪平：《弘扬红船精神，构建和谐社会》，《世纪桥》2012 年第 5 期。

⑭ 吴凯、李治国：《红船精神代代传》，《经济日报》2012 年 10 月 9 日第 13 版。

⑮ 陈雪峰、杨帆、叶康丰：《嘉兴南湖聚力打响红色廉政文化品牌》，《嘉兴日报》2012 年 9 月 8 日第 1 版。

神"在雪域高原上播撒真情——嘉兴对口援青工作纪实》① 《嘉兴：以"红船精神"引领发展》②《弘扬"红船精神" 履行主体责任》③《"红船精神，电力传承"——供电企业全面社会责任管理探索与实践》④《传扬红船精神 推动党委中心组理论学习走在前列》⑤《传承和弘扬中国共产党的"精神谱系"》⑥《弘扬"红船精神" 指引乡村振兴》⑦《"红船精神"永放光芒》⑧《弘扬红船精神 推进广电改革发展》⑨《"最多跑一次"改革需要"红船精神"》⑩《弘扬"红船精神"打造德育品牌》⑪《秉承"红船精神" 力推公安改革》⑫《弘扬红船精神 加强检察监督》⑬ 等。

二 研究渐次展开的特点与价值

这一时期，社科理论界对红船精神进行了富有成效的探究，红船精神研究工作得到了扎实有效的推进，在研究机构、学术会议、研究内容、研究成果等方面都取得了显著成绩，使得红船精神研究不断可持续发展，呈现出一定的研究特征，并彰显出重要的研究价值。

---

① 姜鹏飞：《践行"红船精神"在雪域高原上播撒真情——嘉兴对口援青工作纪实》，《嘉兴日报》2012 年 8 月 14 日第 4 版。

② 《嘉兴：以"红船精神"引领发展》，《光明日报》2013 年 6 月 30 日第 1 版。

③ 鲁俊：《弘扬"红船精神" 履行主体责任》，《浙江日报》2014 年 8 月 1 日第 14 版。

④ 娄为、董刚、汪阳：《"红船精神，电力传承"——供电企业全面社会责任管理探索与实践》，《农电管理》2015 年第 8 期。

⑤ 王国华：《传扬红船精神 推动党委中心组理论学习走在前列》，《江南论坛》2015 年第 3 期。

⑥ 陈晋：《传承和弘扬中国共产党的"精神谱系"》，《光明日报》2016 年 6 月 29 日第 1 版。

⑦ 本报评论员：《弘扬"红船精神" 指引乡村振兴》，《农民日报》2017 年 12 月 4 日第 1 版。

⑧ 简奕：《"红船精神"永放光芒》，《四川党的建设》2017 年第 24 期。

⑨ 郑士炎：《弘扬红船精神 推进广电改革发展》，《视听纵横》2017 年第 5 期。

⑩ 赵建华：《"最多跑一次"改革需要"红船精神"》，《嘉兴日报》2017 年 9 月 5 日第 7 版。

⑪ 周建新《弘扬"红船精神"打造德育品牌》，《嘉兴日报》2017 年 9 月 5 日第 7 版。

⑫ 刘静：《秉承"红船精神" 力推公安改革》，《人民公安报》2017 年 9 月 3 日第 3 版。

⑬ 汪瀚：《弘扬红船精神 加强检察监督》，《浙江日报》2017 年 8 月 29 日第 5 版。

（一）研究的显著特点

这一时期是红船精神研究发展的新阶段，形成了红船精神研究的丰硕成果和良好氛围，开阔了研究视野，通过对这一阶段研究活动、理论成果的回顾、梳理和研读不难发现，这一阶段的研究具有以下几方面的特点。

1. 学术研讨和成果汇集的常态化

学术研讨和成果汇集是学术界理论研究的重要环节，在一定程度上体现出学术界研究的焦点内容及对其的关切程度，反映了理论研究的基本动态和趋向。如前文所述，2012 年以来，每年召开的有关红船精神的全国性的学术研讨会，如"深入贯彻党的十八大精神暨红船精神与嘉兴科学发展研讨会"（2012 年）、"中国共产党的创建暨红船精神学术研讨会"（2013 年）、"弘扬红船精神，践行群众路线"（2014 年）、"全国性'红船精神'研讨会"（2015 年）、"第三届'红船精神与科学发展'暨学习贯彻党的十八届六中全会精神理论研讨会"（2016），聚集来自全国各地、不同高校、不同科研机构、不同部门的专家学者，热烈研讨红船精神，相互交流学术观点，并出版了多本论文集，不断完善发展红船精神的研究成果，学术研讨和成果汇集呈现出常态化特征，也标志着红船精神研究工作的常态化。加之教育部办公厅、中共中央党史研究室办公厅联合下文批准成立高等学校中国共产党革命精神与文化资源研究中心等各级各类的研究机构、学术团体，专业化的研究队伍也将推动红船精神的学术研讨和成果会议的常态化发展。学术研讨会将学术界、理论界关于红船精神研究的最新研究成果、代表性学术观点以学术展板的形式直观地展示出来，使学者们可以就此展开思想交流，不仅能了解各领域的研究动态，开阔眼界，启发研究思路，而且能够更好地站在学科的前沿创造科研成果。常态化的学术研讨和成果汇集，推动红船精神研究的可持续发展和高水平发展，具有重要意义。

2. 研究内容的多维性

这一时期，理论界、学术界对红船精神研究进行了多方面的探讨，研究视域有了广泛的延展，研究内容呈现出多维性特点。概括而言，这一时期红船精神研究的内容包括以下方面：红船精神产生的历史背景、红船精神的文化渊源、红船精神的深刻内涵、作为中国革命精神之源的红船精神、作为党的先进性之源的红船精神、红船精神的传承机制研究、红船精神与思想政治教育、红船精神与社会主义核心价值观、红船精神与全面从严治党、红船精神与中国梦等，涉及红船精神的背景、地位、内涵、价值、传承等方方面面，研究视域之广是以往不可比拟的。有许多研究内容是前所未有的，具有一定的开创性，如将红船精神与社会主义核心价值、全面从严治党、中国梦相结合所进行的与时俱进的研究；有些内容是在以往研究的基础上做进一步的推进和深入，如红船精神产生的历史背景是自红船精神提出以来就有的研究内容，但这一时期对红船精神产生历史背景的研究从大面积铺陈、概貌式介绍向深入历史过程、进行重点专题研究转变，如《中国共产党早期组织及其成员研究》对中国共产党早期党组织的成立过程及成员的研究，《红船精神史学探源及其教育实践》对红船精神的产生历史的研究；红船精神与思想政治教育的研究在理论上更为深入透彻，在实践上产生了一些教育品牌，如"重走'一大'路，再现 1921 嘉兴故事"[①] 的党校党性教育新模式、"'红船精神'对接高校青年马克思主义者培养机制"[②]、"343"思想政治课实践教学新模式[③]、嘉兴学院的"红船先锋营"等。总之，红船精神研究在内容上有多方面的展开，取得了一系列研究成果。

3. 研究的现实视角和问题意识突出

一切有价值、有意义的学术研究，都应该紧密联系现实、反映现实、观照现实，都应该秉持鲜明的问题意识，坚持问题导向，回应现实课题，最终解决现实问题，这既是学术研究的价值彰显，也是每一个学者做研究的初心与使命。这一时期红船精神研究更注重紧密联系党的十八大以

---

① 毛程涛：《党校党性教育新模式探究——以"重走'一大'路·再现 1921 嘉兴故事"体验式教学项目为例》，《改革与开放》2016 年第 20 期。

② 李安：《"红船精神"对接高校青年马克思主义者培养的机制探究》，《思想理论教育导刊》2016 年第 4 期。

③ 邹建良：《"红船精神"融入思想政治课实践教学的探索与实践》，《思想政治课研究》2015 年第 2 期。

来中国特色社会主义建设发展的新情况、新实践和以习近平同志为核心的党中央提出的新思想、新理念、新战略,把具有重要现实意义的课题作为研究的重点来推出学术研究成果,如这一时期召开的学术研讨会探讨研究的课题都有很强的现实问题意识,力求研究为现实发展服务。学界结合新的时代主题对红船精神进行了研究与传播,将红船精神放在推进"五位一体"总布局的视域下,放在全面建成小康社会、全面深化改革、全面推进依法治国、全面从严治党的"四个全面"战略布局中,放在贯彻新发展理念、实现科学发展的进路里,放在坚定"四个自信"的视野里与实现中国梦的进程中,进行探讨、研究与传播,涌现一系列理论成果,拓展了研究传播红船精神的维度,赋予红船精神新的内容、意义与价值,又强化了红船精神的现实性,体现出红船精神与时俱进的品质,推动红船精神的传承。

4. 研究成果形式的多样性

研究成果是关于某一领域的研究进展和研究水平的直观反映,是研究取得成就的最显著标志。伴随着红船精神的研讨推进,红船精神研究的文献资料形式更加多样,如《中国共产党早期组织成员及其研究》《红船精神史学探源及其教育实践研究》《红船精神:历史地位·当代意义·永恒价值》《红船精神》等理论专著,《中国共产党的创建暨红船精神学术研讨会论文集》《红船精神研究十年研究精粹》《红船精神研讨会论文集》等论文汇编成果,《红船精神领航中国梦》《烟雨红船——母亲船的故事》《红船》《中共一大代表人生轨迹与理想信念》等通俗读本,《红船精神研究十年综述》《关于深化红船精神学习研究宣传工作的调查与思考》等调研报告,期刊和报纸发表的学术论文,《嘉兴大运河》《红船驶进中国梦》等纪录片等。研究成果形式多样,既有基础学理探究的理论性研究成果,又有阐释宣传、一般号召、应景总结的通俗性读物,既有专业性又有大众性,能够适应不同的阅读人群,有助于更好地实现红船精神研究的宣传、教育意义。

5. 研究的地域化倾向

自 2005 年红船精神提炼出来以来,浙江省和嘉兴市以强烈的自豪感与使命感掀起了学习、研究、宣传、践行红船精神的热潮,建立了中共嘉兴市委党校红船精神研究中心、南湖红船精神研究会、嘉兴学院红船精神研究中心等多个研究机构，成为全国研究红船精神的旗手，走在红船精神研究的前列，为推进红船精神研究做出积极努力并取得了瞩目的成绩。纵观目前已掌握的有关红船精神的各种研究成果不难发现，近七成是浙江学者所作，浙江省以外的学者对红船精神的关注不够。与井冈山精神、长征精神等民主革命时期的革命精神相比，红船精神研究还没有形成广泛的规模效应，研究者数量从嘉兴市到浙江省其他地区到浙江省外逐层递减。另外，在中国知网以"红船精神"为主题进行检索，统计分析该阶段的文献可见，论文多刊载于《观察与思考》《嘉兴学院学报》等刊物，这也是研究的地域化倾向的表现。这种研究的地域化倾向很容易导致红船精神"必然浙江论"①。不可否认，在建党过程中浙江籍先进知识分子发挥了重要作用，但更应认识到，中国共产党的诞生更是早期各地共产主义小组共同努力的结果。党的一大1921年在上海召开，会议中断，最后一天转移至浙江嘉兴南湖的一条游船上进行，宣告共产党的成立，是历史必然与偶然综合作用的结果，以"红船精神"命名建党精神，是对中国共产党的最终诞生地和名称内在意蕴等因素综合考量的结果。因此，对建党过程中形成的红船精神的研究阐释，不应该局限于一时一地一船，也不应有地方主义的倾向，而应该将红船精神的地域维度与普遍性意义结合起来，在研究内容上推动理论创新，优化研究格局，真正推动红船精神走向全国，成为一个全国性的学术话题。

（二）研究的重要价值

这一时期，红船精神研究工作的重要价值体现在以下几方面。

1. 深化红船精神的本体研究，形成了重要理论成果

党的十八大以来，红船精神不仅在理论研究上获得高度重视，还在实践上得到了深入的学术探讨。

理论界对于红船精神的形成背景、基本内涵、历史地位和时代价值

---

① 游海华：《关于红船精神认识误区的几点辨析》，《井冈山大学学报》（社会科学版）2016年第2期。

等形成了一些代表性观点。一是阐释红船精神形成的主要背景。学界将红船精神的形成置于近代中国人民救亡图存和创建中国共产党的历史情境中考察，既有从历史背景和历史过程出发进行的宏观研究，也有结合具体建党实践活动、中共一大人物进行的微观研究，从众多研究中可得出一个基本结论：红船精神是在中华民族精神与马克思主义相结合的文化背景和近代民主革命的时代背景下，在建党实践活动中形成的，是近代中国文化逻辑、历史逻辑和实践逻辑共同孕育的结果。二是红船精神的基本内涵。学界在对红船精神的内涵构成、本质属性和核心特征的进一步细致研究中显现出新的视角，如从马克思主义理论、总体方法论等角度进行解读。三是红船精神的历史地位与时代价值。这一时期学界对"红船精神是中国革命精神之源""红船精神是党的先进性之源"等观点做了进一步深入论证。关于红船精神的时代价值，学界主要将其归结为党建价值、对科学发展的引领价值、对培育和践行社会主义核心价值观的价值、理想信念教育价值、思想政治教育价值、对实现中国梦的现实价值等，具有一定的开拓性。

在早期积累的基础之上，经过党的十八大以来的努力，理论界形成了一批有影响力、高质量的红船精神研究成果，先后出版了多部理论专著、论文文集、通俗读本，其中多本专著获得省级以上优秀社科成果，有关红船精神的高质量的论文也越来越多了。这些研究成果的涌现也标志着红船精神研究工作得到了深化，研究水平上了一个台阶。

2. 促进研究成果转化，推动了红船精神的传承与创新

党的十八大以来，理论界不仅赋予了红船精神新的时代内涵，还立足实践探索了宣扬红船精神的多种途径，使得红船精神在系列革命精神中的影响力显著提升，日益为广大人民所知晓、认同。

第一，探索出弘扬红船精神的新途径。党的十八大以来，理论界以理论研究为基础，加强成果转化，创新形式，探索出了传播与弘扬红船精神的新举措。依托南湖革命纪念馆，创建了一批宣传红船精神的教育阵地，如南湖革命纪念馆被确立为"爱国主义教育基地"、嘉兴学院被授予"全国高校思政课教师社会实践研修基地"等；形成一系列红船精神教育载体，如"六个一"党性教育活动，据统计，仅在党的群众路线教

育实践活动中，"浙江嘉兴市活动开展次数为 21563 场次，参与党员干部达 573091 人次"①，扩大了红船精神传播的受众；举办相关主题研讨会，如自 2012 年以来每年一次的全国性红船精神研讨会，让更多的专家学者加入红船精神研究队伍中来；编写专题教材，推动红船精神进校园、进教材、进学生头脑；在中央和浙江省有关部门的支持下，中共嘉兴市委还立足网络传媒，开发相关网站网页，如南湖革命纪念馆网上展馆，牵头和组织拍摄《红船》《嘉兴大运河》《红船驶进中国梦》等纪录片，宣传红船精神。通过构建宣传阵地与教育载体、举办系列活动、利用网络传媒等多种方式，线上线下双管齐下传播红船精神，使红船精神日益大众化。

第二，打造了一批宣扬红船精神的红船文化品牌。创建红船文化品牌是红船精神传播工作的显著成就。嘉兴市委党校立足党的诞生地这一政治资源，创新红色教育方式，打造出"重走一大路"红色教育品牌和以宣传红船精神为主要内容的"红色讲坛"服务品牌。在文学艺术创作方面，涌现出一批传承红船精神的文艺先锋与标杆作品，如纪录片《红船驶进中国梦》（获得浙江省"五个一"工程奖），广播剧《南湖船歌（上、下集）》（获得全国广播剧研究会专项奖铜奖）。嘉兴学院发挥红船精神的育人价值，以造就"红船先锋"为核心，实施青年培育计划，搭建逐层递进的青年人才班、青年先锋班、红船先锋班三大培育平台，形成了"'红船先锋营'——以红船精神打造青年先锋育人平台"文化教育品牌，获得了教育部第七届高校校园文化建设优秀成果一等奖（2013年）。在红船文化品牌的辐射下，浙江嘉兴还形成了"红船船模""红船创意餐厅""红船创意旅行社"等红色文化产品，不仅促进了当地社会经济发展，还以文化产品、文化品牌的形式广泛地传播了红船精神。

第三，增强了红船精神的国内影响力与国际知名度。知名度与影响力是衡量红船精神传播效果的重要维度。五年来的红船精神系列学术研讨等理论研究活动、红船精神教育实践活动、红船精神宣讲活动及红船精神相关的宣传报道等，使红船精神的影响力迅速提高。红船精神不仅

---

① 《红船精神十年研究精粹（2005—2015）》，浙江人民出版社 2015 年版，第 530 页。

成了广大学者青睐的研究方向，还成了广大人民自觉学习与弘扬的精神旗帜。2017 年，《红船精神——启航的梦想》（中、英文版）一书发行，中国外文出版社发行局、中共浙江省委宣传部、中共嘉兴市委在浙江嘉兴举行首发仪式，推动了红船精神"走出去"的步伐。该书是国家对外传播中国多语种图书全球推广项目之《中国共产党革命精神》系列的开篇之作，有利于促进红船精神的海外传播，提升红船精神的国际知名度，推动红船精神在内的中国共产党革命精神走向世界。

三　《红船精神：历史地位、当代意义及永恒价值》

浙江人民出版社 2016 年 12 月出版的《红船精神：历史地位、当代意义及永恒价值》，全书共 34.8 万字，是中宣部理论局"马克思主义理论研究和建设工程" 2015 年度重大实践经验总结课题"浙江'红船精神'研究"（同时被列为国家社会科学基金特别委托重大项目）的最终成果之一。这本书全面而深入地阐释了红船精神的基本内涵与精神实质，明确了红船精神在习近平"思想建党"理论、马克思主义建党学说、中华民族精神发展史、中国共产党历史和中国革命精神史中的历史地位，揭示了红船精神对新时期中国特色社会主义发展与中华民族伟大复兴中国梦实现的当代价值和实践意义，全面展现了红船精神的历史地位、当代意义与永恒价值，是这一时期红船精神研究领域的一部深刻系统、厚重扎实的理论专著。

人无精神而不立，党无精神而不兴，国无精神而不强。一个从苦难与屈辱交织的历史中走来的政党，一定能够锻造出伟大的精神力量；一个要领导民族走向复兴、实现伟大梦想的政党，在前进道路上必然需要坚强的精神支撑。几千年的悠久历史中，中华民族一次次在逆境中奋进崛起，彰显了自力更生、奋发图强的精神，正如毛泽东同志深刻指出的那样："我们中华民族有同自己的敌人血战到底的气概，有在自力更生的基础上光复旧物的决心，有自立于世界民族之林的能力。"[①] 在 2013 年全

①　《毛泽东选集》第 1 卷，人民出版社 1991 年版，第 161 页。

国宣传思想工作会议上习近平总书记指出:"我们进行历史教育并不是要耽搁在历史的苦难上唉声叹气而是要从历史中塑造民族精神、民族魂,认识和把握中国社会发展规律激励人民继续前进的信心和勇气。"这里就提出了"从历史中塑造民族精神、民族魂"的重要命题。这深刻地指明了我们所进行的党史研究和教育,不是沉浸在历史之中自怨自艾或者孤芳自赏,而是要从中探寻我们党 90 多年以来领导国家与民族发展的精神之魂,提振我们全面建成小康社会、实现中华民族伟大复兴的精气神,并从中汲取我们继续前进的智慧、信心与勇气。红船精神是创建中国共产党的伟大实践中孕育出的伟大精神,是我们党的第一个革命精神坐标,具有源头性地位和先决性意义,奠定了党的一系列精神品格,并在中国革命和建设实践中传承,具有重要地位。《红船精神:历史地位、当代意义及永恒价值》就是一部阐扬民族精神、革命精神,传承红色基因,为中华民族伟大复兴提供精神动力支持的创新力作,是作者顺应时代需求做出的智慧贡献。

《红船精神:历史地位、当代意义及永恒价值》由浙江省红船精神研究课题组共同完成。该课题组由中共浙江省委常委、宣传部部长葛慧君同志任课题组组长,中共浙江省委宣传部常务副部长胡坚同志任课题组副组长,嘉兴学院党委书记黄文秀同志任具体课题负责人,依托嘉兴学院中国共产党革命精神与文化研究中心、红船精神研究中心组建学术团队。自 2005 年红船精神提炼出以来,嘉兴学院就对红船精神展开了持续的研究,完成多项红船精神的省部级课题,发表了一系列相关的理论文章,也出版了多部红船精神主题的专著,具备了较扎实的研究基础与研究能力。正如《求是》杂志社原社长李捷为此书作序时写道,"以嘉兴学院党委书记黄文秀教授及其红船精神研究中心团队为主体的一批浙江学者,通过长期研究,形成了这本专著《红船精神:历史地位、当代意义及永恒价值》,它是这些年红船精神研究领域系统而深入的重要成果,是献给中国共产党 95 周年华诞的一件最好的生日礼物"[1]。由此可见,该专著是课题组长期耕耘、深厚积累的结果,也是学者们回馈伟大时代的应景之作。

---

① 《红船精神:历史地位、当代意义及永恒价值》,浙江人民出版社 2016 年版,序言第 1 页。

（一）研究建树

《红船精神：历史地位、当代意义及永恒价值》深入阐释了红船精神的内涵要求、历史地位、时代价值与实践要求，内容丰富、学理深厚、结构完整，是一部不可多得的理论专著，在红船精神研究史上居于重要地位，对推进研究工作、提升人们对红船精神的认知水平有很大的作用。归纳起来，这部著作主要有以下三方面突出成就。

1. 全面系统客观地阐述了红船精神的历史地位

总体而言，关于红船精神，目前进行研究的学者不是很多，已经取得的研究成果也相对薄弱，往往是宣传阐释多，理论研究少，深入、系统研究红船精神的专著更是不多见。对于红船精神的历史地位，习近平在《弘扬红船精神　走在时代前列》一文中做了高屋建瓴的论述，提出了红船精神是"党的先进性之源""中国革命精神之源"的观点，其后理论界与学术界围绕这一理论观点做了进一步的阐释，而站在时代高度，构建一个理论体系来全面系统客观地阐述红船精神的历史地位的著作是没有的。该书运用理论与实践相结合、历史与现实相结合的研究方法，对红船精神的历史地位进行了全方位的考察和深刻的思考，清晰地、富有逻辑性地将红船精神的历史地位作为一个理论系统，将红船精神的基本内涵、历史价值与当代意义等各方面融入其中，使对红船精神历史地位的论述更加言之有物、掷地有声。该书的总论是对该书框架思路和主要观点的整体性呈现。正文分为十章，第一章从习近平关于红船精神的论述出发，指出"红船精神论述是习近平'思想建党'理论的重要成果"，第二至第八章分别就精神实质、理论源头、精神功能、中华民族精神史、中国革命精神史、中国共产党的先进性、社会主义核心价值观等不同方位阐释"红船精神是走在时代前列的精神""红船精神是马克思主义建党学说的中国化""红船精神是中国共产党的建党精神""红船精神是中华民族精神的升华""红船精神是中国革命精神之源""红船精神是党的先进性之源""红船精神是社会主义核心价值观的重要源泉"，第九章与第十章从实践层面结合浙江乃至全国实践阐释红船精神的精神旗帜与精神动力作用，提出"在新的实践中传承与弘扬红船精神""红船精神是实现中国梦的强大精神动力"。全书章节布局严整、系统有序,内容十分丰富,可谓是对红船精神做了全方位的考察,清晰醒目地揭示红船精神的历史地位。

该书论述的系统全面还体现在具体的章节内容上,也是力求做到严谨有序、逻辑紧密。下面选取两个章节加以说明。

红船精神不是凭空提出的,而是凝结着习近平对中国共产党历史的深刻把握和在多年从政经历中形成的对党的建设的实践探索经验与理论思考。《红船精神:历史地位、当代意义及永恒价值》第一章直接明确指出红船精神论述是习近平"思想建党"理论的重要成果,对思想建党在中国共产党自身建设中的重要作用、习近平党建思想的重要特征和习近平对红船精神的提出与论述进行了阐释,既展现了中国共产党建党过程中的丰富经验和优良传统,又体现了习近平党建思想的理论渊源和重要特征,充分显现出红船精神的提出是习近平继承和发展中国共产党党建理论的成果。

作者一开始就从理论与实践两方面概括思想建党的地位与作用,指出:"重视从思想上建党,是中国共产党对马克思主义建党学说的重要贡献,中国共产党自身建设的一个显著特点,就是注重思想建党,用马克思主义理论和工人阶级的世界观教育、武装全体党员,统一全党的思想,不断用马克思主义思想克服和改造非马克思主义思想,永葆党的工人阶级先锋队性质。"[1] 接着分别从中国共产党的历史、党的建设的全局、党执政所面临的现实环境三方面指出,思想建党"是党的建设的优良传统","是党的建设的中心环节","是长期执政的必然要求"。这样的论述既具有历史底蕴,又具有现实针对性,也为下文做了一定的铺垫。进而论述注重思想建党是习近平党建思想的重要特征,对习近平的成长道路和从政经历进行了分析,从他在陕北延川县梁家河当知青,到在河北正定工作时期主持制定《改进领导作风的六项规定》,到在福建工作期间提出党员干部要真正在思想上解决"入党为什么,当'官'做什么,身后留什么"的问题,倡导"四下基层",到在浙江工作时提出"六个一"

---

[1]　《红船精神:历史地位、当代意义及永恒价值》,浙江人民出版社 2016 年版,第 16 页。

党员教育思想、"巩固八个方面的基础,增强八个方面的基础"的党建布局,到在上海工作期间重视党的思想与建设,再到出任党的总书记以来提出中国梦、全面从严治党等一系列执政理念与战略举措,以此来说明"习近平一贯高度重视思想建党",并概括出习近平思想建党理论的三个内容和特点:"突出强调理想信念教育,是习近平思想建党理论的核心观点";"坚持全心全意为人民服务的宗旨,是习近平思想建党理论的根本要求";"注重思想建党与制度治党相结合,是习近平思想建党理论的重要创新"①。作者对习近平思想建党理论的形成脉络所做的这样长时段的追踪梳理,以及对他思想建党理论的内容与特点的高度概括,体现出作者深厚的理论功底以及对写作内容的精准把握与整体统筹。遵照上文层层递进的分析,红船精神论述是习近平思想建党理论的重要成果,就很好理解了。作者进一步指出了习近平红船精神论述的重大意义:"丰富和发展了中国共产党革命精神史宝库,丰富与发展了中国共产党思想建党理论,对推动新时期党的建设新的伟大工程具有重要的理论意义与实践意义"②。作者对红船精神论述意义的总结具有一定的理论高度,更将红船精神的价值意义融入了党的建设之中,找到了红船精神具有的普遍性与规律性的内涵,这是以往的研究所不能及的,也是本书一大特色所在。

　　第四章"红船精神是中国共产党的建党精神"对红船精神在中国共产党历史中如何形成与展现、红船精神何以成为建党精神等问题的阐释与分析,也是该书在论述过程中力求做到全面客观系统的重要体现。作者在这一章开头就对建党精神形成与发展的一般性原理进行了阐述:"建党精神就是政党创建过程中形成的理论纲领、奋斗目标所展现的精神感召力,是在建党群体特别是领袖人物身上展现出来的精神风貌、工作作风等。其外延包括了两方面的内容:一是理论的魅力,二是人格的力量。建党精神具有理论性、实践性、过程性三个特点。"③ 将此作为这一章论证"红船精神是中国共产党的建党精神"的一个分析框架与理论基础,

---

　　① 《红船精神:历史地位、当代意义及永恒价值》,浙江人民出版社 2016 年版,第 26—28 页。

　　② 同上书,第 33 页。

　　③ 同上书,第 96 页。

具有提纲挈领的作用，显示出作者在写作思路上的系统全面。并且作者在对建党精神三个特点的展开论述中，条分缕析，思路清晰，逻辑严密，又有坚实的史料支撑，充分展现了建党精神的历史形成与发展过程。

2. 检视红船精神与马克思主义之间的内在关联

《红船精神：历史地位、当代意义及永恒价值》不是简单地在中国共产党历史、中国革命与建设史的视域中去研究红船精神，而是有着更加开放与宽广的研究视野，将其放在马克思主义发展史与马克思主义中国化的进程中去探讨，检视红船精神与马克思主义之间的内在关联，展现出红船精神的马克思主义特征。这也是该书的一大写作亮点与理论特色。

红船精神是在中国共产党建党实践中形成的精神样态，与之联系最紧密的就要属马克思主义建党学说。该书的第三章"红船精神是马克思主义建党学说的中国化"就集中阐发了这个问题。作者认为红船精神对马克思主义建党学说的继承与发展具体体现在三方面。第一，红船精神是对无产阶级产生学说的中国化。红船精神"一方面是对马克思主义建党历史必然性学说的直接继承，另一方面又是对马克思主义建党历史必然性学说的创新和发展"[1]。直接继承在于，中国共产党是在马克思列宁主义的理论指导下建立的；创新发展在于，当时的社会历史条件"与马克思恩格斯所讲的建设共产党的历史条件是有相当距离的"。第二，红船精神是对共产党的历史使命和阶级属性学说的中国化。红船精神"一方面是对马克思主义关于共产党的阶级属性学说的直接继承，另一方面又是对它的超越与发展"[2]。继承在于，中国共产党以无产阶级为阶级基础，以实现共产主义和无产阶级的自身解放为奋斗目标；超越发展在于，中国共产党根据自身国情将社会革命和无产阶级反帝反封的民族民主革命相结合。第三，红船精神是对马克思主义政党斗争学说的创新实践。从上述三个方面可以清晰地看出红船精神对马克思主义建党学说的创新与发展，也可以看出作者对马克思主义基本理论与近代中国国情的基本把握。此外，红船精神是马克思主义建党学说的中国化还体现在它的具体

---

① 《红船精神：历史地位、当代意义及永恒价值》，浙江人民出版社 2016 年版，第 75 页。
② 同上书，第 76 页。

内涵上：开天辟地、敢为人先的首创精神，是对马克思恩格斯在《共产党宣言》中强调的无产阶级政党在实践与理论方面的先进性的继承与发展；立党为公、忠诚为民的奉献精神，与《共产党宣言》中基于唯物史观基础之上的关于共产党的本质特性和要求相一致；坚定理想、百折不挠的奋斗精神，继承和践行了马克思主义为共产主义事业与无产阶级自身解放奋斗不息的精神意志。作者紧密结合马克思主义的理论要旨尤其是《共产党宣言》这一具有"马克思主义的出生证"意义的标志性文献来谈红船精神，集中彰显出红船精神对马克思主义的继承与发展。

除了以专门章节来探讨马克思主义与红船精神的内在关联，在其他章节中也贯穿着用马克思主义理论解读红船精神的思维。

如谈到"红船精神是走在时代前列"（第二章）时，作者结合马克思主义的鲜明特征、马克思主义政党的灵魂和使命来阐释"首创精神是走在时代前列的关键体现"；结合马克思主义信仰的实践精神、马克思主义政党的政治本色来阐释"奋斗精神是走在前列的根本体现"；结合马克思主义的价值旨归、马克思主义政党的价值逻辑来阐释"奉献精神是走在时代前列的价值体现"。

如在谈到"红船精神是中华民族精神的升华"（第四章）时，作者指出了马克思主义革命精神的中国化，"马克思主义革命精神传入中国，为中华民族融入了全新的世界观、价值观，引发了一个宏大的社会文化融合和变迁的历程，促进了中华民族精神的升华"[1]，指出马克思主义革命精神的感召和中国化促进了中华民族精神的升华，具体表现就是"彻底的科学性、彻底的人民性和彻底的革命性"[2]。

如在谈到"红船精神是党的先进性之源"（第七章）时，作者提及了马克思主义经典作家关于党的先进性的论述，并将其作为分析红船精神是党的先进性之源的理论基础。

如在谈到"红船精神是社会主义核心价值观的重要源泉"时，作者对马克思主义政党价值观进行了探源。

---

① 《红船精神：历史地位、当代意义及永恒价值》，浙江人民出版社 2016 年版，第 140 页。
② 同上书，第 155 页。

总之，该书始终透露出以马克思主义为源头和理论基础来探讨红船精神的形成、内涵和地位的意向，使得其阐释与论证更加具有深度、厚度与广度，充分体现出马克思主义学科所应有的学科特色。

3. 紧密结合中国特色社会主义实践揭示红船精神的实践要求

《红船精神：历史地位、当代意义及永恒价值》不仅深入历史之中探求红船精神的历史地位，还以史为基，从当今坚持和发展中国特色社会主义的现实需要出发，多方面地揭示了红船精神的实践要求。正如该书序言所说的，"红船精神既是一个重大理论问题，也是一个重大现实问题。它研究的起点，是创建中国共产党时期，研究的重点，是建党时期所奠定的始终如一的革命精神；研究的目的，则是以史鉴今、资政育人"①。全书很好地贯彻与执行了这样一个研究思路，不停留在历史之中徘徊、就史论史，而是联通过去与现实，充分彰显红船精神的当代意义与实践要求。这是作者以往鉴今、资政育人的写作意图的重要体现，增强了本书的现实意义。

该书的第九章、第十章就是专门结合当前中国特色社会主义实践来论述红船精神的传承与弘扬，这也是该书的落脚点与升华之处。

第九章"在新的实践中传承与弘扬红船精神"，作者结合浙江建设中国特色社会主义的实践谈红船精神当代价值的彰显及其弘扬与传承。首先，作者鲜明地指出，"红船精神的产生源于当时的革命实践，红船精神的当代价值和现实意义也只能到实践中去寻找"②。作者认为，红船精神的当代实现形式是中国特色社会主义伟大实践，其当代价值取向是推进中华民族伟大复兴中国梦的实现，其当代内涵要求是实现全面从严治党。从这些表述足以看出作者对红船精神价值意蕴的现实指向的宏观把握。接着，作者以红船起航地、红船精神的凝练升华地、习近平新时代中国特色社会主义思想的重要萌芽地浙江省为例，立足改革开放以来特别是21世纪以来浙江建设中国特色社会主义的伟大实践，来展示红船精神的

---

① 《红船精神：历史地位、当代意义及永恒价值》，浙江人民出版社 2016 年版，序言第 1 页。

② 同上书，第 274 页。

现实价值与当代传承。书中具体阐述了一系列浙江的发展理念、发展举措，如"八八战略"统领下的"两富"与"两美"浙江，浙江全面推进"五大建设"的布局与实践，浙江全面推进党的建设伟大工程的开展，等等。最后，作者明确指出该书的一个主基调："弘扬红船精神永无止境，走在前列要谋新篇。传承与弘扬红船精神，目的就是为了推进新的实践。""要真正做到习近平强调的'不断强化前列意识'，切实把'走在前列'的要求体现到精神状态上，贯彻到衡量标准上，落实到各项工作上。"① 具体而言，要推动浙江决胜全面建成小康社会走在全国前列，全面深化改革走在前列，全面推进"法治浙江"建设走在前列，全面从严治党走在前列。可以说，浙江的发展是中国特色社会主义建设实践的一个典型缩影与生动注脚，作者这种以小见大的写作手法，既展现出了浙江近年来的创新发展，也能让读者感受到红船精神的现实魅力。

红船精神是中国共产党人探索实现中国梦道路上形成的第一个精神标识，该书第十章"红船精神是实现中国梦的强大精神动力"就指出了红船精神与中华民族伟大复兴中国梦之间的现实关联。党的十八大以来，习近平总书记顺应时代潮流，回应人民期盼，提出了合规律性又合目的性的中国梦的战略思想。书中指出："作为中国共产党的建党精神，红船精神的产生，为实现中国梦注入了新的精神力量，孕育了新的希望，指明了新的方向。"② 并且作者认为，习近平阐释红船精神与提出中国梦，是有密切的内在联系的："红船精神第一次把实现中国梦建立在科学理论指导的基础之上，第一次把实现中国梦建立在中国共产党领导的基础之上，第一次把实现中国梦建立在独立自主地探索中国道路的历史起点上。"③ 作者将历史与现实相联系，从习近平治国理政思想形成发展的逻辑脉络出发，深刻洞察到了这种内在联系，这种联系也成了红船精神必定会为实现中国梦提供强大精神动力支持的逻辑支点。最后，作者也指出，实现中国梦必须弘扬红船精神的首创精神、奋斗精神、奉献精神，

---

① 《红船精神：历史地位、当代意义及永恒价值》，浙江人民出版社 2016 年版，第 309 页。
② 同上书，第 324 页。
③ 同上书，第 332 页。

使红船精神的弘扬与中国梦的实现紧密联系在一起。

除了专门的章节论述,红船精神与中国特色社会主义实践的紧密联系在书的其他章节也有很好的体现。

如,第一章中谈及"红船精神是加强思想建设的宝贵财富"时,作者结合新形势下加强思想建党的重要性与紧迫性的问题进行了论述;第二章中谈及"红船精神是走在时代前列的精神"时,作者谈到了要开创全面深化改革新局面、建设中国特色社会主义、坚持共享发展、推进全面小康;第三章谈及"红船精神是马克思主义建党学说的中国化"时,将红船精神与中国革命实践紧密联系在一起;等等。总之,该书的每一章节都可以体现出作者试图将红船精神与中国特色社会主义建设实践的方方面面相结合来探讨的写作思路。

(二) 史学方法

《红船精神:历史地位、当代意义及永恒价值》之所以能够客观全面系统地阐释红船精神,形成一个完整的理论体系,有赖于作者采用的正确符合实际的史学研究方法。

1. 实事求是

精神,形式上是一种主观形态,是历史主体的意识的强烈表现;其内容是客观的,是社会历史的反映。对于这样一种研究对象,唯有坚持实事求是的原则方法,才能得出客观、符合事实的研究结论。书中对文献资料的引用、历史事实的陈述、原始理论的阐发、历史人物的介绍,都坚持了实事求是的原则方法。

在谈及中国共产党建党精神的形成与表现时,作者对中共一大纲领进行了非常细致的分析,书中既有对该纲领第 3、4、5、6、7、8、9、10、12、13、14、15 条原文内容的展示,也有对每一条内容的分析。例如作者对中共一大纲领中规定党的奋斗目标的第 2 条给予了这样的评价:"中共一大纲领旗帜鲜明地把消灭阶级、消灭私有制、实行公有制、实现共产党主义作为奋斗目标,并且坚持用暴力革命和无产阶级专政来实现这个目标,表明中国共产党不是一个松散的学术研究团体,而是一个目标明确、组织严密的马克思主义的无产阶级革命政党。"① 作者的评价是客观公允、符合历史事实的，是基于对中共一大纲领和对中共一大召开前后历史的深入考察而得出的实事求是的结论。

在谈及红船精神是中国革命精神之源时，作者在这一章开头就对《弘扬"红船精神"走在时代前列》中关于红船精神地位的论述进行了分析。"'红船精神'正是中国革命精神之源：中国共产党历史上形成的优良传统和革命精神，无不与之有着直接的渊源关系。"② 这是学界分析红船精神的历史地位时高频率引用的一句话，为我们做好阐释工作提供了理论指导。然而有学者认为，从习近平的论述语境来看，"'中国革命精神之源'是就红船见证党的创建这一开天辟地的大事变而言"，因此准确来说，"红船精神是中国共产党革命精神之源，而非中国革命精神之源"③。有的学者则认为"红船精神"就是"中国革命精神之源"。该书对此进行了解读，认为习近平"红船精神正是中国革命精神之源"的论断具有两层含义：一是"红船精神是中国新民主主义革命时期系列革命精神的一个环节"；二是"红船精神是中国共产党领导中国人民进行革命、建设和改革过程中鼓舞并引领中国共产党和中国人民的精神源泉"。习近平论述的语境是特指中国共产党领导和参与中国革命以来，在革命、建设与改革过程中所呈现出的革命精神，因此"文中表述的'中国革命精神'可以表述为'中国共产党革命精神'"。但作者又做了进一步的解读，"由于中国共产党是中国革命以来各个历史阶段的中流砥柱，既是领导力量，也是代表群体，该群体找到了革命的方向，引领革命的出路，并最终取得革命的伟大胜利。从这个意义上讲，中国革命精神可以高度提炼为中国共产党革命精神"④。作者在这里对习近平论述的语境进行实事求是的分析，既不夸大也不贬低，同时又有自己的独到见解，将"中

---

① 《红船精神：历史地位、当代意义及永恒价值》，浙江人民出版社 2016 年版，第 103—104 页。

② 习近平：《弘扬"红船精神"走在时代前列》，《光明日报》2005 年 6 月 21 日第 2 版。

③ 游海华：《关于红船精神认识误区的几点辨析》，《井冈山大学学报》（社会科学版）2016 年第 2 期。

④ 《红船精神：历史地位、当代意义及永恒价值》，浙江人民出版社 2016 年版，第 168 页。

国共产党革命精神"与"中国革命精神"两种说法统一起来，有理有据，也是一种实事求是的体现。

2. 探源法

红船精神是中国共产党正式登上政治舞台时形成的第一个精神坐标，有着重要的理论与实践渊源。书中采用了探源法对其进行深度阐释。

一是理论探源法。上文提到书中检视红船精神与马克思主义的内在关联，就是理论探源法的一个体现。此外，在源头上来看，红船精神不仅是马克思主义和马克思主义革命精神的中国化，还是中华文化和中华民族精神的延续与发展，书中在谈及"红船精神是中华民族精神的升华"时，讲到现代中华民族意识的觉醒，对中华民族意识进行了一定的溯源，并粗略勾勒了其发展轨迹，指出中国传统的族群意识是中华民族意识的前身，在近代鸦片战争之后尤其是甲午战争之后得到了转型。并对"中国先进知识分子的淑世精神"和"中华文化中的革故鼎新精神"都做了理论溯源。这种理论探源法，展现出红船精神的历史继承性与时代发展性，也体现了作者对"社会意识具有历史继承性"的历史唯物主义原理的坚持与运用。

二是事实探源法。红船精神是近代中国社会历史转型时期的精神产物，带着深刻的历史印记，只有深入探究历史根源，才能把握住它的内核精髓。比如在谈到"红船精神对马克思主义建党学说的继承和发展"时，作者罗列了一系列历史事实，如"自洋务运动以来，数十年间中国的资本主义及其近代工业已有相当的发展，中国的无产阶级已有近200万人，中国的民主革命斗争十分激烈，无产阶级的斗争也形成了一定的气候"[1]，"以毛泽东为代表的第一代中国共产党人在成立之后，立刻深入到工人阶级队伍中去，在工人当中传播文化、组织工会、发展党员并掀起香港海员大罢工为标志性事件的持续13个月（从1922年1月到1923年2月）之久的第一次工人运动高潮（全国共爆发100多次罢工）"[2] 等，来说明中国共产党建党的历史背景。再如，谈到"坚定理想，百折不挠，

---

[1] 《红船精神：历史地位、当代意义及永恒价值》，浙江人民出版社2016年版，第75页。
[2] 同上书，第78页。

始终坚持为共产主义事业而奋斗"时，作者在书中列举了一系列中国共产党自成立以来带领人民与敌人斗、与天地斗、与错误路线斗的历史事实，来充分展现中国共产党的奋斗精神。书中这样对历史事实的描述还有很多，为论证提供了坚实的史料基础，又为文本增加了可读性。

3. 理论与实践相结合

理论与实践相结合的方法也是本书所遵循的一条重要的史学方法，如前文所述，本书"紧密结合中国特色社会主义实践多方面地揭示了红船精神的实践要求"就是很好的例子。

第八章"红船精神是社会主义核心价值观的重要源泉"，也是一个用理论与实践相结合的思路进行谋篇写作的良好范例。在谈及"红船精神与社会主义核心价值观的内在关联"时，作者先从理论方面对"政党价值观的内涵、特征""政党价值观的历史性、具体性及其统一""马克思主义政党价值观"做了解读，指出"历史唯物主义是马克思主义政党价值观的科学理论基础"，"马克思主义政党价值观至少回答了六方面的问题"以及"马克思主义政党价值观的形成经历了一个具体的历史过程"。再从实践方面看红船精神发展与社会主义核心价值观的建构，首先分析中国共产党第一个纲领、章程、价值观的创设，其次分析社会主义核心价值观的历史演进、提出过程，及其在新民主主义革命、社会主义建设以及改革开放进程中的发展过程。通过这种分析，体现出红船精神与社会主义核心价值观同根同源、同质同向的关系格局，以及红船精神与社会主义核心价值观在实践中共发展的本质。

第 四 章

红船精神研究的全面推进
（2017.10 至今）

　　党的十九大闭幕一周之际，习近平总书记带领新一届中央领导集体前往上海和浙江嘉兴南湖，参观一大会址，瞻仰红船，发表了重要讲话，再次深情阐释红船精神，传达出"结合时代特点大力弘扬红船精神"的重要指示。全国范围内掀起了学习研究宣传红船精神的热潮，红船精神逐渐成为广泛关注和热烈研究的学术话题，红船精神研究全面展开并迈上一个崭新的台阶。这一时期，红船精神研究的视域和深度有了新发展，学术规模和学术影响力有了新拓展。

一　全面推进时期的新动力

　　党的十九大以来，新的历史条件和动力促使红船精神研究进入新阶段。

　　1. 习近平总书记瞻仰中共一大会址时的重要讲话为红船精神研究开拓了新的研究空间，激起了学习研究宣传红船精神的热潮

　　作为一项研究中国共产党建党精神的具有学术性与政治性的理论活动，红船精神研究的发展，必然与党的执政理念和执政活动、国家发展、人民期盼密切相关。党的十九大以"不忘初心，牢记使命，高举中国特色社会主义伟大旗帜，决胜全面建成小康社会，夺取新时代中国特色社会主义伟大胜利，为实现中华民族伟大复兴的中国梦不懈奋斗"为主

题，深刻总结党的十八大以来的五年党和国家取得的历史性成就与变革，同时展望新时代的历史使命，清晰绘制出建设社会主义现代化强国的进度表与路线图，为全党和全国人民凝心聚力、奋勇前进指明了方向与目标。

2017 年 10 月 31 日，党的十九大闭幕仅一周，习近平总书记带领新一届中央领导集体前往上海和浙江嘉兴，并发表了重要讲话。"我们党的全部历史都是从中共一大开启的，我们走得再远都不能忘记来时的路"；中共一大会址是中国共产党的"产房"，"是我们中国共产党人的精神家园"，"一定要把会址保护好、利用好"；"建党时的每件文物都十分珍贵，每个场景都耐人寻味，我们要经常回忆、深入思索，从中解读我们党的初心"。这一系列重要论断和深情嘱托，既是习近平总书记瞻仰历史文物、学习建党历史和接受红船精神洗礼的肺腑之言，也是他从新时代党的建设的总体布局和社会主义建设事业的全局出发所做出的重要阐发，既富有深刻的历史底蕴，又极具鲜明的现实指向，引人久思、发人深省。习近平一行来到嘉兴南湖，瞻仰了红船与南湖革命纪念馆。习近平总书记指出，"小小红船承载千钧，播下了中国革命的火种，开启了中国共产党的跨世纪航程"[①]，再次阐释了红船精神的基本内涵，并做出了"我们要结合时代特点大力弘扬'红船精神'"的重要指示。习近平总书记说："上海党的一大会址、嘉兴南湖红船是我们党梦想起航的地方。我们党从这里诞生，从这里出征，从这里走向全国执政。这里是我们党的根脉。"[②]只有守护好根脉，中国共产党才能永续发展、永葆生机活力，中国特色社会主义事业发展才能永无止境。

习近平总书记瞻仰党的一大会址时的重要讲话，高瞻远瞩、总揽全局、思想深邃、内涵丰富，既宣示新一届中央领导集体的坚定政治信念，又向全党和全国人民发出"不忘初心、牢记使命、永远奋斗"的伟大号召。党的一大的初心使命与党的十九大"不忘初心、牢记使命"

---

① 《铭记党的奋斗历程时刻不忘初心 担当党的崇高使命矢志永远奋斗》，《人民日报》2017年11月1日第1版。

② 同上。

的主题形成了历史照应，这不仅为理论界、学术界研究红船精神提供了坚实的理论指导，也在新的历史条件下赋予红船精神研究以新的时代活力、阐释空间、学术使命。全国范围内掀起了深入学习贯彻习近平总书记瞻仰一大会址时的重要讲话精神、学习研究宣传红船精神的热潮。

2017 年 11 月 30 日，新华社重新播发时任浙江省委书记的习近平同志在《光明日报》上发表的文章《弘扬"红船精神" 走在时代前列》，并配发编者按，指出重新刊发此文的目的与意义："旨在不忘初心、牢记使命，重温红船精神，坚定理想信念，进一步推动党的十九大精神学习宣传贯彻，为实现党的十九大提出的奋斗目标、实现中华民族伟大复兴的中国梦提供强大精神动力。"《人民日报》《光明日报》等国内主要媒体均在显著位置刊发此文，广泛地传播了红船精神，使得红船精神逐渐升温、为越来越多人所熟知。

弘扬"红船精神"座谈会于 2017 年 12 月 4 日在浙江嘉兴召开，王沪宁同志出席并发表讲话，强调"我们要认真贯彻习近平总书记关于弘扬'红船精神'等革命精神的重要指示，推动把学习贯彻党的十九大精神和习近平新时代中国特色社会主义思想引向深入"，并提出了"要把弘扬'红船精神'同深化党的十九大精神学习贯彻结合起来"，"要深化对'红船精神'等革命精神的学习宣传，加强理论阐释，加大宣传力度，开展形式多样的教育实践"① 的重要部署，引起各级各类部门的高度重视和积极关注。在党中央的领导和引领下，各地还组织了学习红船精神的主题活动，大力宣传和弘扬红船精神。

在党中央领导集体参观一大会址、发表重要讲话、主流媒体宣传以及各级各类部门组织学习研究活动等多方面的推动下，红船精神在全国广泛传播。红船精神的研究热度与影响力显著提升，逐渐成为一个受到广泛关注和热烈研究的话题，红船精神研究迎来一个全面展开的时期。

---

① 《认真贯彻习近平总书记重要指示 大力学习弘扬"红船精神" 用伟大精神推动伟大实践》，《人民日报》2017 年 12 月 5 日第 1 版。

2. 高规格、高密度召开的红船精神理论研讨会加快了红船精神研究的步伐

党的十九大以来,红船精神备受党和国家高度重视,深化研究红船精神是一项非常迫切的任务。理论界、学术界敢于担当、勇于创新,加快研究步伐,积极开展一系列关于红船精神的理论研究活动。浙江省特别是嘉兴市的相关科研机构和理论宣传部门,联合高校院所、国家级科研单位和《光明日报》社在内的国家级媒体,积极筹备召开规格高、影响大、范围广的全国性大型理论学术研讨会、红船论坛,邀请全国著名党史研究领域的专家对红船精神的理论与现实问题进行深入探讨,取得了丰硕成果。近两年里已召开了三次全国性学术研讨会议与两届全国红船论坛,吸引了一大批专家学者投入红船精神研究的队伍中来。

2017 年 12 月 24 日,教育部中国特色社会主义理论体系研究中心等单位联合举办的"红船精神与习近平新时代中国特色社会主义思想"学术研讨会在浙江嘉兴召开,来自北京大学、清华大学等 20 多所高校和科研单位的学者,将红船精神置于新时代中国共产党历史使命的议题下、习近平新时代中国特色社会主义思想形成的过程中、中国特色社会主义文化自信的视野里、红色文化资源的现实价值上来讨论,指出了红船精神研究的一些前沿问题,开辟了红船精神研究的新视阈。2018 年 6 月 9 日,由嘉兴学院与中央社会主义学院联合举办的"红船精神与改革开放40 年"学术研讨会在嘉兴举行,探讨议题有红船精神与中国共产党的历史进程、"八八战略"等。2018 年 7 月 14 日,由浙江省中国特色社会主义理论体系研究中心和嘉兴学院联合举办的"结合时代特点,弘扬红船精神"理论研讨会在浙江嘉兴举行。来自《求是》杂志社、浙江省社科联、中央党史和文献研究院以及中国人民大学、武汉大学、中南大学、华南师范大学等高校的 20 余位专家学者围绕"红船精神的时代价值""中国共产党革命精神谱系""红船精神与育人""红船精神与党的建设"等研究论题展开了热烈讨论。

"红船论坛"是《光明日报》社、浙江省委宣传部和嘉兴市委为进一步促进学习研究宣传红船精神联合打造的全国性红船精神研讨品牌,至今已经在浙江嘉兴举办两届。全国首届"红船论坛"于 2018 年 6 月 21

日召开，来自中央有关单位、社科理论界的专家学者、获奖论文作者等180余人齐聚一堂，围绕红船精神与中国共产党的初心和使命、红船精神与"八八战略"的内在关系、新时代如何弘扬红船精神等主题进行深入研讨，达成一些重要共识，也产生了一批学术成果。全国第二届"红船论坛"于2019年6月21日召开，来自中央有关单位、社会科学理论界的专家学者、征文获奖者代表等150余人齐聚南湖之畔，从不同角度、不同视野研讨红船精神的实践价值。红船论坛既是每年一次集中学习研究红船精神的重要机会，也是宣传红船精神的重要活动。

高规格、高频次的红船精神理论研讨会议，推进了红船精神研究的步伐，扩大了红船精神的学术影响力，壮大了红船精神的研究队伍，也催生着红船精神研究的新成果。

3. 红船精神相关课题项目立项，进一步推动红船精神研究的深入开展

近两年来，有关红船精神的各级各类课题项目逐渐增多，特别是高层次的课题项目有所增加。以2018年为例，由嘉兴学院吕延勤主持的"习近平关于红船精神重要论述研究"（18ADJ007）获得2018年度国家社科基金重点项目立项，这是继中共浙江省委宣传部主持的"浙江省'红船精神'研究"（中宣部马克思主义理论研究和建设工程2015年度重大实践经验总结课题与2015年度国家社科基金特别委托项目）后又一国家哲学社会科学基金项目。还有"新时代红船精神及其价值研究"（18YJC710053）获得2018年教育部人文社会科学研究青年基金项目立项，"'红船精神'融入新时代高校共青团思想政治工作研究"（2018ZD070）获得2018年度共青团中央学校部全国学校共青团课题研究资助，"践行红船精神，争做红船卫士——红船精神在加强高校基层党建工作中的价值研究"（2018年国家级创新创业训练计划项目，201811407013），等等。此外，还有其他省部级项目："红船精神的深刻内涵、历史地位与新时代意义研究"（浙江省高校重大人文社科攻关计划项目，2018GH031），"传承'红船精神'基因的南湖纪念品创新设计研究"（浙江省教育厅2018年一般科研项目，Y201840107），"红船精神文化创意产品开发与传播研究"（2018文化厅科研项目，ZW2018015），

"红船精神文化创意产品开发与传播研究"（浙江省文化厅 2018 年度厅级文化科研项目，ZW2018015），"中共一大代表与红船精神"（甘肃省社科联党的十九大精神研究规划项目），"新时代'红船精神'融入高职院校立德树人实践的多维路径研究"（2018 年重庆市教委人文社科研究项目，18SKSZ056），"山西大力弘扬红船精神的研究"（山西省社科联 2018—2019 年度重点课题，SSKLZDKT2018139），等等。还有各级单位自设项目："红船精神融入公司治理的实证研究"（浙江省高职院校党建研究会 2018 年课题，2018A02），"依托新媒体技术的红船精神传播路径和策略研究"（2018 年浙江省大学生科技创新活动计划暨新苗人才计划，2018R467007），"中共创建时期党的中央权威问题研究"（2018 年嘉兴学院红船精神研究中心自设研究课题），"'红船精神'融入'中国近现代史纲要'课程教学的育人价值"（2018 年江苏科技大学本科教育教学立项课题），"弘扬'红船精神'引领青年学子成长成才机制研究"（浙江省高职院校党建研究会 2018 年课题，2018B56），"红船精神及其当代价值"（2018 年黑龙江大学校级研究生创新科研项目资金资助，YJSCX2018-022HLJU），"红船精神的青年思想政治教育价值与传播策略研究"（2018 年度深圳大学研究生创新发展基金重点项目，PIDFP-RW2018001），"关于红船精神的时代性研究"（嘉兴学院 2017—2018 年人文社科类自设研究课题），等等。

以上课题项目无疑对红船精神的深入研究起到了重要的推动作用，也预示着一大批有关红船精神的理论成果正在酝酿之中。

4. 浙江红船干部学院和红船研究院的成立，推动红船精神研究可持续性发展

为深入贯彻党的十九大精神与习近平总书记在瞻仰一大会址和南湖红船时的重要讲话精神，进一步适应结合时代特点大力研究和弘扬红船精神的需要，2017 年 12 月，浙江省委出台了《关于进一步弘扬"红船精神"提升南湖革命教育基地功能的意见》，并通过了《关于组建红船干部学院的建议方案》，在中央组织部、中央宣传部的支持下，浙江省委决定在嘉兴设立浙江红船干部学院和红船精神研究院，于 2018 年 4 月正式揭牌成立。

浙江红船干部学院与红船精神研究院以弘扬红船精神，深入开展习近平新时代中国特色社会主义思想研究、宣传与教育为主要任务，充分发挥党的诞生地、红船精神凝练升华地的独特资源，开展红船精神理论研究，推动红船精神学理阐释工作；编印了《红船精神学员读本》《红船精神简明教程》等红船精神专题教材，开发、建设红船精神、"八八战略"与习近平新时代中国特色社会主义思想、浙江改革开放经验启示等系列专题课程和现场教学基地，优化提升"不忘初心·重走一大路"体验式党性教学项目等，积极推动红船精神的研究、宣传、传播、践行。

此外，为推动红船精神研究工作有效开展和红船精神研究院科学发展，在浙江省市领导的支持下，成立了红船精神研究指导委员会，充分利用浙江红船干部学院、红船精神研究院、南湖革命纪念馆、嘉兴学院中国共产党革命精神与文化资源研究中心、中共嘉兴市委党校红船精神与科学发展中心、南湖红船精神研究会等研究平台，发挥其统筹协调、组织管理、协同合作的作用，面向全国集聚专家资源、面向全省整合研究力量，把红船精神的学习研究宣传工作引向深入。

为进一步推动红船精神的研究阐释工作，抓住重要时间节点扩大红船精神的影响力，赢取更广范围内的肯定和认同，以优良的理论作品献礼中国共产党建党 100 周年，由红船精神研究院与人民出版社合作，《求是》杂志社原社长李捷与浙江省委宣传部主要领导牵头组织编写《红船精神研究丛书》，将首次以红船精神统领党史、军史、中国共产党革命精神史研究，力求既生动展示中国共产党所走过的 100 年光辉岁月，又呈现中国革命精神序列，彰显出红船精神的深刻内涵和历史意义、当代意义、新时代意义。该丛书拟出版 7 卷，暂定名为《红船精神与中国共产党的诞生》《红船精神与井冈山斗争》《红船精神与中国工农红军长征》《红船精神与延安抗日中流砥柱》《红船精神与西柏坡解放战争》《红船精神与新中国建立》《红船精神与改革开放新时代》，这是推动红船精神研究的大手笔，意义重大。

在全国理论界、学术界的共同关注和浙江省市领导高度重视下，红船精神逐渐成为一个广受关注的学术话题。

二　研究全面推进的新动向

党的十九大以来，红船精神研究工作得到了高度重视和热烈开展，与以往相比，红船精神的研究内容与研究视阈有了新的发展，呈现出新的动向。根据目前已经掌握的文献，可以归纳为以下几个方面。

1. 习近平关于红船精神的重要论述研究

习近平既是红船精神的理论提炼者，也是红船精神的坚实践行者，曾分别于 2005 年和 2017 年以不同的身份就红船精神进行集中阐释，形成了一系列关于红船精神的重要论述，极具理论价值和实践意义。习近平关于红船精神的重要论述，凝结着习近平对红船精神的理论思考，彰显出他的历史观、精神观和时代观，是学习宣传研究红船精神的重要理论来源和理论依据。唯有从习近平关于红船精神的重要论述出发，才能站在历史发展的全局和时代前进的高度，领悟红船精神的深刻意蕴以及在新的历史方位下大力弘扬红船精神的时代意义和永恒价值。嘉兴学院吕延勤负责的课题组在以往研究基础之上所申报的"习近平关于红船精神重要论述研究"获得 2018 年度国家社科基金重点项目立项，是这一时期红船精神基础理论阐释方面的重大课题，反映了红船精神研究的一个新动向，也是红船精神研究进一步深化的重要体现。下面再对其他一些代表性文章进行介绍。

郭维平、赵金飞在《习近平与红船精神》一文中指出，习近平不仅是红船精神的提炼者，也是传承与践行红船精神的楷模。对红船精神的提炼，体现了习近平对党的根脉的追求，为中国共产党革命精神史的完整构建做出重大理论贡献。党的十八大以来，以习近平同志为核心的党中央以巨大的政治勇气和强烈的责任感带领全国人民开创事业新篇章，体现了习近平对红船精神的践行。党的十九大刚闭幕，习近平总书记就带领新一届中央政治局常委到嘉兴南湖瞻仰红船，再释红船精神，回答了在新的历史方位下以什么精神状态去开启新征程、实现新的奋斗目标与历史使命，揭示了习近平新时代中国特色社会主义思想的重要内容，就是"不忘初心、牢记使命"①。

闫澜在《不忘红船初心 牢记历史使命——学习习近平总书记关于红船精神的重要论述》一文中指出,习近平对红船精神的相关论述与党的十九大报告中所强调的"不忘初心、牢记使命"相契合,党的初心是红船精神的内核,红船精神是党的初心的首次表现,并从习近平关于红船精神的相关论述展开,对红船精神的科学内涵、红船精神的文化渊源、理论基础及实践背景进行分析,揭示了红船精神具有首创性、崇高性、人民性、恒久性的鲜明特征,阐释了弘扬红船精神对于牢记初心使命、坚定理想信念、铸就精神动力、培育文化自信等方面的重要价值,并提出在思想上、政治上、行动上弘扬红船精神的路径选择。②

苏瑜的《习近平关于"红船精神"重要论述研究》一文,主要从习近平在《弘扬"红船精神" 走在时代前列》中对红船精神的相关论述展开,分析其形成的背景、来源、内容和价值四个方面。背景方面,习近平对红船精神的提炼是在 2005 年全党开展保持共产党员先进性的教育实践活动背景下,在党员群众广泛讨论的基础上,结合自身对红船精神和党的先进性的思考,对红船精神进行了首次理论概括。来源方面,红船精神能够提炼的主观条件,在于习近平丰厚的理论知识素养、多地区多岗位的锻炼以及他强烈的使命担当和人民情怀。在内容方面,习近平主要论述了红船精神是党的先进性之源,红船精神对党的先进性的三方面重要意义,以及在新的实践中如何继承和弘扬红船精神。在价值方面,习近平关于红船精神的重要论述突出强调了精神力量的动力作用,增添了文化自信内涵,凝练了实现中国梦的精神力量。③

高凡夫的《"红船精神"提出的认识与考察》一文主要对红船精神的概念提出与理论概括进行阐述。囿于"井冈山精神是中国革命精神之源""上海是中国共产党诞生地"的传统认识和革命中心地域分散、实践活动

---

① 郭维平、赵金飞:《习近平与红船精神》,《嘉兴学院学报》2018 年第 1 期。

② 闫澜:《不忘红船初心 牢记历史使命——学习习近平总书记关于红船精神的重要论述》,《中学政治教学参考》2019 年第 15 期。

③ 苏瑜:《习近平关于"红船精神"重要论述研究》,《中共南宁市委党校学报》2019 年第 1 期。

复杂多样等原因，党史上形成最早的红船精神在民主革命时期六大标志性革命精神中却是最晚提出概念和确立地位的。红船精神得以提炼，充分体现了习近平求真创新、敢为人先的创新精神、"不忘初心、牢记使命"的担当精神、传承红色基因的红色情怀。①

2. 红船精神与习近平新时代中国特色社会主义思想

党的十九大把党的十八大以来以习近平同志为核心的党中央进行艰辛实践探索和理论创新所形成的马克思主义中国化的最新理论成果概括为习近平新时代中国特色社会主义思想，实现了党的指导思想的与时俱进发展。王沪宁同志强调，"要把弘扬'红船精神'同深化党的十九大精神学习宣传贯彻结合起来，牢牢把握习近平新时代中国特色社会主义思想这个主线，在学懂弄通做实上下功夫"②。作为一种建构性的革命精神，红船精神体现出习近平站在时代和战略全局的高度对党的建设的实践和理论、历史与现实的思考，蕴含着他的执政理念与执政思维，与习近平新时代中国特色社会主义思想有着紧密关联。学界也将此作为这一时期学理研究和阐释宣传的重点内容。

2017 年 12 月 24 日，教育部中国特色社会主义理论体系研究中心、高等学校中国共产党革命精神与文化资源研究中心、教育部高等学校社会科学发展研究中心联合举办以"红船精神与习近平新时代中国特色社会主义思想"为主题的学术研讨会，来自北京大学、清华大学、中国人民大学等全国 20 多所高校的 60 多位专家、学者就红船精神与新时代中国共产党的历史使命、红船精神与习近平新时代中国特色社会主义思想的形成等议题进行了热烈讨论。有参会者认为，"习近平同志两论红船精神，是建党思想的重要组成部分，是新时代党的建设新的伟大工程的重要组成部分，也是习近平新时代中国特色社会主义思想的重要组成部分"③。

马琳琳、王晶的《让"红船精神"闪耀新时代的光辉》一文认为习

---

① 高凡夫：《"红船精神"提出的考察与认识》，《浙江学刊》2018 年第 4 期。

② 《认真贯彻习近平总书记重要指示　大力学习弘扬"红船精神"　用伟大精神推动伟大实践》，《人民日报》2017 年 12 月 5 日第 1 版。

③ 王连桥：《"红船精神与习近平新时代中国特色社会主义思想"学术研讨会综述》，《嘉兴学院学报》2018 年第 1 期。

近平新时代中国特色社会主义思想彰显了红船精神的内核精髓,"五位一体"总体布局和"四个全面"战略布局则升华了红船精神的现实意义。红船精神所承载的首创精神、奋斗精神、奉献精神,是激励我们党顽强奋斗、不断发展壮大的精神动力,是我们党立党兴党、执政兴国的宝贵精神财富,也是新时代坚持和发展中国特色社会主义的坚强精神支撑,是中华民族复兴的精神动力。①

张志松的《红船精神是习近平新时代中国特色社会主义思想重要史学源头》一文,主要对红船精神形成的历史时空与习近平新时代中国特色社会主义思想的内在逻辑进行论述。从诞生的历史背景来看,作为对中国共产党的建党历史及其早期革命活动的凝练概括,红船精神是新时代中华民族伟大复兴新时代的政治起点和历史起点。从党当时为谁出征看,我们党在"红船"上立下为崇高的人类社会理想——共产主义而奋斗的初心,红船精神所蕴含的首创精神、奋斗精神和奉献精神,在精神动力、理想信念和根本宗旨方面体现了共产主义的初心和使命。从红船精神的历史内涵看,红船精神与党的创造力、战斗力、凝聚力具有内在逻辑关系,与新时代党的建设思想紧密契合,是持续推进全面从严治党、保持党永远年轻的精神之源。由此来看,红船精神是习近平新时代中国特色社会主义思想的重要史学源头。②

县炜、王亚波在《从红船精神到习近平新时代中国特色社会主义思想——中国共产党历史使命的发展逻辑》一文中指出,发端于建党的红船精神贯穿了中国革命、建设和改革的全过程,从实践发展逻辑看,它外化于解决"中国向何处去"的时代问题,在引领中华民族伟大复兴的历程中焕发生机;从理论演进逻辑看,红船精神内化于从近代在中国传播马克思主义到习近平新时代中国特色社会主义思想的生成这一马克思主义中国化不断推进的历史过程中,并随之发展而不断获得新的内容。因此,当下我们弘扬红船精神必须与学习贯彻习近平新时代中国特色社

---

① 马琳琳、王晶:《让"红船精神"闪耀新时代的光辉》,《人民论坛》2019 年第 18 期。

② 张志松:《红船精神是习近平新时代中国特色社会主义思想重要史学源头》,《观察与思考》2018 年第 1 期。

会主义思想结合起来，把红船精神具体化、充实化于实现中华民族伟大复兴的实践发展和理论建设中。①

3. 红船精神与中国共产党的初心使命

党的十九大报告指出，"中国共产党人的初心和使命，就是为中国人民谋幸福，为中华民族谋复兴。这个初心和使命是激励中国共产党人不断前进的根本动力"②。习近平总书记在瞻仰一大会址时的讲话中也多次讲到初心的问题，强调"只有不忘初心、牢记使命、永远奋斗，才能让中国共产党永远年轻"。要从建党的每件文物中"解读党的初心"。他深情指出"我们党的全部历史都是从中共一大开启的，我们走得再远都不能忘记来时的路"，并告诫全党"铭记党的奋斗历程时刻，不忘初心担当党的崇高使命矢志永远奋斗"。③ 这为我们研究红船精神指明了新的方向。学界围绕红船精神与中国共产党的初心使命展开探讨。光明日报社还精心设计了《红船初心》特刊，专门刊载了一大批研究宣传学习红船精神的理论文章和一线报道。

李捷在《"红船精神"领航新时代》一文中认为，红船精神既是中国共产党的建党精神，也是激励新时代中国共产党人"不忘初心、牢记使命"的时代精神。为人民谋幸福、为民族谋复兴、为人类求大同的初心，犹如一条红线，贯穿整个中国共产党的光荣历史，贯穿党的过去、今天与未来。我们要结合新时代特点大力弘扬红船精神。④

韩庆祥在《红船精神与"不忘初心"》一文中认为，红船精神与"不忘初心"和当前全党正在开展的"不忘初心、牢记使命"主题教育实践活动具有内在本质联系。这种本质联系体现在，红船精神为"不忘初心"注入了强大的精神动力；"不忘初心"丰富了红船精神的内涵并为红

①　县炜、王亚波：《从红船精神到习近平新时代中国特色社会主义思想——中国共产党历史使命的发展逻辑》，《攀登》2019 年第 3 期。

②　习近平：《决胜全面建成小康社会　夺取新时代中国特色社会主义伟大胜利——在中国共产党第十九次全国代表大会上的报告》，人民出版社 2017 年版，第 1 页。

③　《铭记党的奋斗历程时刻不忘初心　担当党的崇高使命矢志永远奋斗》，《人民日报》2017 年 11 月 1 日第 1 版。

④　李捷：《"红船精神"领航新时代》，《光明日报》2018 年 6 月 22 日第 6 版。

船精神确立了宏大目标。一言以蔽之，中国共产党的历史，就是弘扬首
创精神、奋斗精神、奉献精神为人民谋幸福、为民族谋复兴的历史。①

　　王京清在《"红船精神"与中国共产党的初心和使命》一文中认为，
红船精神揭示了中国共产党的初心和使命的本质是为中国人民谋幸福、
为中华民族谋复兴，实现党的初心和使命的关键是永葆党的先进性，因
此，它是中国共产党的初心和使命的集中表达。红船精神贯穿党领导的
革命、建设、改革的全过程，新时代要弘扬红船精神，不忘初心，才能
实现中国共产党的历史使命。②

　　杨明伟在《新时代中国共产党的精神源动力——从"红船精神"看
中国共产党人的初心和特质》一文中认为，习近平对红船精神的定位与
阐述与毛泽东等党的创建过程的亲历者有着高度的契合性，既可以从中
悟透红船精神的本质，又可以从中体会出中国共产党人干大事的勇气，
坚定的马克思主义信仰，一心为民、团结如一的无私情怀等初心和特质。
要站在当今时代的高度上，理解红船精神的深刻内涵，寻找和不忘党的
初心，从中汲取创新发展动力、理论创新动力与人民主体力量，推动中
国特色社会主义继续前进。③

　　4. 红船精神的传承路径机制与方式方法的深度细化研究

　　应当说，不论是否得以提炼概括出来，作为一种社会意识的红船精
神自产生以来就已经深深融入了中国共产党的血液与基因之中，在党的
逐步成长和带领人民干事业的过程中代代相传。而在理论上提炼、研究、
宣传和在实践上探索传承路径机制与方式方法，是为了进一步激活中国
共产党内在的红船精神与红色基因，使其成为一种高度的自觉意识、坚
强的精神力量，并外化为积极正向的实践活动。自红船精神提炼以来，
如何传承红船精神就一直是理论界探讨的重要议题，在理论研究与实践
探索方面也取得了较为广泛的成果。而自党的十九大以来，红船精神获

---

　　① 韩庆祥：《红船精神与"不忘初心"》，《浙江日报》2019 年 7 月 16 日第 8 版。
　　② 王京清：《"红船精神"与中国共产党的初心和使命》，《光明日报》2018 年 7 月 17 日第
5 版。
　　③ 杨明伟：《新时代中国共产党的精神源动力——从"红船精神"看中国共产党人的初心
和特质》，《求索》2018 年第 1 期。

得再次论述，如何弘扬红船精神更成为一个关乎时代发展并令人瞩目的命题，学界对红船精神的传承路径机制与方式方法进行了更为具体化、深度化的研究与阐释。这方面的论文比较多，以下选取有代表性的文章进行介绍。

一是依托思想政治教育进行传承。对这方面学者们给予了足够的关注，试图从理论与实践相结合的维度探索红船精神融入思想政治教育的传承机制与方法途径。

陈松友、王楠在《新时代红船精神融入大学生思想政治教育的路径探析》一文中指出，红船精神是新时代加强高校大学生思想政治教育的重要资源，要将红船精神融入高校思想政治理论课教学、校园文化活动、社会创新创业实践、网络思想政治教育、大学生社会志愿服务。[①] 战昕的《"红船精神"融入高校生活德育研究》一文提出，要将红船精神融入高校德育工作中，以红船精神为引领促进德育过程的生活化、德育内容的生活化、德育实践的生活化。[②] 蒋少容在《基于红船精神的高校思政教育"四全"育人体系的建构——以嘉兴学院为例》一文中提出，要以红船精神凝心聚力塑魂，优化高校思政教育课程建设，强化高校思政工作的责任主体，细化大学生思想政治教育的阶段性工作目标，深化高校校园文化建设，实现全课程育人、全员育人、全方位育人，建构以红船精神为引领的高校思政教育"四全"育人体系。[③] 吕丹在《"红船精神"在新时期高校思想政治教育中的应用研究》一文中，通过分析高校思想政治教育对红船精神应用现状的分析，提出了进一步完善应用红船精神的路径：高校将红船精神融入宣传推广、教育引领、文艺活动、创新训练、志愿服务等校园文化活动之中，发挥其文化育人功能；要推进红船精神进教材、进课堂、进头脑，融入高校思想政治理论课，发挥课堂的核心作用；

---

① 陈松友、王楠：《新时代红船精神融入大学生思想政治教育的路径探析》，《思想政治教育研究》2018 年第 4 期。

② 战昕：《"红船精神"融入高校生活德育研究》，《学校党建与思想教育》2018 年第 15 期。

③ 蒋少容：《基于红船精神的高校思政教育"四全"育人体系的建构——以嘉兴学院为例》，《科教文汇（中旬刊）》2018 年第 9 期。

要以高校辅导员、班级、社团、党团组织为纽带，使其融入大学生日常生活；大学生自身要将红船精神内化于心、外化于行，自觉学习和践行红船精神。①

红船精神已经写入了《中国近现代史纲要》（2018 年版）："中国共产党人的初心和使命，就是为中国人民谋幸福，为中华民族谋复兴。这个初心和使命是激励中国共产党人不断前进的根本动力。一代又一代中国共产党人不忘初心、牢记使命，弘扬建党时期的'红船精神'。即开天辟地、敢为人先的首创精神，坚定理想、百折不挠的奋斗精神，立党为公、忠诚为民的奉献精神，取得一个又一个胜利。"② 这是红船精神进校园、进教材、进课堂的一大重要标志。高凡夫在《红船精神融入中国近现代史纲要课程教学的价值与路径》一文中提出，要将红船精神深刻内涵与"纲要"课程的教学内容深度融合，创新教学方法和模式，全面实施"7 个 1"课外学习活动方案（读 1 本红船精神辅助教材，读 1 本建党文学作品，看 1 部建党电影，看 1 部反映建党历史的电视剧，编排 1 个反映建党活动的话剧或拍摄 1 部微电影，开展 1 次建党知识竞赛，提交 1 篇当代大学生如何传承与践行红船精神学习心得的作业），让红船精神入耳、入脑、入心。③ 也有学者探究举例教学法，以中共早期党员、革命烈士张人亚的革命事迹，将首创精神与张人亚早期的革命实践相结合，将奋斗精神与张人亚保存党的文件的事迹相结合，将奉献精神与张人亚为革命献身的行为相结合进行教学，用"张人亚"讲活、讲好《中国近现代史纲要》新增的"红船精神"。④

2017 年以来，嘉兴实施了"弘扬红船精神打造红色德育品牌"行动和"红船精神进校园"五大工程，之后又推出了红船精神专题教育教材，

---

① 吕丹：《"红船精神"在新时期高校思想政治教育中的应用研究》，硕士学位论文，山西师范大学，2018 年。

② 《中国近现代史纲要》，高等教育出版社 2018 年版，第 120 页。

③ 高凡夫：《红船精神融入中国近现代史纲要课程教学的价值与路径》，《嘉兴学院学报》2018 年第 4 期。

④ 苗体君：《用"张人亚"讲活〈中国近现代史纲要〉新增的"红船精神"》，《克拉玛依学刊》2019 年第 2 期。

使落实红船精神育人工程有了具体抓手。为弘扬红船精神，推进红色德育工作，一些学校结合实际进行了一定的探索。杭州师范大学附属嘉兴经开实验小学积极探索红色德育特色课程建设之路，根据儿童年龄特点，将红船精神化作有形的课程，探索出以"南湖红船"特色研学活动为基点、以"红领巾志愿团"建设为抓手、以"家庭公益联盟"活动为桥梁，传承、践行与传播红船精神的教育路径。① 浙江省嘉兴市秀洲区王江泾镇中心小学，以红船精神中的"首创""奋斗""奉献"为指引，建立可供学生游戏体验、实践探究的学习型平台"红船少科院"，以红船文化学习院、红船创客探究院、红船研学实践院为载体，做好红船精神"三进"工作。②

二是依托党组织建设进行传承。红船精神是中国共产党的建党精神，是中国共产党人的精神家园，新的长征路上，借助红船精神培养领导干部和做好高校党建工作就显得非常重要。张兰的《红船精神融入干部教育培训路径探析》一文认为，要将红船精神融入干部教育培训之中，要深挖红船精神精髓并将其融入红船教育课程设计的全过程中，要综合利用理论探究式教学、现场体验式教学、嘉宾访谈式教学等多种教学方法，提高红船精神教育的生动性，要创新培训管理，培育红船精神教育优秀品牌，要促进教研结合，打造一支高水平的师资队伍，开拓网络平台，提升红船精神教育影响力。③ 阚莹莹在《依托红色资源开展体验式党性教育项目开发研究——以嘉兴市"重走一大路"体验式党性教育项目为例》一文中指出，浙江红船干部学院（嘉兴市委党校）依托嘉兴市独特的红色文化资源，围绕"一条主线、三个层面、六个环节"多维度确立主题，开发"重走一大路"体验式党性教育项目，聚焦红船精神，潜心党性教育，做了有益的探索，也取得了一定的成效。并提出进一步加强党性教育的建议与对策：要高站位加强统筹协调，系统推进和统一规划"重走

---

① 朱国凤、金鹰：《红船初心　凝聚有形——红船精神有形化建设的教育实践》，《中国德育》2019 年第 9 期。

② 吴娅姣、董权：《打造"红船少科院"　培育时代好少年》，《中国德育》2019 年第 9 期。

③ 张兰：《红船精神融入干部教育培训路径探析》，《中国成人教育》2019 年第 7 期。

一大路",开发大格局;要重视整合学术资源和研究力量,推出红船精神高质量研究成果;要高质量开发体验式党性教育阵地;建立一套科学的体验式党性教育评价体系,促进开发实效的提升。① 梁虹、崔杰等在《"红船精神"在大学生党员过程化培养中的作用与实践研究》一文中认为,红船精神与学生党员培养目标、培养过程有着高度的内在关联,要加强"红船精神"的传承,将其融入大学生过程化培养之中,要以主题教学为依托,以行为养成为重点,以作用发挥为目标,培养党员的纯洁性、先进性与服务能力。②

三是依托社会主义核心价值观的培育和践行进行传承。作为和中国共产党创建同步孕育生成的革命精神,红船精神一诞生就承载着党的核心价值目标、价值信念和价值追求,与社会主义核心价值观有着天然的内在耦合性。唐黎在《"红船精神"融入大学生社会主义核心价值观教育的路径研究——以嘉兴市为例》一文中指出,红船精神是社会主义核心价值观的源头活水,社会主义核心价值观拓展了红船精神的内涵,要创新两者相互融合的有效路径,强调政府要有作为,营造好传承红船精神的良好社会氛围,要努力将红船精神融入思想政治课、校园文化活动、社会实践活动之中,充分发挥红船精神的育人功能。③ 彭颜红在《用红船精神滋养社会主义核心价值观的传播》一文中指出,红船精神与社会主义核心价值观的内容具有同一性,相互融合,要善于用红船精神滋养社会主义核心价值观的传播,以"首创精神"开拓传播模式,以"奋斗精神"消除负面影响,以"奉献精神"强化传播实效,要引导受众在创业实践中将首创精神、奋斗精神、奉献精神与社会主义核心价值观有机相融。④

---

① 阚莹莹:《依托红色资源开展体验式党性教育项目开发研究——以嘉兴市"重走一大路"体验式党性教育项目为例》,《中共珠海市委党校珠海市行政学院学报》2019年第3期。

② 梁虹、崔杰、姚强:《"红船精神"在大学生党员过程化培养中的作用与实践研究》,《文化创新比较研究》2018年第2期。

③ 唐黎:《"红船精神"融入大学生社会主义核心价值观教育的路径研究——以嘉兴市为例》,《兰州教育学院学报》2018年第3期。

④ 彭颜红:《用红船精神滋养社会主义核心价值观的传播》,《思想理论教育导刊》2019年第1期。

5. 红船精神的传播研究

红船，因中国共产党一大会议最后在浙江嘉兴南湖的一条游船上胜利闭幕而化名得来，成为中国共产党执政条件的一个重要概念建构，是中国共产党诞生与中国革命起航的历史坐标和源头象征。从名字来看，"红船"之"红"，在中华民族传统文化的语境中有着吉祥、喜庆、光明的意向，在马克思主义和科学社会主义发展中有着激进、进步、革命之象征；"红船"之"船"有"君舟臣水"的历史典故，也在当代中国逐渐演化为党群关系的重要昭示。因此红船是一个融合中国传统文化意蕴与马克思主义色彩为一体的名称符号。整体来看，红船承载着人们关于中国共产党成立的历史记忆与情感和对精神家园和精神生活的向往，既有"一个大党诞生于一条小船""其作始也简，其将毕也巨"的历史巨变之感，也有"一船红中国，万众跟党走"的党群团结奋进的光辉图景。红船是一个富有想象力与极具阐释空间的文化标识、精神标识，是展现中国共产党的政党形象、讲好中国故事、传播好中国声音的传播媒介。因此，如何传播好红船形象、红船精神以及由红船精神缘起的中国共产党革命精神谱系，是这一时期学者们研究的着力点之一。学界对此进行了初步探讨。

李芬英、李芸在《新时代"红船精神"传播策略研究》一文中，基于对红船精神的研究角度、研究成果以及实际传播情况的分析得出，红船精神近年来在传播过程中获得了更多的社会认知和情感认同，但存在着传播内容古板陈旧，方式单一、缺乏创新以及范围有限等局限，继而提出三方面传播策略：要打造有信度的传播主体，以时代化的传播意识和正确的传播价值取向、高度灵敏的思想来传播红船精神；要利用多媒体互动的传播渠道，利用各种社会化网络进行移动化和社会化传播；要争取最大范围的传播受众，要依据传播受众设计传播内容。①

张佳慧在《新媒体时代下"红船精神"传播研究》一文中，就新媒体技术对红船精神传播趋向的影响进行分析。该文认为，新媒体以更具多样性的传播方式、更具互动性的传播方式、更具广泛性的传播受众的

---

① 李芬英、李芸：《新时代"红船精神"传播策略研究》，《传媒论坛》2018 年第 22 期。

特性，成为红船精神传播的新契机。从现状来看，新媒体传播红船精神的效果有一定的显现，但也受到了传统传播途径、传播受众的认知度和认同感偏低以及新媒介传播环境的复杂性的局限。因此，要从丰富传播内容、创新传播方式、优化传播主体、分化传播客体四个方面着手优化。① 朱胜伟、陶克强在《嘉兴日报传媒集团：结合时代特点　大力弘扬"红船精神"》一文中指出，新时代弘扬和传播红船精神，主流媒体要发出权威声音、创新话语表达、多方联动聚力。②

还有研究者从传播受众群体出发展开研究。如王萍萍、吴海燕在《高校依托新媒体技术的红船精神的设计与传播》中根据高校青年大学生的思想现状与人际交往特点，提出了利用 3D 技术完成红船精神三维动画表情包设计，并依托 O2O 传播模式完成红船精神的广泛宣传。③ 凡欣从青年学生群体青睐的自媒体平台入手，提出要立足红船精神的内涵与传播要求，构建起互动循环、裂变监督、分级传播的多维路径，延展红船精神网上话语场域的互动形式。④

在实践研究方面，杨志勇在《弘扬红船精神，唱响时代之歌——"我是红船精神践行者"三部曲的实践与探索》一文中，通过对《南湖晚报》推出的由"我推荐""我报告""我宣讲"三部曲组成的"我是红船精神践行者"的传播红船精神的大型新闻行动进行介绍与分析，总结出五条具有一定价值的实践经验：立足党的诞生地，开掘独特的新闻原创力；找对人与事，发挥媒体的资源整合力；寓理于情，彰显宣讲活动的凝聚力；多媒融合，丰富红船精神的表现力；互动传递，形成精神引领的行动力。⑤ 还有毛玫菁、黄轶涵、王增军在《让主旋律新媒体产品"叫

---

① 张佳慧：《新媒体时代下"红船精神"传播研究》，《甘肃理论学刊》2018 年第 2 期。

② 朱胜伟、陶克强：《嘉兴日报传媒集团：结合时代特点　大力弘扬"红船精神"》，《中国记者》2018 年第 12 期。

③ 王萍萍、吴海燕：《高校依托新媒体技术的红船精神的设计与传播》，《科技视界》2019 年第 10 期。

④ 凡欣：《自媒体时代红船精神在青年学生群体的传播研究》，《东南传播》2019 年第 1 期。

⑤ 杨志勇：《弘扬红船精神，唱响时代之歌——"我是红船精神践行者"三部曲的实践与探索》，《新闻战线》2018 年第 7 期。

好又叫座"——浙江新闻客户端"红船精神"系列 H5 创作心得》一文中，以浙江新闻客户端"红船精神"系列 H5 创作为例，指出要将红船精神传播与媒体深度融合，要精准定位主题，注重视觉设计，加强技术创新。① 滕水生、凡欣在《红船精神文化旅游产品创新设计研究》一文中，对嘉兴文化创意产业现状进行分析，指出红船旅游纪念品的市场缺乏系统性规划，红色文化特征不明显，产品同质化严重。并通过对红船的形态特征和意象进行提炼，尝试设计红船精神文化旅游产品，制定了办公室剪刀的设计方案。②

近两年，红船精神传播实践中涌现出一大批精品力作，如《人民日报》《光明日报》《浙江日报》等主流媒体集中刊发了不少有关"红船精神"的新闻报道和评论文章；浙江卫视制作的理论节目《中国共产党为什么能 第二季：红船》，《焦点访谈》节目组制作的《"红船精神"初心和动力》剧集；此外还有《高扬"红船精神"——2018"红船论坛"综述》成果视频、原创音乐剧《红船往事》、粤剧《梦·红船》、情景诗话剧《红船·追梦》等一大批传播与弘扬红船精神的载体，推动了红船精神的大众化。

6. 红船精神与其他系列革命精神比较研究

红船精神是中国共产党的精神之源，贯穿中国共产党革命精神近百年的发展史之中，与形成于革命年代的井冈山精神、苏区精神、长征精神、延安精神、西柏坡精神、沂蒙精神，诞生于建设年代的红旗渠精神、雷锋精神、焦裕禄精神、大庆精神、"两弹一星"精神，以及改革开放以来形成的伟大精神，共同构筑起中国共产党革命精神谱系的红色景观。应该说，作为中国共产党革命精神的红船精神与其他系列革命精神必然存在一定的共同性、关联性，也有其各自的特质。将红船精神与其他系列革命精神进行比较研究，有利于我们深入认识红船精神的精髓核心和思想特质以及把握中国革命精神谱系一脉相承、与时俱进的演化规律和

---

① 毛玫菁、黄轶涵、王增军：《让主旋律新媒体产品"叫好又叫座"——浙江新闻客户端"红船精神"系列 H5 创作心得》，《传媒评论》2018 年第 3 期。

② 滕水生、凡欣：《红船精神文化旅游产品创新设计研究》，《设计》2019 年第 10 期。

整体性特点，也便于在实践中找准要点积极践行，避免在理论和实践上产生将这些精神趋同化的错误倾向。学界也正积极采取比较研究方法对这一问题展开讨论。

红船精神与多个革命精神的比较。张晓晔在《红船精神与中国共产党革命精神关系研究》一文中指出，作为中国共产党革命精神之源，红船精神为党的革命精神确立了诞生起点、提供了成长动力、打牢了价值基础。红船精神与中国共产党革命精神，既有着马克思主义和中华民族精神的共同思想基础与精神源泉，也有探索国家和民族出路的共同实践背景，而以首创精神、奋斗精神、奉献精神为内核的红船精神囊括了中国共产党革命精神的基本内涵。因此，包括红船精神在内的党的革命精神对实现中华民族伟大复兴的中国梦、培育社会主义核心价值观和党的建设等具有丰富的时代价值。[1] 刘琳、叶桉在《试析红船精神、八一精神、井冈山精神和苏区精神的内在逻辑关系》一文中，将红船精神、八一精神、井冈山精神和苏区精神四种革命精神进行了比较，认为四者的内在联系在于，都是马克思主义与中国革命实践相结合的精神表征，都植根于中华文明和中国精神的文化土壤和精神底蕴之中，都是中国共产党精神谱系中的鲜明坐标和新民主主义革命文化的典型代表，共同彰显了中国共产党人的目标宗旨与精神品质。四者在产生的时间地点、内涵表达和特点特质、承担任务、历史地位等方面的不同，体现出各自的特质与差异性。[2]

红船精神与八一精神的比较。叶桉、杨海贵等在《红船精神与八一精神——基于中国共产党诞生和人民军队创建的伟大实践》一文主要对红船精神与八一精神两者的功能定位、内涵特征、历史地位进行了比较。红船精神奠定了中国共产党"开天辟地、敢为人先"的品德特征、"坚定理想、百折不挠"的信仰追求与"立党为公、忠诚为民"的初心宗旨，是建党精神，是中国革命精神之源。八一精神蕴含着中国新型人民军队

---

[1] 张晓晔：《红船精神与中国共产党革命精神关系研究》，《党史博采（下）》2019 年第 1 期。

[2] 刘琳、叶桉：《试析红船精神、八一精神、井冈山精神和苏区精神的内在逻辑关系》，《江西科技师范大学学报》2019 年第 1 期。

"敢为人先、勇于创新"的作风品质、"坚定信念、听党指挥"的军魂原则与"为民奋斗、百折不挠"的基因本色，是建军精神，是人民军队精神之魂。从中国共产党创建历史产生的红船精神到人民军队创建实践产生的八一精神，开启了中国共产党革命精神谱系之先河，是中国共产党和人民军队肩负起民族复兴的精神力量。①

红船精神与井冈山精神的比较。刘宇祥的《浅谈"红船精神"与井冈山精神的本质内涵及时代价值》一文认为，红船精神与井冈山精神都囊括了坚定的共产主义信念、敢闯新路的创新意识、百折不挠的奋斗意志、为民奉献的爱国主义情怀等革命精神的同质性要素，并对实现新时代共产党的历史使命、学习贯彻习近平新时代中国特色社会主义思想、开展"不忘初心、牢记使命、永远奋斗"主题教育、践行社会主义核心价值观以及传承红色文化等方面具有时代价值。但因形成的革命阶段与地域背景的不同，两者在本质内涵上有各自的特性。②

红船精神与长征精神的比较。李益模在《红船精神与长征精神的多维度比较》一文中指出了两者的五个维度的异同。历史维度上的同源异流，两者根植于中华民族精神，同属于中国共产党革命精神这一整体；而红船精神更加凸显的是共产党人的"初心"，长征精神更加凸显的是共产党人的"信心"。文化维度上的同核异形，二者共同彰显了中国共产党的政党文化，红船精神反映了建党之初敢为人先、理想坚定、百折不挠、忠诚为民等的文化形态，长征精神反映了长征之时对革命必胜的信心信念与革命乐观主义等的文化形态。人民维度上的同质异量，两者共同体现中国共产党的人民性特征，而从红船起航到长征的历史进程中，党群关系、干群关系也发生了新的发展与变化。地域维度上的同域异意，两者命名上都呈现出"非地域性"的共同特征，具有更宽阔的空间广度；"红船"寓意党和人民的"舟水关系"，"长征"则蕴意理想信念的远征。发展维度上的同向异径，两者都指向国家富强、民族振兴、人民幸福的

① 叶桉、杨海贵、周琰培：《红船精神与八一精神——基于中国共产党诞生和人民军队创建的伟大实践》，《江西科技师范大学学报》2018 年第 3 期。

② 刘宇祥：《浅谈"红船精神"与井冈山精神的本质内涵及时代价值》，《党史博采（理论）》2018 年第 2 期。

价值追求与现实目标，红船精神强调其"源"的地位和固本强根的作用，长征精神更多的是激励我们坚持攻坚克难、爬坡过坎的作风、信念等。[①]

红船精神与遵义会议精神的比较。裴恒涛的《红船精神与遵义会议精神比较研究》一文认为，以马克思主义为指导、产生于中国革命的实践、共同为中国共产党革命精神谱系的重要组成部分的红船精神与遵义会议精神，都集中体现了共产党人坚定的理想信念和开天辟地、依靠群众、艰苦奋斗等崇高精神。两者的差异在于，在背景方面，红船精神与中国近代以来仁人志士救国救民的理论探索密切关联，而遵义会议精神体现了中国共产党应对危机局面的变革精神；在内涵方面，红船精神强调首创与走在时代前列，遵义会议精神侧重于独立自主与开创新局；在地位方面，红船精神在中国革命精神中具有源头地位，遵义会议精神是中国共产党走向成熟的重要标志。[②]

红船精神与沂蒙精神的比较。陈永莲的《沂蒙精神与红船精神比较研究》一文认为，沂蒙精神与红船精神的共同点在于二者都包含着首创、奋斗、奉献的精神因子，两者一脉相承，有着内在的逻辑关联和普遍的革命精神要义，同为中国共产党薪火相传的精神力量与红色基因。因孕育的时间、背景和条件的差异性，二者也存在不同的特点：内涵方面，沂蒙精神是"爱党爱军、开拓奋进、艰苦创业、无私奉献"，红船精神是首创精神、奋斗精神和奉献精神；创生主体方面，红船精神是"政党型""精英型"的革命精神，沂蒙精神是"草根型"的革命精神；与传统文化的关系方面，沂蒙精神与中国传统文化的关系要更为紧密，融合也更为彻底。[③]

三　全面推进时期的新成果

党的十九大以来，学术界把研究和宣传红船精神当作一项神圣的职

---

① 李益模：《红船精神与长征精神的多维度比较》，《观察与思考》2018 年第 6 期。
② 裴恒涛：《红船精神与遵义会议精神比较研究》，《嘉兴学院学报》2018 年第 5 期。
③ 陈永莲：《沂蒙精神与红船精神比较研究》，《临沂大学学报》2018 年第 5 期。

责与使命，以红船精神为中心向外拓展研究视野和研究内容，紧锣密鼓地做了很多紧跟时代且富有新意的理论研讨活动，思维角度和方式方法都比较新颖，使红船精神的研究向全面和纵深方向发展，丰富了红船精神研究。然而，学术理论研究需要一定的周期，精辟力作的诞生必然是长久沉淀和作者潜心伏案深度耕犁的结果。党的十九大至今（2019 年）不过两年的时间，已经面世的理论作品是不多的，但从上文所述的研究动力条件来看，我们完全有理由相信一大批理论专著成果正在孕育之中，并值得期待。

通过研读目前已有的为数不多的作品，我们也能体会到学界对红船精神的研究旨趣，窥探出研究的发展趋向。

（1）季盛清等主编：《红船精神简明教程》①

中共中央党校出版社 2018 年 8 月出版的季盛清等主编的《红船精神简明教程》，是一部继承和借鉴已有研究成果，从理论和实践层面系统介绍红船精神的形成提炼、深刻内涵、历史地位和实践价值的理论教材。该书是由浙江红船干部学院常务副院长季盛清召集浙江省委党校和浙江红船干部培训学院的部分骨干教师所编写的。正如编者在后记中指出，该书是"作为浙江红船干部学院教师、学员学习研究红船精神的基础教材，同时为广大党员干部、高校师生和人民群众学习红船精神提供辅导读本"② 而编写。

坚持历史与现实相结合、理论与实践相结合的原则，阐述红船精神的基础理论问题，是该书的一大鲜明特点。党的十九大对全面从严治党做了进一步部署和安排，提出了新时代党的建设的总体要求，要推动全面从严治党向纵深化发展。该书紧跟时代，将红船精神的弘扬与全面从严治党相结合进行探讨。该书序言写到，推动全面从严治党向纵深发展迫切需要伟大精神引领，而红船精神就是推动全面从严治党的宝贵精神财富，需要从中汲取勇于创新的力量、理想信念的力量、矢志奋斗的力量、甘于奉献的力量。展现出该书的基本逻辑思路，奠定了本书的主基

---

①　季盛清等主编：《红船精神简明教程》，中共中央党校出版社 2018 年版。
②　同上书，第 209 页。

调——要在全面从严治党的视域中阐述红船精神。

全书21万余字，共有11章，对红船精神的形成提炼、科学内涵、基本形态、精神定位、历史地位，对初心使命的意蕴、全面从严治党的价值意义及其实践、在新时代的长征路上和在浙江实践中继承与弘扬红船精神等进行了全景式的介绍。具体来看，该书以理论形态的红船精神为逻辑起点指出，红船精神具有深刻的内涵，它的提炼有主观动因、历史形成与实践基础三方面的条件，红船精神具有历史形态、实践形态与文化形态三种形态。作为中国共产党的建党精神，红船精神体现了中国共产党建党的思想基础、精神支柱与价值追求，奠定了中国革命精神形成的逻辑起点和价值基础，是中国革命精神之源，是党的先进性之源，昭示着中国共产党人为人类解放而奋斗、谋求国家富强民族复兴、谋求人类进步发展的建党初心与使命。坚守党的初心和使命，必须发扬红船精神，坚持全面从严治党，要以首创精神确保全面从严治党，以奋斗精神永葆党的生机活力，以奉献精神牢记党的宗旨。在新的长征路上，要弘扬红船精神，坚持和发展中国特色社会主义。作为红船起航地，浙江要在新的实践中继承和弘扬红船精神，在"八八战略"指引的路上和努力推进"两个高水平"建设中弘扬红船精神。该书紧密结合现实，坚持问题导向，对新时代全面从严治党所面临的风险和问题也有谈及，如加强党的先进性建设所面临的"四大考验"与"四大风险"问题，存在能力不足"不能为"、动力不足"不想为"、担当不足"不敢为"的问题，"老好人"问题，享乐主义、奢靡之风问题，宗旨意识淡薄问题，公私关系倒置问题，党群关系疏远问题等。

该书结构合理，文笔流畅，既有理论性，又有可读性，可以视为红船精神进党校、进党校课堂、进党员干部头脑的重要载体，也是青年学生、普通大众全面系统了解红船精神的通俗理论读物。

（2）《全国首套"红船精神"专题教育教材》①

浙江教育出版社2018年出版的由中共嘉兴市委宣传部、中共嘉兴市委教工委、嘉兴市教育局主管、嘉兴教育学院主编的《红船精神》专题

---

① 《全国首套"红船精神"专题教育教材》，浙江教育出版社2018年版。

教材，是全国首套面向中小幼学生的"红船精神"专题教育地方教材。该教材的编写工作自2017年10月启动以来，充分依托和利用嘉兴教育学院、嘉兴学院"红船精神"研究中心、南湖革命纪念馆等研究力量、理论研究成果，倾尽嘉兴市40名专家和教师的力量，历时10个月之久才得以完成。该套教材以中国共产党创建实践中所体现出来的红船精神为历史起点，联结并聚合起红船精神、井冈山精神、苏区精神、长征精神、延安精神、西柏坡精神、"两弹一星"精神、航天精神、改革开放精神等中国共产党精神，展现了中国共产党90多年的历史轨迹。这是浙江省嘉兴市促进红船精神融入未成年人思想道德养成，推动红船精神进校园、进课堂的一大创举。

该套教材根据青少年身心发展特点和德育规律，覆盖幼儿园、小学、初中、高中四个时段，是中小幼一体化的教材体系，共分为六册。

《红船娃》是幼儿段的教材，采用绘本的形式，以弘扬红船精神为主线，设计符合幼儿认知和学习特点的"看一看""说一说""折一折""画一画""唱一唱"等篇目，图文并茂，贴近学生生活，集趣味性、启发性、教育性于一身，让学生获得对红船精神的感性印象。

《红船少年》系列是小学段的教材，采用了活动手册的形式，有三册：小学低段的《红船少年　星星之火　唤醒中华》，小学中段的《红船少年　百折不挠　振兴中华》，小学高段的《红船少年　乘风破浪　强我中华》。该教材主要以"红船加油站""'红船精神'启迪园""红船实践园""红船起航站"等篇目来呈现内容。对于不同学段，教材设计了不同的活动方式，如低学段主要采取听故事、讲故事、演故事、绘故事等形式，符合学生的认知特点与思维方式，使学生在具象的故事中建立起对红船精神的认识和体悟，中高年级则主要采用小组讨论、感悟分享、绘制名人卡片、制作实践任务单等形式，使学生在实践活动中建构起对红船精神的理解。

《红船心　少年梦》是初中段的教材，采取的是"读本＋德育实践手册"的形式，精心挑选了"红船精神"课程资源，采用文选形式，选取一些文献，以文学作品的感染力感染学生，既让学生形成对红船精神的理性认识，也可以激励学生在生活中自觉践行红船精神。

《红船情　青春志》是高中段的教材，采取了项目的形式，根据学生的身心特点和学段特征，将红船精神的教育与高中生（中职生）生涯规划教育有效融合。在教材中开设了"红色名人指引、职业生涯导航、专业规划研究"课程模块，让红船精神引领学生立下青春志向，做出正确的生涯规划，培养新一代社会主义的建设者和接班人。

这套"红船精神"专题教材面世后，浙江省嘉兴市教育部门还给出了具体的使用建议。这套教材从不同阶段学生的生理、心理特征出发，贴近学生生活，激发学生情感，给人以美的享受和思想的熏陶，既有鲜明的地域特色，又有很强的时代性、实践性、可读性和趣味性，是中小学生学习红船精神的一套很好的体系化的教材。这是浙江省嘉兴传承红船精神、以红船精神育人的一项重要举措，是积极推动红船精神研究成果转化的一个途径，也反映了红船精神的思想政治教育价值由以往的高校逐步延展到中小学，逐渐建立起红船精神进大中小学课堂的大格局，也对于传承中国共产党革命精神、实现其育人功能具有很大的启示借鉴意义。

（3）冯小敏主编：《守护中国共产党人精神家园——学习习近平总书记瞻仰中共一大会址、南湖红船重要讲话优秀论文选编》[①]

上海人民出版社 2018 年 6 月出版的冯小敏主编的《守护中国共产党人精神家园——学习习近平总书记瞻仰中共一大会址、南湖红船重要讲话优秀论文选编》，是从上海市党建研究会、上海市中共党史学会、中共创建史研究中心开展的"守护中国共产党人精神家园——学习习近平总书记瞻仰中共一大会址、南湖红船重要讲话"征文活动收到的 58 篇文章中精选出 35 篇汇编而成的。

这些论文紧紧围绕"建设和守护好中国共产党人的精神家园"这一主题，从习近平总书记瞻仰中共一大会址、南湖红船时的重要讲话精神出发，各施笔法，对首创精神、奋斗精神、奉献精神的历史内涵、当代价值及现实启示，建党精神与新时代中国共产党的初心使命，中国共产

---

① 冯小敏主编：《守护中国共产党人精神家园——学习习近平总书记瞻仰中共一大会址、南湖红船重要讲话优秀论文选编》，上海人民出版社 2018 年版。

党的精神家园，传承红色基因等问题进行了多层次、多角度、多方面的阐述，既深入历史，又紧跟现实，史料翔实，观点鲜明，既有理论价值又有实践意义。这些论文的作者有高校、党校专家，也有上海市区的领导干部。他们受邀参加了 2018 年 2 月 27 日在上海市社联召开的"守护中国共产党人精神家园——学习习近平总书记瞻仰中共一大会址、南湖红船重要讲话"研讨会。会上，专家学者们进一步就如何充分深入挖掘建党精神内涵、利用建党红色资源、全力打造党性党课教育品牌等深入开展交流研讨，上海市领导就深化红船精神研究阐释工作、将红船精神融入学习教育、推动红船精神的传承弘扬做了强调和部署。这本论文集是这次理论研讨活动的理论结晶，是他们学习贯彻习近平新时代中国特色社会主义思想和党的十九大精神，学习宣传弘扬红船精神的反映，也是了解红船精神和中国共产党精神家园建设的读本。

（4）红旗出版社编辑部：《弘扬"红船精神"　走在新时代前列学习笔记》① 与《读懂"红船精神"》②

红旗出版社分别于 2018 年 5 月和 2019 年 5 月出版的红旗出版社编辑部主编的《弘扬"红船精神"　走在新时代前列学习笔记》和《读懂"红船精神"》两本书，都围绕红船精神的产生历史、当代弘扬等方面进行了阐释。《弘扬"红船精神"　走在新时代前列学习笔记》向读者生动展现了中国共产党在 20 世纪 20 年代孕育诞生，之后逐渐发展壮大的成长轨迹，描绘了一幅从南湖起航的红船沿着正确的航向一路劈波斩浪航行的辉煌的历史画卷。该书的主要内容分为四个部分：一是"领誓南湖·沿着总书记的足迹"；二是"星火燎原·信仰的召唤"；三是"开天辟地·中国共产党的成立"；四是"不忘初心·'红船精神'永放光芒"。由历史到现实，由理论到实践，跟着总书记一起沿着中国共产党创建的历史足迹，感悟苦难时代下，一个引领民族转身的政党诞生的艰辛与不易，更让人明白一个政党之所以能从成立之初的几十人发展到现在的 8900 万多人，就是因为始终坚持了"为中国人民谋幸福，为中华民族谋复兴"

---

① 《弘扬"红船精神"　走在新时代前列学习笔记》，红旗出版社 2018 年版。

② 《读懂"红船精神"》，红旗出版社 2019 年版。

的初心，要在新的时代，不忘初心，结合新时代中国特色社会主义实践大力弘扬红船精神，使红船精神焕发时代光芒。这是一本学习中国共产党党史和红船精神的读本，是当下在全党开展"不忘初心、牢记使命"主题教育实践活动的良好学习材料。

《读懂"红船精神"》较为全面地介绍了红船精神提出的历史轨迹、历史渊源、历史地位、时代价值、当代实践等内容，其中收录了一大批著名专家学者的文章和《人民日报》《光明日报》等刊载的有关文章，集融汇理论性的基本解读、高层视野的前沿看法、专家学者的专业性观点、主流媒体的宣传引导于一身，对红船精神有了一个多方位、多层次的介绍。该书主要分为"重温'红船精神'思想建党之源""牢记初心使命永远走在前列""弘扬伟大精神 推动伟大实践""传承弘扬践行 要点释义答问"四个部分。前面三个部分主要采取了核心要义、高层论坛、专家观点、媒体聚焦的模块形式，集中展示了作为中国共产党思想建党之源的红船精神的形成、发展、提出的历史轨迹和在中国革命精神谱系中的地位，以及习近平总书记对红船精神的论述的重要意蕴，红船精神与中国共产党人初心使命的重要关联，继而指出红船精神对新时代的历史意义，如何进一步牢记初心使命，弘扬红船精神，走在时代前列，推动中国特色社会主义伟大实践继续向前发展。第四部分采取了一问一答的形式，精心挑选并简要回答了"党的十九大闭幕不久，习近平总书记带领中央政治局常委赴上海瞻仰中共一大会址、赴浙江嘉兴瞻仰南湖红船，这向外界释放了怎样的信号？"等 28 个问题，围绕传承、弘扬、践行红船精神的理论与实践问题进行了深刻的解读。该书入选了中共中央宣传部、国家新闻出版署"2018 年重点主题出版物"，是帮助我们重温红船精神，牢记初心使命，坚定信念的良好读物。

（5）罗平汉：《红船精神》①

四川人民出版社 2019 年 3 月出版的中共中央党校罗平汉教授的《红船精神》，围绕红船精神的产生、发展和内涵，结合习近平总书记的重要讲话，介绍了红船精神诞生的历史背景，承载的民族复兴的期盼，蕴含

---

① 罗平汉：《红船精神》，四川人民出版社 2019 年版。

的马克思主义信仰与力量，昭示的中国共产党人的初心和使命，承载的精神内涵和历史内涵以及在新的时代征程中被赋予的伟大意义。该书共有七章内容，前三章主要介绍近代红船精神产生的宏大社会历史背景和理论来源、实践基础。接下来的三章，诠释了红船精神的三个内涵，即开天辟地、敢为人先的首创精神，坚定理想、百折不挠的奋斗精神，立党为公、忠诚为民的奉献精神，及其在助推历史发展过程中的重要价值。第七章总结指出，红船精神是中国共产党永远的精神财富，是中国革命的精神之源，是中国共产党自我革新的动力、不忘初心的精神支柱，要在红船精神引领下担当时代使命。

该书既讲历史，又讲现实，既有理论，也结合当前中国特色社会主义实践，用通俗的语言、丰富的事例，生动有力地诠释了红船精神的产生与内涵，并紧密结合当前推动全面从严治党向纵深发展的现实来谈红船精神的时代价值及其发挥，这对我们进一步研究、继承和弘扬红船精神具有十分重要的启迪意义，也加强了对红船精神等革命精神的学习宣传。该书是一部兼具理论价值与现实意义的全面解读红船精神的通俗读物，是"不忘初心、牢记使命"主题教育的优秀读物，也是人们学习党史的重要参考资料。

(6)《中共一大嘉兴南湖会议研究》[①]

中共党史出版社 2018 年 6 月出版的《中共一大嘉兴南湖会议研究》，展现了中共一大嘉兴南湖会议的基本历史事实，得出了中共一大"嘉兴南湖会议于 1921 年 8 月 3 日举行"的重要结论。该书是嘉兴市委领导牵头，组织嘉兴市委宣传部、嘉兴市社科联、嘉兴市委党史研究室、嘉兴学院、南湖革命纪念馆等各方面力量成立"中共一大嘉兴南湖会议研究"课题组，自 2013 年启动课题，深耕五年之久获得的理论成果。课题组在原有史料的基础上，到全国相关地方和日本、俄罗斯等国广泛收集史料，获得不少之前学界尚未掌握的新材料，通过严谨的考证、理性的分析、扎实的论证，着力研究了"中共一大从上海转移到嘉兴南湖续会的原因""嘉兴南湖会议日期""嘉兴南湖会议经过与成果""中共一大上海会议

---

① 本书课题组：《中共一大嘉兴南湖会议研究》，中共党史出版社 2018 年版。

与嘉兴南湖会议的关系"等问题。

　　该书具体阐述了法租界巡捕袭扰中共一大会场的经过，认为虽然事发偶然，但蕴藏着必然因素，就是租界当局对"东方共产主义"等"激进分子"的长期监视和防范，接着从安全因素、交通因素、人际因素、上海与嘉兴的历史渊源等多方面分析了中共一大转移到嘉兴南湖的主客观原因。该书一大核心成果是对中共一大嘉兴南湖会议日期的考证，通过对沪杭铁路火车时刻表、有关党代表行踪、天气状况、到嘉兴南湖会议续会的决策过程、新宁轮航班、《中国国民党九十年大事表》的有关记载、一大代表返沪时间等多方面因素的考证，确立证据链，得出结论。此外，该书还对何叔衡、李汉俊是否参与嘉兴南湖会议，中共一大文件的形成、讨论经过，嘉兴南湖会议上的选举方式、选举结果等进行了考证；从共产国际对中共建党的初衷、中共对共产国际的认知等角度对中共一大有没有做出加入共产国际的决定进行了分析。书的最后一章对中共一大上海会议与嘉兴南湖会议的关系进行了探讨，说明了中共一大上海会议与嘉兴南湖会议各自在中共创建中的贡献和历史地位。

　　该书史料翔实、考证严谨、推理缜密、体例规范，是一部系统全面研究中共一大嘉兴南湖会议的著作，也是红船精神研究的重要成果，具有重要的学术和史料价值以及政治意义。该研究成果得到了国内一大批党史专家的肯定。中共党史学会副会长、原中共中央党史研究室副主任李忠杰为该书作序时写道，这"是对中共一大嘉兴南湖会议进行的一次最系统、最全面、最深入、最细致的研究"，"代表了目前对南湖会议研究的最新、最高的水平"①。该成果对推动中共一大会议的综合性研究和中国共产党创建史研究向纵深发展有重要意义，也进一步推进了红船精神学理研究和宣传阐释工作的深入。

　　（7）《红船精神问答》②

　　浙江人民出版社2018年4月出版的浙江省委常委、宣传部部长葛慧君等著的《红船精神问答》，以问答的形式，针对当下党员干部和理论工

①　本书课题组：《中共一大嘉兴南湖会议研究》，中共党史出版社2018年版，序第3页。
②　葛慧君等：《红船精神问答》，浙江人民出版社2018年版。

作者需要了解和学习的有关红船精神的知识点，分为 20 个问题进行了解答和阐述，内容包括红船精神的提出、主要内涵、历史地位、理论价值、实践意义等方面，每个回答的篇幅约为三四千字。该书开篇收录了习近平于 2005 年发表在《光明日报》上的《弘扬"红船精神"　走在时代前列》的理论文章和《人民日报》2017 年 11 月 1 日刊发的关于习近平总书记带领新一届政治局常委瞻仰上海中共一大会址和浙江嘉兴红船的评论文章《铭记党的奋斗历程时刻不忘初心　担当党的崇高使命矢志永远奋斗》，将这两篇文章作为全书的政治统领和思想总纲，引起读者对红船精神的重视和兴趣。在书的主体部分，编者精心设计了"红船精神是怎样提炼出来的?""红船精神的主要内涵是什么?"等 20 个有关红船精神的理论层面和实践层面的问题，并逐一进行了深入浅出的生动回答和通俗阐释，向广大读者解答了红船精神的提炼过程和主要内涵，红船精神为何体现了建党精神，红船精神是中国革命精神之源的理论依据，红船精神与井冈山精神、长征精神、延安精神、西柏坡精神等革命精神的关系，红船精神昭示着中国共产党人的初心和使命的缘由，红船精神是党的先进性之源的依据，红船精神的时代价值，红船精神对思想建党的意义，红船精神与习近平新时代中国特色社会主义思想、科学社会主义、中国共产党人价值观、社会主义核心价值观的关系，如何结合时代特点大力弘扬红船精神等问题。这本书简明扼要地囊括了红船精神的多方面内容，涉及广大党员干部、普通读者必须知道和想要快速了解的关于红船精神的所有要点，是一本向大众普及红船精神的小册子。该书已入选中宣部第八届优秀通俗理论读物。

(8) 邵维正、刘晓宝:《红船映初心》①

人民出版社 2018 年 4 月出版的邵维正、刘晓宝的《红船映初心》，以"不忘初心、牢记使命"为主题，紧扣红船精神，深入中国共产党的创建史实，阐述了红船精神的历史内涵和精神内涵。正如作者在该书的序言中写的，"我们写这本书的初衷正是为着配合'不忘初心、牢记使

---

① 邵维正、刘晓宝:《红船映初心》，人民出版社 2018 年版。

命'主题教育，如果能为这次教育活动起到辅助作用，将深感荣幸"①。因此，作者也将这种写作旨趣体现在该书总体框架上，以红船精神的六句定语和三种精神统领全书，以专题的形式展开，每一专题以习近平总书记的一段经典论述开启，在专题结尾处设计了"新时代悟语"的篇目，做到了将红船精神与党建故事、"不忘初心、牢记使命"主题相结合，从理论与实践相结合的角度阐释红船精神的精神要义。全书共分为六个专题：第一专题"开天辟地，担当民族复兴使命"，主要从近代中国社会的历史大环境出发，揭示中国共产党成立的历史必然性及其承载的历史使命。第二专题"敢为人先，立足国情首创力行"，揭示中国共产党人探索马克思主义中国化和中国革命道路的历程及其必要性。第三专题"坚定理想，初心根基矢志不渝"，以传播马克思主义为切入点，刻画出中国共产党人立下社会主义和共产主义理想信念的艰辛过程。第四专题"百折不挠，甘冒风险奋斗拼搏"，通过建党前后革命人物的英勇事迹，展现红船精神"不畏艰难""不怕牺牲""不忘初心"的精神内涵。第五专题"立党为公，严格纪律磨砺党性"，以党的思想建设和纪律建设为重点，着力回答了培育什么样的党风的问题。第六专题以"忠诚为民，倾情奉献造福人民"为题，以建党初期的工人运动和农民运动为重点，着力回答了践行什么样的宗旨的问题。

该书以史为主、史论结合，图文并茂，既有鲜活而具体的历史事例，又有晓畅而透彻的说理论述，将讲故事与讲道理有机融合，寓理于事、寄情于理，既生动记述了中国共产党选择马克思主义登上中国政治舞台的壮阔历史，又深刻展现了建党之初中国共产党人的意志品格和精神风貌，是一本了解党史和红船精神的很有特色的通俗理论读物，为开展"不忘初心、牢记使命"主题教育提供了重要的辅助读物。

（9）南湖革命纪念馆主编：《启航——红船精神永放光芒》②

人民出版社 2019 年 1 月出版的南湖革命纪念馆主编的《启航——红船精神永放光芒》，以南湖革命纪念馆的展览解说词、馆藏实物图片及相

---

① 邵维正、刘晓宝：《红船映初心》，人民出版社 2018 年版，序言第 5 页。
② 《启航——红船精神永放光芒》，人民出版社 2019 年版。

关研究成果为基础，展现了中国共产党诞生的历史背景与成立过程，呈现了红船精神的历史渊源。该书是由人民出版社和南湖革命纪念馆共同策划选题，为进一步宣传中国共产党创建史，进一步弘扬红船精神而编写的。

该书 15 万字左右，分为三个篇章。"救亡图存"篇讲述了近代以来由于西方列强的侵略和清朝封建统治的腐朽衰败，中国历经第一次鸦片战争、第二次鸦片战争、甲午中日战争、八国联军侵华战争等一系列战争失败，逐步沦为半殖民地半封建社会，国家积贫积弱，战乱频发，民不聊生，陷入屈辱深渊的苦难史，也展示中国人民奋起反抗，发动太平天国运动、洋务运动、戊戌变法、辛亥革命等一系列救亡图存斗争的抗争史。"中国共产党成立"篇分别从国际环境、国内经济政治文化环境、建党过程三个方面讲述马克思主义的创立、世界工人运动兴起以及十月革命胜利对中国的影响，中国民族工业发展，无产阶级壮大，马克思主义在中国传播，中国共产党早期组织的建立到中共一大召开的历史过程。"一大代表名录"篇主要对来自上海、北京、武汉、长沙、济南、广州、旅日 7 地的中国共产党早期组织的 13 位中共一大代表的生平进行简单的介绍。

全书从历史背景、建党过程、建党人物三个方面图文并茂地呈现了中国共产党登上政治舞台的历史风云，是一本可读性很强的红船精神普及读物，对于引导共产党员牢记初心使命，传承红船精神，永远奋斗，为实现党的十九大提出的任务不懈努力，具有重要意义。

（10）吕延勤、彭冰冰：《红船见初心》①

人民日报出版社 2019 年 5 月出版的吕延勤、彭冰冰的《红船见初心》，紧扣习近平总书记所概括的"红船精神"的内涵要义，结合近代中国的社会历史背景与中国共产党波澜壮阔的建党历程，展现了红船精神的深刻内涵、历史地位和所昭示的初心的内涵，提出要结合新时代的伟大实践弘扬红船精神。

《红船见初心》全书 17 万字左右，分 5 章内容。作者从习近平对红

---

① 吕延勤、彭冰冰：《红船见初心》，人民日报出版社 2019 年版。

船精神的提炼与阐释入手，讲述了红船的由来，展现了习近平不忘初心的红船情怀，阐释了红船精神凝结着创建中国共产党的初心、为人民谋幸福的初心、为中华民族谋复兴的初心。作者从民族复兴历史重任这一历史背景、马克思主义在中国传播这一理论来源、中华传统文化这一文化根基与创建中国共产党这一实践基础展开，论述了红船精神的历史基础与文化理论渊源。作者通过讲述建党先驱们的初心故事，阐释他们在建党过程中体现出的开天辟地、敢为人先的首创精神，坚定理想、百折不挠的奋斗精神，立党为公、忠诚为民的奉献精神。最后，作者结合伟大斗争、伟大工程、伟大事业与伟大梦想揭示了红船精神的当代意义与实践要求。

该书既有史学韵味，也密切联系现实，紧密结合习近平关于红船精神的重要论述，概要式地介绍红船精神，有利于广大干部群众深刻领会红船精神的丰富内涵与初心意蕴，是当前全党开展"不忘初心、牢记使命"主题教育活动的良好学习材料。

（11）张政：《红船初心："红船精神"的理论与实践》①

人民出版社 2019 年 7 月出版的《红船初心："红船精神"的理论与实践》，遵照为什么要学习红船精神、什么是红船精神、红船精神的历史意义是什么、红船精神的当代价值是什么的写作逻辑，明确了要从党的政治建设的高度学习领悟红船精神，要走在时代前列把握红船精神的深刻内涵，阐释了红船精神对中华民族精神、中国革命精神、中国共产党的先进性、中国传统文化、社会主义核心价值观与中华民族伟大复兴中国梦的历史意义与当代价值。该书是《光明日报》总编辑张政组织编写的。《光明日报》2005 年 6 月 21 日发表习近平的署名文章《弘扬"红船精神" 走在时代前列》，宣传了红船精神。2017 年 11 月起，光明日报社开辟《红船初心》特刊，每个工作日一期，刊发了一大批专家、学者的理论文章及各地宣传弘扬红船精神实践经验的采访报道，大力弘扬红船精神，在全社会引起强烈反响，推动了红船精神的传播与弘扬。

《红船初心："红船精神"的理论与实践》以"不能胜寸心，安能胜

---

① 张政：《红船初心："红船精神"的理论与实践》，人民出版社 2019 年版。

苍穹""冲决历史之桎梏,新造民族之生命""胜利不会向我走来,我必须自己走向胜利""乔木亭亭倚盖苍,栉风沐雨自担当"四部分,兼具通俗性与理论性、历史与现实、理论与实践相结合地展示了红船精神。在书的结构设计上,选取习近平总书记相关重要讲话的部分内容作为篇章引言,将《光明日报》上刊登过的专家学者的解读文章的精华内容放在文末作为总结提升,以权威的观点、深入浅出的语言诠释红船精神,引导干部群众、青年学生深入学习贯彻"红船精神",积极投身新时代中国特色社会主义伟大实践。

(12)　孙侃:《从南湖出发》①

红旗出版社 2019 年 1 月出版的孙侃的《从南湖出发》,是国内第一部以弘扬红船精神为题材的长篇报告文学。它以文学的笔触,全面系统、生动真实地记录了浙江省嘉兴市南湖区在政治、经济、文化、社会、生态等各方面建设中取得的发展与成就,全景式地展现了南湖区学习、弘扬和践行红船精神的生动过程,是一部地域研究与阐释红船精神相结合的力作。这是浙江省嘉兴市南湖区"推进嘉兴南湖红色文化"发展的一个重要成果,也开创了宣传与阐释红船精神的新体裁。

《从南湖出发》全书约 24 万字,精心谋篇布局,将红船精神融入各个环节、见诸各个方面,以生动事迹和典型人物为主要叙事线索,据不完全统计,该书选取了修建南湖革命纪念馆、成立嘉兴南湖红船精神研究会、建立南湖红廉馆、打造嘉兴科技城、孕育嘉兴国际创意文化产业园、开发湘家荡等 100 多个事例,塑造了"褚大姐甜瓜专业合作社"掌门人褚富宝、"葡萄大王"朱屹峰、96345 社区服务求助中心的骆叶青、基层"老娘舅"吕萌国等 100 多个典型人物,有故事、有人物、有叙述、有分析、有追溯、有展望、有局部、有整体,展现事例动因、解剖内在机理,用强有力的事实说明了红船精神超越时空的恒久价值、旺盛生命力和可触可感的现实变革力量。

《从南湖出发》主题鲜明,立意高远,文笔生动,以南湖实践演绎红船精神的现实意义和非凡价值,具有强烈的可读性和感染力,既是南湖

---

① 孙侃:《从南湖出发》,红旗出版社 2019 年版。

区学习、弘扬红船精神的自我回顾和总结，具有自我反省的价值，也是一部向读者展示如何"弘扬与践行红船精神"的生动教材，显示出一定的样板意义。

四 研究全面推进的新特点

党的十九大以来，红船精神研究获得了理论界和学术界的高度重视，各项研究工作正在紧锣密鼓地开展，研究活动较为频繁，一系列研究成果正在孕育当中。总的来说，主要有以下几方面的显著特点。

1. 理论与实践相结合

红船精神研究紧密联系新时代中国特色社会主义的实际，立足新时代的实践，积极拓展研究领域和研究内容，不断提出新的研究课题。同时，及时推动研究成果转化，并在实践中加以传播与运用，是这一时期红船精神研究显现出的一大鲜明特点。

党的十九大闭幕不久，习近平总书记站在时代发展全局的高度再次阐释红船精神，强调大力弘扬红船精神的极端重要性，并对继续研究好红船精神提出了明确要求。红船精神成为一项备受关注和热烈研讨的重大课题。在新的历史条件下，大力加强红船精神研究，对于坚守共产党人的初心与使命，决胜全面建成小康社会，实现中华民族伟大复兴的中国梦无疑具有重要意义。正是基于此，学术界以更加宽阔的理论视野，紧密联系中国实践的方方面面探讨红船精神，将其与习近平新时代中国特色社会主义思想的学习与贯彻、新时代中国共产党的初心与使命、新时代党的建设等结合展开研究，形成了一系列研究成果。

为了充分发挥红船精神的价值引领、涵养正气、精神动力的现实作用，理论界在开展红船精神研究工作的同时，也及时传播红船精神所取得的丰硕成果，积极推动理论成果向实践转化，使其成为人们创造美好精神生活的重要养料。近年来，红船精神研究机构主动承担了有关部门委托的研究课题，吸纳高校党史专家、政府官员、理论宣传界和影视传媒界的相关人员，壮大研究队伍、形成合力、集体攻关，推动红船精神研究在多领域开展，也促进了红船精神研究成果的及时转化。为进一步推动红船精神的学习，红船精神研究机构在党政机关、学校、企业以及社区等开展了红船精神宣讲活动，并向社会各界提供咨询服务，不仅向人们宣传了红船精神，也提升了红船精神研究的综合能力和实践转化水平。

此外，自 2017 年 11 月起，《光明日报》开辟了《红船初心》特刊，每个工作日一期，专门刊载研究、宣传、学习红船精神的理论文章，提升了红船精神的影响力。上海中共一大会址和浙江嘉兴南湖也逐渐成为越来越多人追寻党的初心、接受革命精神洗礼的必游之地。浙江红船干部学院等党的诞生地的党校立足地域优势，充分吸收、利用和借鉴各种研究成果，积极组织编写多部红船精神教材，开发、建设红船精神专题课程和实践教学基地。文化界和影视传媒界也形成了一些有内涵、品质高、影响大的文化成果。理论研究与传播实践的结合与互动，极大地促进了红船精神的研究向深层次、高水平迈进。

2. 纵深性与通俗化并重

一方面，红船精神研究的深度与广度得到了拓展，红船精神研究进一步学理化；另一方面，为适应红船精神的大众化，理论界创作了一批人民群众喜闻乐见的作品。纵深性与通俗化并重是这一时期红船精神研究的另一个特征。党的十九大以来，理论界和学术界将红船精神的研究重点和新时代的热点问题相结合，发表了一大批论文论著，不仅在规模和数量上与党的十九大之前相当，而且在质量上继续保持较高的水准。在论文方面，在中国知网数据库中以"红船精神"为主题进行检索，搜索出的相关研究文献具体数据如下：2005 年 3 篇（其中 0 篇 CSSCI），2006 年 4 篇（其中 0 篇 CSSCI），2007 年 5 篇（其中 0 篇 CSSCI），2008 年 1 篇（其中 0 篇 CSSCI），2009 年 2 篇（其中 0 篇 CSSCI），2010 年 5 篇（其中 1 篇 CSSCI），2011 年 38 篇（其中 4 篇 CSSCI），2012 年 29 篇（其中 2 篇 CSSCI），2013 年 34 篇（其中 0 篇 CSSCI），2014 年 26 篇（其中 3 篇 CSSCI），2015 年 75 篇（其中 5 篇 CSSCI），2016 年 59 篇（其中 5 篇 CSSCI），2017 年 1—9 月 75 篇（其中 3 篇 CSSCI），2017 年 10—12 月 202 篇（其中 3 篇 CSSCI）；2018 年 382 篇（其中 21 篇 CSSCI），2019 年 1—9 月 170 篇（其中 5 篇 CSSCI）。由此可见，党的十九大以来，学界对红船精神给予了高度关注，有关红船精神的文章越来越多，并且高质量的文章逐渐增多。在专著方面，研究内容有所创新与深化，如《中共一大南湖会议》以翔实的史料与缜密的研究方法，进一步深化红船精神的历史研究。在课题项目方面，有关红船精神的国家社科基金重大项目、省部级项目逐渐增多，推动了红船精神的学理研究。另外，为了满足人们学习与传承红船精神的需要，还针对党员干部、普通群众、青少年出版了一批既具有理论性又有可读性的通俗理论读物和教辅读本，如《红船精神简明教程》《弘扬"红船精神"走在新时代前列学习笔记》《红船精神问答》《红船映初心》《全国首套"红船精神"专题教育教材》《红船精神》《红船见初心》《红船初心："红船精神"的理论与实践》《从南湖出发》《读懂"红船精神"》《启航——红船精神永放光芒》等，有力促进了红船精神的传播与践行。

3. 中央与地方互动

中央与地方都非常重视、共同参与、齐心协力推进红船精神的学术研究，也是这一时期红船精神研究的一个特征。自红船精神提出以来，一些学者就对红船精神展开了探讨，尤其是嘉兴学院、浙江省委党史研究室、浙江省社科院等浙江省内单位的一批学者对红船精神开展了一系列扎实深入的学术研究活动，为红船精神的传承与践行奠定了一定的学理基础，在浙江省内特别是嘉兴市形成了良好的研讨氛围。党的十九大之后，习近平总书记带领新一届中央领导集体专程前往上海和浙江嘉兴，瞻仰一大会址和南湖红船，发表了重要讲话，再次阐释了红船精神，并做出了"结合时代要求大力弘扬红船精神"①的指示。2017年12月4日在浙江嘉兴召开了弘扬"红船精神"座谈会，王沪宁同志出席会议并讲话，强调"我们要认真贯彻习近平总书记关于弘扬'红船精神'等革命精神的重要指示"②。党和国家主要领导人关于红船精神的重要阐述以及对红船精神的研究和传承工作的高度重视，足以显示红船精神的内涵与

---

① 《铭记党的奋斗历程时刻不忘初心　担当党的崇高使命矢志永远奋斗》，《人民日报》2017年11月1日第1版。

② 《认真贯彻习近平总书记重要指示　大力学习弘扬"红船精神"　用伟大精神推动伟大实践》，《人民日报》2017年12月5日第1版。

地位得到了党中央的确认，红船精神研究已经赢得国家层面的明确支持和肯定，为红船精神研究提供了良好的时代机遇和巨大的推动力量。这在一定程度上改变了以往红船精神研究的地域化倾向，使得红船精神成为一个全国性的学术话题，推动了红船精神研究的科学发展。在中央有关部门的带动下，《人民日报》《光明日报》等中央级报纸纷纷刊登红船精神的研究成果，越来越多党校系统、高校等教学科研机构的学者投身于红船精神研究之中。浙江嘉兴组建了浙江红船干部学院，聘用了国内一大批学者研究红船精神。在中央的带动下，浙江省高度重视红船精神的研究、宣传与传播工作，将其纳入了省、市党委工作的重要内容，在制定总体目标、推进整体工作、开发工作载体与保证机制健全等方面做了统一的规划，并结合实际做了更具体的要求与部署。从中央到地方，形成了中央高度重视、地方党委加强部署、部门齐抓共管、社会积极参与的工作格局，为红船精神研究可持续发展提供了重要保障。

4. 传承性与创新性相结合

党的十九大以来，红船精神研究的特点还突出表现在传承性与创新性相结合。正如恩格斯所说，任何一种新的理论学说和理论观点的产生，"必须首先从已有的思想材料出发"①。任何理论研究活动的发展，都是融合已有研究基础之上的创造。在此之前，红船精神已历经了十余年的研究，产生了一定的理论成果和学术观点，在一定范围内产生了影响。这一时期红船精神研究的传承性与创新性相结合的特点集中体现在研究内容、研究成果、研究视域与研究方法的继承、吸纳、发展与创新上。纵观红船精神的研究历程，红船精神的产生历史背景、深刻内涵、历史地位、时代价值以及与其他革命精神的内在关联等一直是学界研究的重点内容，尽管在阐述上各有侧重与发挥，但都体现了传承性与创新性相结合的特点。尤其是党的十九大以来，理论界、学术界抓住有利时机，充分汲取与综合运用红船精神研究取得的代表性成果和共识性观点，不仅通过党性教育课程、报刊专栏、文艺演出、文献片、纪录片、电影、电视以及新媒体技术直观形象地宣传介绍了红船精神，还以理论教材、通

---

① 《马克思恩格斯选集》第 3 卷，人民出版社 1995 年版，第 719 页。

俗读物、青少年科普读本等将理论成果汇聚凝结起来，极大丰富了红船精神的教育形式与传播途径，也迅速扩大了红船精神的影响力，满足了人们学习弘扬红船精神的需要，助推了红船精神资政育人价值的实现，这是在红船精神研究中坚持传承与创新相结合的结果。另外，经过习近平总书记的进一步阐释以及红船精神的地位获党中央认可后，红船精神研究有了更加宽广的理论视野，并进入了一个新的发展阶段，红船精神逐渐成为研究习近平新时代中国特色社会主义思想、中国共产党的初心与使命、中国道路与实践时难以回避的一个话题。在研究方法方面，学界继承运用了文献研究法、人物访谈法等基本方法，不仅进一步深化红船精神的历史研究、内涵研究等，还从研究之研究这个特殊的视角去研究、梳理红船精神研究的基本发展历程，概括和总结红船精神研究的基本成就、经验与教训。此外，学界还尝试运用了一些新的研究方法，如用比较研究方法探讨红船精神与其他革命精神的关系，用实证研究方法探讨红船精神的认同、教育等问题，用田野调查法、口述历史整理法对红船精神的产生历史做进一步具体化研究，借鉴传播学、设计学、文化学等学科的研究方法，对红船精神的传播进行研讨，等等。正是将传承性与创新性相结合，才使红船精神研究得以持续性发展。

5. 研究的新时代价值显著

党的十九大赋予了红船精神新的时代内涵与实践意义，开启了学习、讨论与弘扬红船精神的新一轮热潮，使得研究红船精神的学术重任摆在了时代前端，并具有重要的时代价值。第一，有力推动了对党的十九大精神与习近平新时代中国特色社会主义思想的学习。习近平总书记在瞻仰党的一大会址之后说："我们全体中央政治局常委同志这次集体出行，目的是回顾我们党的光辉历程特别是建党时的历史，进行革命传统教育，学习革命先辈的崇高精神，明确肩负的重大责任，增强为实现党的十九大提出的目标任务而奋斗的责任感和使命感。"① 习近平总书记带领中央领导集体参观一大会址以及阐释红船精神，旨在回首建党历史与建党初

心，坚定理想信念，凝心聚力，激发全党和全国人民为实现"两个一百年"奋斗目标、实现中华民族伟大复兴中国梦而奋斗的信心和决心，这与党的十九大精神一脉相承。理论界、宣传界对此进行了及时宣传报道和理论解读，撰写了一大批阐释红船精神与党的十九大精神、习近平新时代中国特色社会主义思想的理论文章，这些应景的宣传阐释成果及时有效地宣传了新思想。第二，为全党开展"不忘初心、牢记使命"主题教育活动提供了重要载体。红船精神是中国共产党在探索中国道路过程中形成的第一个精神坐标，凝结着中国共产党的初心与使命。近两年来，上海中共一大会址纪念馆和浙江嘉兴南湖接待游客数量迅速增加，这两地逐渐成为人们追寻中国共产党初心的革命圣地，汲取革命精神的教育基地。研究者纷纷着眼于红船精神与不忘初心的理论主题展开探讨，出版了多部关于红船精神的理论教材，为党员干部、普通大众提供了接受主题教育的读物读本。第三，推动了包括红船精神在内的中国共产党革命精神的大众化。经过以习近平同志为核心的党中央的阐释，红船精神日益为大众所知晓。同时通过学界的大力研讨，多种形式的媒体宣传报道，以及红船精神主题教材的出版等一系列研究活动和传播媒介，红船精神得到广泛传播，日益深入人心。

结 语

红船精神研究的回顾与展望

红船精神是创建中国共产党伟大实践中孕育出的革命精神，代表了中国共产党人的革命精神、优良传统、优良作风，是中国共产党历史上的第一个精神坐标，是中华民族和中国人民宝贵的文化财富和精神力量。把红船精神研究好、阐释好、宣传好、传承好，是一项神圣而重大的时代使命，也是当代学者义不容辞的责任。众多专家学者在红船精神这块精神文化宝藏上开拓挖掘、深度耕犁，为红船精神研究留下了丰厚的历史资料和研究著作，蕴含了他们关于红船精神的学术思想、理论观点及研究方法，是我们继续做好这项事业的重要基础和宝贵财富。正如恩格斯所说，任何新的学说，"必须首先从已有的思想材料出发"①。红船精神研究史上每向前迈进的一步，都与以往研究所取得的成就息息相关。红船精神研究已经走过了十几个年头了，纵观整个研究进程和各个时期的研究成果，可以清晰地看出红船精神研究的发展轨迹，了解其基本现状，进而把握其发展趋势。

一 红船精神研究的基本历程回览

红船精神研究主要受两方面因素影响：一是对红船精神本身的认识发展，集中体现为党和国家主要领导人多次亲临党的诞生地，为红船精

---

① 《马克思恩格斯选集》第3卷，人民出版社1995年版，第719页。

神研究与弘扬提出了明确要求和重要部署;二是为社会主义现代化建设和实现中国梦等各方面的现实需要,红船精神对中国特色社会主义实践的方方面面具有重要的时代价值。在这两方面因素的推动下,红船精神研究得到了有序开展,取得了一系列可喜的成就。

1. 红船精神研究的预备阶段(1921—2005.6)

红船精神形成于 20 世纪 20 年代前后中国共产党创建的历史过程之中,在中国革命、建设、改革的历史进程中得到了长足的赓续和发展,在理论上也有所积淀;而关于红船精神的自觉研究则是发端于 21 世纪,以时任浙江省委书记习近平发表署名文章《弘扬"红船精神" 走在时代前列》为标志,红船精神研究正式启动。我们可以将 1921 年中国共产党成立到 2005 年这一时期看作红船精神研究的预备阶段。一方面,红船精神的产生与发展,为红船精神研究提供了客观前提;另一方面,党和国家领导人对建党历史记忆的集体建构,以及中共一大会址的确认与修缮,为红船精神的提炼和研究奠定了深厚的理论基础。21 世纪,在全党开展保持共产党员先进性教育活动的背景下,时任浙江省委书记习近平在浙江省内带头瞻仰红船,接受革命精神的洗礼。在这一带动下,浙江嘉兴市将南湖红船作为共产党员先进性教育活动的载体,开展"红船精神大讨论",得到了广大党员和群众的响应。习近平在此基础上,结合在地方主政的实践经验和相关理论思考,在《光明日报》上发表文章,科学阐明了红船精神的深刻内涵、历史地位与时代价值等,红船精神理论形态得以正式面世。

2. 红船精神研究的初步发展(2005.6—2012.10)

从 2005 年红船精神提炼出至 2012 年党的十八大召开这一阶段,红船精神研究处于起步阶段,相关学术研究有所发展。这一时期,在党和国家高度重视文化建设的政策氛围下,特别是浙江省嘉兴市将弘扬红船精神作为一项重要事业来抓,多次将弘扬红船精神写进党代会工作报告,红船精神研究得到一定的开展。理论界和学术界初步地研讨了红船精神,也在相关领导职能部门的指导下成立了嘉兴南湖红船精神研究会和嘉兴学院红船精神研究中心两个研究团体。但总体而言,这一时期的红船精神研究以宣传形态为主,有关红船精神的论文论著数量偏少。

3. 红船精神研究的渐次展开（2012.11—2017.9）

党的十八大至党的十九大的五年，在党中央提出"红色基因代代相传"的时代工程和"把红色资源利用好，把红色传统发扬好，把红色基因传承好"的总体部署下，红船精神研究得到了有力推进，是红船精神研究的渐次展开阶段。浙江省嘉兴市委党校"红船精神与科学发展研究中心"、嘉兴学院中国共产党革命精神与文化资源研究中心等专门化研究机构的设立，全国性、常态化的红船精神学术研讨会的举行，使红船精神得到了扎扎实实的研讨。有关红船精神的论文论著数量明显增加，研究内容呈现出多维性，涵盖了红船精神的多个侧面，研究成果形式多样，有小说、理论专著、纪实文学、通俗读物等，研究的现实视角和问题意识突出，进一步加深了红船精神本体研究。总之，这一时期取得了一系列重要理论成果，推动了红船精神研究的传承与创新。但是，研究中也存在地域化的倾向。

4. 红船精神研究的全面推进（2017.10至今）

党的十九大之后，习近平总书记带领新一届政治局常委前往上海中共一大会址和浙江嘉兴，再释红船精神，令国人瞩目，推动红船精神研究进入全面展开的新阶段。全国范围内掀起了学习研究宣传红船精神的热潮，红船精神逐渐成为一个受到广泛关注和热烈研究的学术话题。理论界和学术界将红船精神研究作为一项紧迫的任务来对待，积极努力争取国家级、省部级课题项目的立项与资助，通过高规格、高密度召开的红船精神理论研讨会，热烈研讨红船精神，积极推动研究成果转化，产生了一系列宣传红船精神和"不忘初心、牢记使命"主题教育相关的理论读物，提升了红船精神的影响力。

二　红船精神研究发展的现实梗阻

回顾红船精神十余年的研究历程可以看出，红船精神研究在短时间内取得了显著性进展，初步形成了研究对象确定、研究内容明晰的研究框架，红船精神的内涵及地位也获得了党中央的权威认定，也产生了一些理论成果，可以称得上是中国共产党革命精神研究中的"后起之秀"。

当然，基于对当前红船精神的研究现状和研究过程分析我们不难发现，这其中也存在与红船精神的内在发展要求不相协调的地方，主要体现在以下四个方面。

1. 较晚的研究启动时间，同红船精神在中国共产党历史上形成最早的时间不相照应

从中国共产党历史上来看，红船精神是在党的创建、诞生过程中孕育出来的，是形成最早的革命精神坐标，理应得到及时的研究，拥有较为完备的理论框架和研究体系。然而，从新民主主义革命时期最光辉、最具有里程碑意义的"六种革命精神"① 来看，红船精神可谓是"起了大早，赶了晚集"。形成于井冈山斗争时期的井冈山精神在 20 世纪 60 年代就被国家主要领导人提出科学命题；中央苏区时期形成的苏区精神在20 世纪 90 年代就启动了研究工作；在长征中孕育的长征精神在 1996 年长征胜利六十周年纪念大会上就形成了系统性阐述；延安精神的提法在中华人民共和国成立之前就已存在，之后也展开了后续的研究；西柏坡精神的概念在 1988 年河北省开展中共中央进驻西柏坡 40 周年纪念活动时就提出了，之后也开始了相关研究工作。而红船精神是 2005 年才得以提炼，造成了在相当长的历史时期内，中国共产党成立到大革命之间的革命精神理论的缺位，造成中国共产党革命精神谱系建构的不完整。红船精神的提出至今也不过十多年，较短的研究周期使得成熟完备的研究体系未能建立起来，一定程度上制约了红船精神的当代传承。

2. 地域化的研究格局，同红船精神作为全国性的精神坐标的定位不相匹配

作为中国共产党的最终诞生地、红船起航地、红船精神的升华地，浙江嘉兴率先开始研究红船精神，并走在全国前列，值得称赞。从目前掌握的有关红船精神的各种研究成果来看，不难发现，近七成是浙江学者所作，绝大多数的学术会议都在浙江嘉兴召开，论文也多刊载于《观察与思考》《嘉兴学院学报》《浙江日报》《嘉兴日报》等浙江当地报刊，浙江省以外的学者对红船精神的关切程度相对不够。总体上，红船精神

---

① 邱小云：《论中共民主革命时期的革命精神史》，《江西社会科学》2013 年第 3 期。

研究热度呈现出浙江省嘉兴市、浙江省其他地区、浙江省外依次递减状况，表现出地域化的研究格局。红船精神是中国共产党的建党精神，是中国共产党和中国人民探索中国梦的精神凝结，是中华民族精神的伟大转折与升华，是马克思主义中国化的重大精神成果，是全国性的精神坐标，红船精神研究理应呈现全国各地百花齐放的局面。但是，当前这种地域化的研究格局影响着人们对红船精神的认知，容易造成红船精神"必然浙江论"① 的认识误区，不利于红船精神的教育与传承，在实践中也制约着红船精神现实价值的发挥。

3. 浅层次的学理阐释，同新时代推动红船精神大众化的要求不相适应

总体来看，在当前有关红船精神的研究成果中，应景宣传阐释的多，深度学理探讨的少；新闻报道与时论短文多，学术论文论著少；理论研究的多，实证研究的少。整体而言，相比同领域的其他课题研究，红船精神在学理上缺乏深入探讨和辨析，部分研究成果学术性不强、学理性不够，华而不实，导致了在实际运用和转化过程中受到质疑与挑战。尤其关于红船精神历史地位的解读是学理阐释的薄弱环节。学术界曾以中国共产党幼年时期对共产国际过分依赖、未能走自己的路这一论据而提出在这一时期未能形成独立的精神形态的理论观点，而目前在红船精神研究中，很少对此观点给予回应，对"井冈山精神是中国革命精神之源"的传统认识的批判也不够深入。在理论上讲清楚、说明白是推动红船精神大众化的基本前提。薄弱的学理阐释，使得红船精神的理论解释力、说服力明显不够，致使在推动红船精神大众化过程中，红船精神在人们的脑海里总是一个"新老交织"的话题。在宣传革命精神过程中，红船精神是经常被人提及、用起的"老话题"，但是一旦要做进一步阐释时，红船精神往往又是一个需要不断拓展加深的"新话题"，造成红船精神的教育往往是浅入浅出，停留表层，缺乏深刻性与实效性。

---

① 游海华：《关于红船精神认识误区的几点辨析》，《井冈山大学学报》（社会科学版）2016 年第 2 期。

4. 有限的研究规模和学术影响力，同红船精神作为中国共产党革命精神之源的地位不相对称

与提出时间较早、理论研究也较为完备的井冈山精神、长征精神相比，当前红船精神的研究还没有形成广泛的规模效应，只是造就了浙江尤其是嘉兴一隅繁荣的景象，全国范围内持续性、学理化的探讨还不是很多，学术影响力也比较有限。纵观各个革命精神的研究状况，我们发现，红船精神研究基本承袭和沿用了"产生历史—基本内涵—历史地位—时代价值"的革命精神研究的传统路线，与其他革命精神的研究视阈、解释框架大致相同，没有形成具有自身特色的研究体系，导致红船精神研究与其他革命精神研究有较大的相似性与雷同性，未能充分彰显红船精神的个性特征。从红船精神研究本身来看，已有的学术成果的内容千篇一律，研究主题趋同性明显，集中表现了对红船精神的内涵及其思想政治教育价值与党建价值等几方面的探讨，研究视域相当有限，未能全方位地推进红船精神的阐释工作，也进一步削弱了红船精神的学术影响力。这样的研究状况与红船精神作为中国共产党革命精神源头的地位是极不相称的，严重制约了红船精神"龙头"作用的发挥，进而影响革命精神谱系整体力量的跃升。

三 做好红船精神研究的方法论遵循

要推动红船精神研究的科学发展和向纵深前进，促进研究工作的立体化、系统化、体系化，增强学术性、科学性、创新性，在研究中应坚持以下几个"相结合"的方法论原则。

1. 坚持学理研究与宣传阐释相结合

在党史研究和中国革命精神研究中学理研究和宣传阐释历来是有机结合的，学理研究是宣传阐释的基本前提，宣传阐释促进学理研究成果的转化和综合运用，并对学理研究提出更进一步的要求。习近平总书记曾强调："用党的历史教育党员、教育干部、教育群众尤其是教育青少

年，是党史工作服务党和国家大局的重要内容。"① 红船精神是中国共产党历史的见证，对接党的初心与使命，是开展党史宣传与教育的重要资源，当前理论界和宣传界都格外重视。目前来看，红船精神研究过程中，学理研究较少，宣传阐释居多，使得宣传阐释缺乏必要的学理支撑，在宣传过程中就会出现说不清楚、讲不明白的情况。因此，在实际工作中，要将学理研究和宣传阐释有机结合起来。一方面，加深红船精神的学理研究，为宣传阐释工作提供强有力的科学依据和学理支撑，特别是加强关于红船精神的重大理论与现实问题的研究，回应人们对红船精神的热忱关切，如加强对"红船精神与中国共产党的初心使命"这一热点议题的学理探讨，为运用红船精神开展主题教育提供更加扎实深厚的理论依据。另一方面，要以加强学术研究为科学基础，结合时代主题和实践开展形式多样的红船精神教育宣传，着力拓展宣传教育的方式与渠道，增强红船精神宣传阐释的科学性、有效性。唯有此，才有可能达到红船精神的学理研究与宣传阐释的科学化，也才有可能达到习近平总书记提出的"努力提高党史工作的科学化水平"② 的要求。

2. 坚持政治性与学术性相结合

红船精神是中国共产党政治觉悟、理想信念、价值立场的精神样态，属于上层建筑中的意识形态，是中国共产党治国理政的重要历史资源。因此，红船精神研究作为一项学术研究是不言而喻的，但其政治性也是我们必须要注意的一个方面。从红船精神的研究历程不难看出，从红船精神的提炼再到党的十九大以来红船精神研究开启热潮，红船精神研究始终与党执政和国家发展同频共振，党和国家对红船精神研究提供了宏观上的理论指导和实践指引。但是，这并不意味着红船精神不是一个专门的科学问题，红船精神研究没有学术性，不需要按照学术规范来推进。在研究过程中，应该坚持政治性与学术性相结合，秉持政治标准与学术标准的有机统一。要坚守正确的政治立场，不偏离人民立场，不以党的一大 13 位代表人物迥异的人生结局简单地否认红船精神的存在，犯历史

---

① 《全国党史工作会议在京举行》，《人民日报》2010 年 7 月 22 日第 1 版。
② 同上。

虚无主义的错误，而应该采用科学的研究方法，全面、立体、深入、规范地开展红船精神研究，科学界定红船精神研究的对象和范围，坚守学术标准，在保持研究的相对独立性的同时积极为政治服务，为中国特色社会主义发展提供强大的精神动力，实现学术研究资政育人的价值与使命。

3. 坚持历史研究与现实探讨相结合

历史是过去传到将来的回声，是将来反映过去的倒影。"历史、现实、未来是相通的。历史是过去的现实，现实是未来的历史。"① 通过历史，可透析现在，昭示未来，只有不忘历史的国家和民族，才配拥有光明的未来；善于学习历史、借鉴历史经验，才能主动把握历史，自觉推动历史向前发展。精神是历史意识的集中表达，是历史经验的高度凝结。但是，精神不会自发形成，也不会自发起作用，而是需要特定的人或者特定的群体，在时代感召之下，承载时代发展的使命和要求，推动精神的孕育、产生和发展。红船精神作为建党精神，不仅回答了中国共产党"从哪里来"的历史叩问，也蕴含着"到何处去"的时代特征。因此，研究红船精神必须坚持将历史研究和现实探讨有机结合起来，这是历史唯物主义方法论的根本要求。时代是精神的试金石，精神反映着时代特征，只有深入红船精神产生的社会历史现实，关注历史情境和历史过程对红船精神的建构作用，才能深刻把握红船精神的实质内涵和其所承载的历史内容。但是，不能仅仅停留在历史中徘徊不前、在红船精神的理论逻辑中抽象预演，而更需要密切结合现实，将历史与现实进行比照，如将中国共产党创建时期的共产党人的精神状态与当今党建实践中加强理想信念教育相联系，总结出红船精神对当今加强党的政治建设、思想建设等的精神动力作用和启示意义。

4. 坚持个体性与群体性研究相结合

红船精神是中国共产党革命精神谱系中的一员，在历史发展过程中已经深深地内蕴于革命精神谱系之中，既涵养着革命精神谱系的共性特征，也彰显着自身的独特个性。作为研究者，必须意识到单个革命精神

---

① 《习近平谈治国理政》，外文出版社 2014 年版，第 67 页。

的理论形态的提出，是对革命精神谱系做了逻辑上的相对分离，并不能打破革命精神谱系自身所具有的链条性与完整性。研究红船精神时，要坚持个体性与群体性研究相结合，将红船精神放在中国共产党历史和革命精神发展历程中来考察。从当前红船精神研究的现状来看，个体研究的多，与群体结合的少。对红船精神的个性特征的研究应该联系中国共产党革命精神谱系，综合运用比较研究的方法。这不是为了比较出哪种革命精神更重要、更高明，而是为了在共性中寻找个性。这就要求我们，既要突出红船精神在中国共产党革命精神谱系中的起始性地位和源头性特征，也要显示出中国共产党革命精神发展的逻辑连贯性和谱系整体性；既要凸显红船精神的内涵和价值个性，也要看出革命精神谱系的共性特征；既要看到红船精神形成的历史阶段性，也要看到革命精神发育的长足性以及革命精神之间的继承发展关系。应以红船精神为思考基点和重要契机，坚持个体性与群体性研究相结合，系统梳理中国共产党革命精神谱系，筑深中国共产党"信仰之塔"的地基。

5. 坚持地域维度与全国意义相结合

革命精神是特定的人或者特定的群体在一定范围内从事革命活动而形成的，受区域文化、区域革命活动等的影响，大多数革命精神文化都具有一定的地域维度。红船精神亦是如此，无论是从中国共产党早期组织及其成员的地区分布，还是从早期革命活动的地域来看，红船精神的形成都有区域因素的印记。正如有学者所言，这艘红船是"北京设计，上海制造，南湖起航"①。实际研究中，作为红船起航地与红船精神的升华地，浙江方面对红船精神的关注是较为明显的；在一些研究成果中，也不乏重视浙江方面对红船精神研究宣传的贡献的讨论。这固然没有错，但是，我们应该清楚地认识到，中国共产党的诞生是各地早期党组织合力的结果，红船精神是党和人民共有的精神财富，是全国性的精神坐标，它具有地域性，也更具外向性。要深刻把握红船精神的实践要求，就必须坚持地域维度和全国意义的有机结合，敢于突破"生于斯，壮于斯"的小格局，从时代和全局的高度弘扬红船精神。一方面，要考量区域因

---

① 李忠杰：《红船驶进新时代》，《人民日报》2018年1月23日第24版。

素对红船精神形成的影响，继续发扬好区域先天优势，充分利用区域独特的历史文化资源把红船精神研究好、宣传好。另一方面，要从全国视野出发，从中华民族精神的发展、中华传统文化的传承及新时代中国特色社会主义实践的方方面面来探讨红船精神，让红船精神研究在全国形成百花齐放的良好局面。

四　继续深化红船精神研究的着力点

基于研究现状和上述讨论，应该以下几方面内容为着力点，进一步推动红船精神研究向纵深化发展。

1. 进一步拓宽研究视域与研究内容

当前红船精神研究还处于基础研究阶段，研究视域和研究内容都比较集中于某一方面或者某一点上，这严重制约着研究成果的丰富性，也无益于有创见的成果的诞生，必须进一步拓展研究视域与研究内容，全面推进红船精神研究。在研究视域方面，以往研究中更多地将红船精神与党的建设紧密联系在一起，容易形成"红船精神从建党实践中孕育，其理论逻辑也归于党建"的思维定式。我们应该看到，红船精神不仅是中国共产党的建党精神，还是中国革命历程与马克思主义中国化进程中的精神原典，是马克思主义与中国传统文化有机融合的成功范例，是中华民族精神的伟大升华，蕴藏着中国道路走向成功的红色基因和精神密码，还是社会主义运动在中国发展的精神凝结，具有多维定位和多重意义。但目前还没有从马克思主义中国化视域、马克思主义与中国传统文化融合视域、中华民族精神视域、科学社会主义视域等展开研究的成果，这应是今后需要着力拓展的几个视域。在研究内容方面，红船精神在革命实践、革命地域、革命群体、与人民群众联系程度方面，与其他革命精神相比都具有很大的不同，要加强对红船精神的形成历史过程研究，以长时域的角度去拓展红船精神的历史内涵，加强红船精神与工人运动、马克思主义大众化、共产国际等方面内容的研究，还要加强红船精神与红船人物的研究，拓展红船精神的研究内容，加强研究的全面性、立体性。

2. 进一步加强多学科视角下红船精神的研究

当今社会，学科之分工甚是精细，一个研究问题往往有多个侧面，研究中经常出现"隔行如隔山"的状况。为了突破单一学科研究的局限，从多学科视角考察问题、进行学科交叉研究就非常必要。红船精神的研究、阐释、宣传、传承工作亦是如此，它不应是党史党建或马克思主义理论等某一学科单打独斗、自我演绎，而应是一项由理论到实践、由历史到现实、由外部到内部的系统性工程，需要多学科的共同参与。深化红船精神研究，就要在原有基础上，利用和借鉴其他学科的研究框架和研究方法，扩充学科手段，借鉴与利用其他学科的理论成果来创造出适用于新目标的理论框架和研究方法。换言之，就是要在学科之间交叉渗透，互相合作，通过历史学、哲学、社会学、文化学、语言学、心理学等学科的视角与方法，来提取比以往更为丰富、深刻的信息，不断提升红船精神相关问题认识与阐释的专业性、系统性。比如，可在社会学视角下研究红船精神形成的社会机理，在心理学视角下探究红船精神传播的大众认同机制，从文化学、语言学的角度研讨红船精神命名的合理性及其深刻意蕴，从传播学角度来分析红船精神的传播原理及传播策略，从经济学角度来探讨红船文化及其相关文化产业的经济价值及开发运营，从教育学角度设计红船精神教育的课程，从哲学角度探讨红船精神的哲学寓意及其对马克思主义哲学理念和中国哲学理念的传承与创新，等等。这些都是接下来的研究中值得考虑的方面。

3. 进一步深化红船精神与中国共产党革命精神关系的研究

红船精神是中国共产党革命精神的创始原点，红船精神的提出丰富和完整了革命精神谱系，使得中国共产党革命精神谱系与中国共产党在历史起点上达到了高度一致。红船精神与中国共产党革命精神的关系是红船精神研究的一个重点内容，当前这方面研究仍处于起步阶段，停留在浅层次的比较研究阶段。笔者认为，这方面的研究，既要有比较分析，也要有联动综合。深化比较分析的目的，不是抬高红船精神的地位，而是发现其个性之处，更加深刻把握红船精神的精髓与实质，洞察出革命精神在历史发展中的嬗变。要着力进行红船精神与其他革命精神的动态比较，在马克思主义中国化、中国革命的历史线索中探寻其在实践基础、历史内涵、理论表达特征等方面的不同。特别是把红船精神与井冈山精神进行对比研究，与以往的相关观点展开深入的理论对话，提升理论的解释力、说服力。发挥好红船精神的"舵手"作用，激活中国共产党革命精神谱系的精神动能，领航中国共产党革命精神的时代发展，构筑起中华民族伟大复兴的精神大厦，这是红船精神作为中国共产党革命精神源头义不容辞的使命。这就意味着在研究过程中要联动综合，以红船精神为起点，融通中国共产党革命精神谱系，计算出革命精神的"最大公约数"，画出革命精神的"最大同心圆"，得出对中国革命精神的历史形成、发展动力、演变规律、本质特征的科学认知，探寻中国革命精神的核心价值观念，形成对其核心内涵的集中表达，推动中国共产党革命精神整体性研究的进步。

4. 进一步建立红船精神研究可持续发展的保障机制

基于对已有文献的分析我们发现，红船精神形成发展至今，出现了两次研究高潮，分别是 2015 年红船精神提出十周年之际和党的十九大后习近平再释红船精神。但高潮出现之后，往往伴随着研究的回落甚至是低谷。弘扬红船精神，我们希望它不是时代的呼唤和时代发展需求的"一时兴起"，而是基于客观思考和理性选择的常态化行动，并内化为我们继续前行的长足性精神补给与精神动力。这就要求有关部门进一步建立红船精神研究可持续发展的保障，形成科学规范长效的研究机制，推动红船精神研究科学发展。从已有的研究条件来看，要发挥好教育部和中共党史研究室联合设立的高等学校中国共产党革命精神与文化资源研究中心的智慧和力量，改变各个研究中心各自为战的状况，突破时空因素的限制，使各个研究中心密切联动起来，构建起以红船精神等中国革命精神的项目为纽带的"目标同心、合作紧密、优势互补、成果共享"的基地协同、机构协同的协同机制，形成全国、省级、市级各单位机构的研究网络体系。这也有利于改变地域化的红船精神研究格局。要增加红船精神研究人员的数量，以研究中心为平台，在全国范围内吸纳一批高学历、高水平、愿意从事红船精神研究的专兼职研究人员，形成一支专兼职结合、以专职为主兼职为辅、老中青结合的研究团队。要增加红船精神研究经费的投入，学者要积极在选题和论证上下功夫，争取获得国家社科规划项目和教育部社科规划项目的立项资助。相关学术期刊可以适当在选稿方向上向红船精神研究倾斜，开设红船精神研究专栏，刊发高质量的阐释红船精神的文章。

5. 进一步夯实红船精神的史料基石和学理支撑

如果一种精神仅仅停留在话语表述层面，没有历史背景、革命实践、特定人群等为依托，就不能形成内涵丰富、影响深远的精神形态。对革命历史的把握，是深入理解革命精神的金钥匙。中国共产党创建史是红船精神得以生成的根，也是红船精神存在的载体和依托，离开这段历史，红船精神也就不复存在了。如果不对中国共产党创建史做深入扎实的探讨，红船精神研究也难以深入和全面发展。红船精神研究最起码、最基础的就是深挖史料，要将承载、孕育这一伟大精神的历史情境、历史过程原生态地呈现出来。这种史料不能仅限于"一时一地一船"，时间上应该至少包括建党前后直至井冈山时期，在空间上应至少包括近代中国的整体地域范围乃至日本、法国等域外范围，在人群上应至少包括陈独秀、李大钊、13 名中共一大代表、早期中国共产主义小组的 50 多名党员以及非共产党员王会悟等人物。特别是要注重关键史实的研究，如，嘉兴南湖会议的准确开会时间亟须确证并达成共识等。同时要认真甄别与辨析史料，要运用理论框架对史料进行分析，学理性地运用史料，使研究结论建立在坚实的史料支撑和论证说理的基础上，增强研究的广度、深度，避免"事实性"史料的简单堆砌或者浅层次梳理叙述、理论与史料两张皮的状况。

历史在前进，时代在发展，红船精神是一个需要持续探索、不断深化、常研常新的理论与实践课题，它需要学者坚定正确方向、坚持科学精神、坚守学术底线，以敬畏之心对待，以求实之心研究，以求真之心阐发，把对红船精神的传承付诸学术研究与理论创造之中，多出精品力作，推动红船精神研究向纵深化发展。

附　录

红船精神研究概览

98 年前，中国共产党人在浙江嘉兴南湖的一条游船上续开中共一大会议，宣告中国共产党的诞生。这条游船因这一伟大历史见证而获得一个载入史册的名字——红船；创建中国共产党的革命实践也孕育出一种伟大的建党精神——红船精神。2005 年，正值全党开展以实践"三个代表"重要思想为主要内容的保持共产党员先进性教育活动之际，时任浙江省委书记习近平结合自身的主政实践和理论思考，在《光明日报》上发表理论文章，创造性地提炼了红船精神，指出"开天辟地、敢为人先的首创精神，坚定理想、百折不挠的奋斗精神，立党为公、忠诚为民的奉献精神，是中国革命精神之源，也是'红船精神'的深刻内涵"[①]。自此，红船精神步入了党史研究部门、社科理论界的研究视野之中，并逐渐成为学术研究的重点论题。党的十九大之后，习近平带领中共中央政治局常委前往上海一大会址和浙江嘉兴南湖红船，再度阐释红船精神，提出要"结合时代特点大力弘扬红船精神"[②] 的伟大号召。学界掀起了学习研究宣传红船精神的热潮，开创了红船精神研究的新高点、新局面。十余年来，学界以红船精神为主轴，对其形成、提出、内涵、地位、价值等进行了多维度的学理探讨和观点阐发，产生了一批兼具理论与现实意义的理论成果，值得进行一个阶段性的梳理和总结。本书试图从学术

[①] 习近平：《弘扬"红船精神"　走在时代前列》，《光明日报》2005 年 6 月 21 日第 2 版。

[②] 常雪梅、闫妍：《铭记党的奋斗历程时刻不忘初心　担当党的崇高使命矢志永远奋斗》，《人民日报》2017 年 11 月 1 日第 1 版。

史的角度，通过梳理学术脉络、整合研究框架、归纳理论观点，全面回顾和系统梳理我国的红船精神研究，找到研究中存在的问题和未来研究的着力点，以期进一步推动红船精神研究的深化。

一　红船精神的生成与发展

应当说，任何一种精神文化都是产生于一定的社会历史和社会实践活动之中，对红船精神历史形成的探寻应是把握红船精神的必经之路，只有回到历史情境和社会实践中才能更好地理解和把握红船精神。学界关于红船精神的历史生成研究，主要从红船精神产生的历史必然性逻辑、社会历史条件以及生成形态等方面展开。

红船精神的产生不是出于"意外转移、一条小船、半天短会"的历史偶然，而是近代创建中国共产党的社会实践的精神的必然呈现，这是关于红船精神历史形成的普遍性结论。杨晓伟认为，红船精神是在中共创建史上、在一个较长的、呈连续性的社会运动和思想运动的历史合力下形成的、体现着建党历史与逻辑有机统一的产物。[1] 王艳芳认为，红船精神见证了党的诞生、彰显了党的先进性、蕴含着党的深刻哲理，其形成是中国共产党建党精神的历史必然。[2]

红船精神的产生条件是学界研讨较多的一个问题。从生成条件看，赵金飞认为，红船精神产生的社会历史条件可以归纳为四个方面：历史依据是近代中国救亡图存的历史任务、理论来源是马克思主义、文化根基是中华优秀传统文化、实践基础是早期马克思主义者的建党实践。[3] 从生成逻辑看，陈华兴、唐晓燕认为，红船精神是中国共产党传承中华优秀传统文化的历史逻辑、探索中华民族救亡图存道路的政治逻辑、始终

---

① 杨晓伟：《基于意象思维的"红船精神"命名中共建党精神的合理性》，《毛泽东思想研究》2017 年第 6 期。

② 王艳芳：《总体性视域下的红船精神》，《党史博采》2018 年第 10 期。

③ 赵金飞：《论红船精神形成的社会历史条件》，《观察与思考》2018 年第 1 期。

保持党的先进性的发展逻辑三者共同促成的结果。① 从生成情境看，段光鹏认为，红船精神产生于近代中国民族民主革命的图景、中国共产党的创建过程、精神诞生地的区域文化三重情境。② 从科学社会主义视角看，陈步云认为，红船精神的产生与发展体现了科学社会主义的理论逻辑与实践逻辑。③

伟大事业产生伟大精神，伟大精神滋养伟大事业。季盛清认为，红船精神形态可以分为三种形态，分别为历史形态、理论形态、实践形态。

显然，研究者们关于红船精神生成与发展的研究视角不同，观点各有侧重，但主要集中在近代中国的时代背景、马克思主义传入、中国传统文化、建党实践等方面，这也说明红船精神的产生与发展是多方因素、多种逻辑综合作用形成的必然结果。

二 红船精神的概念提出

概念的提出与界定是研究的逻辑起点。作为一种社会意识、集中表现建党时中国共产党人的革命品质、精神风貌的红船精神在党史上早就存在，但作为学术概念的红船精神则是 2005 年才得以提出。学界对于红船精神的概念提出及其意义进行了相关的研究。

红船精神形成最早，概念提出却较晚，可谓是"起了大早，赶了晚集"④，这有一定的历史与现实的原因，学界对此做了相关的探讨。高凡夫认为，制约红船精神提出的因素有三方面："井冈山精神是中国革命精神之源"的传统学术观点、"上海是中国共产党诞生地"的传统思维认识

---

① 陈华兴、唐晓燕：《红船精神生成与发展的内在逻辑及其当代价值》，《嘉兴学院学报》2015 年第 27 期。

② 段光鹏：《"红船精神"：中国革命精神之源——基于"红船精神"形成情境与提炼过程的准确定位》，《红色文化学刊》2018 年第 1 期。

③ 陈步云：《科学社会主义视域中的"红船精神"》，《浙江日报》2015 年 6 月 29 日第 8 版。

④ 李亚彪：《丰富政党理论体系 构筑完整精神链条——建党百年背景下的"红船精神"再审视》，《中国经贸导刊》2017 年第 25 期。

以及革命中心分散、历史人物复杂和斗争实践丰富多样带来的命名困难性。① 而 21 世纪之所以能够提出红船精神的概念并对其加以讨论，张秀莉、黄化认为原因有五个方面：中共系列革命精神谱系存在长时间的空缺，有完善和补充的必要；1921—1927 年的中共革命历史形成了宝贵的精神财富；现实的党建实践中有历史寻根的客观需要；嘉兴市群众在党性教育活动中自发提出红船精神的表述语；习近平总结提炼出红船精神的核心表达。②

与以往革命精神的命名方法不同，红船精神的命名具有其自身的特点，学界揭示了其学理依据和意义。汪浩鸿、康文龙认为，在中国共产党创建和诞生的标识符号中，"红船"具有密切相关性、标识唯一性、寓意丰富性和历史沉淀性的基本特点，符合革命精神历史坐标的标识原则，以红船精神来命名中共建党时期的革命精神准确表征和标识了中国共产党创建时期的精神气质与精神追求。③ 杨晓伟认为，以红船精神命名与指代建党精神，不同于中共革命精神史上以地域、历史大事件、历史主体人物等命名的惯例，而是采用意象思维，历经"观象"→"取象"→"复造象"的思维创造过程，是一个极具想象力和美感的政治诠释，最具准确性、规范性、传神性，是最为合理的概念表达。④

红船精神的概念提出和理论提炼具有重要意义。从中共革命精神谱系发展看，韩亚栋认为，红船精神的提出，完善了中国革命精神链条的起点，具有历史补位的作用和意义，使我们党的精神思想史与发展奋斗史在时间序列上达成了一致。⑤ 从现实来看，郭维平、赵金飞认为，习近平对红船精神的提炼，顺应了党建历史寻根和保持党的先进性的现实需

---

① 高凡夫：《"红船精神"提出的考察与认识》，《浙江学刊》2018 年第 4 期。

② 张秀莉、黄化：《红船精神的源起与宣传》，载冯小敏主编《守护中国共产党人精神家园——学习习近平总书记瞻仰中共一大会址、南湖红船重要讲话优秀论文选编》，上海人民出版社 2018 年版。

③ 汪浩鸿、康文龙：《"红船"历史坐标及其价值研究》，《人民论坛》2015 年第 17 期。

④ 杨晓伟：《基于意象思维的"红船精神"命名中共建党精神的合理性》，《毛泽东思想研究》2017 年第 6 期。.

⑤ 韩亚栋：《红船精神：一个大党和一条小船的故事》，《共产党员（河北）》2017 年第 24 期。

要，提供了强大的精神补给，具有重要的理论贡献。① 张政认为，红船精神的提出，折射出习近平的红色家风与革命家教，蕴含着习近平主政地方的实践经验和理论思考，昭示着习近平新时代中国特色社会主义思想的形成理路。②

由此可见，红船精神源于革命历史，红船精神概念的提出则是历史与现实的结合，是顺应时代的发展要求对建党历史中的革命活动和精神意识的再次建构；讨论红船精神也是时代的需要，是历史的必然。以红船精神来指代建党精神，提炼了建党时期中国共产党的精神品质，也凝聚着中国共产党的政治意蕴与美好愿景，具有极强的理论贡献和现实意义。

三　红船精神的内在意涵

关于红船精神内在意涵的研究是红船精神研究的重中之重。该研究主要集中在红船精神的基本内涵、内在意蕴、内在逻辑结构、本质特征等几个方面。

学界关于红船精神的基本内涵的探讨主要是围绕习近平关于"首创、奋斗、奉献"精神的表述展开的。李斌雄、任韶华认为，开天辟地、敢为人先的首创精神的实质是一种创新精神，坚定理想、百折不挠的奋斗精神是坚定的理想信念和百折不挠的革命精神，立党为公、忠诚为民的奉献精神彰显着人民立场。③ 彭冰冰认为，首创精神是勇于革命、敢于担当、不断创新的精神；奋斗精神是勇于实践、百折不挠、实事求是的精神；奉献精神是人文精神、敢于牺牲、为民服务的精神；红船精神具有鲜明的马克思主义特性。④

---

① 郭维平、赵金飞：《习近平与红船精神》，《嘉兴学院学报》2018 年第 1 期。

② 张政：《"红船精神"随思》，《光明日报》2017 年 11 月 19 日第 1 版。

③ 李斌雄、任韶华：《红船精神的基本内涵及其时代价值》，《红色文化学刊》2018 年第 1 期。

④ 彭冰冰：《"红船精神"内涵的马克思主义解读》，《井冈山大学学报》（社会科学版）2018 年第 2 期。

红船精神的内在意蕴是其内涵的延伸，是对红船精神内在意涵的进一步挖掘与研究。一是初心意蕴。彭冰冰认为，红船精神昭示着中国共产党人的建党初心、为民初心、赤子之心，具有历史镜鉴作用。① 二是价值意蕴。王哲、赵潇楠认为，红船精神的价值意蕴体现在，首创精神彰显开创新社会的价值目标，奋斗精神彰显高度自信的价值信念，奉献精神彰显全心全意为人民谋利益的价值追求。② 三是内在品质。匡宁、陈晨认为，首创精神蕴含着敢为人先、敢于创新的精神状态，奋斗精神蕴含着坚定理想信念的政治品质；奋斗精神蕴含着为公、为民的独特的优秀品质。③ 四是伦理意蕴。许惠芬认为，首创精神凸显了中国共产党人超越自我的伦理源动力；奋斗精神催生了革命和改革理性行为的持续动力；奉献精神是凝聚人心的情感动力。④

关于红船精神的内在逻辑的研究，是对红船精神进行的一种系统思维视角下的解读，主要观点有以下几种。一是"核心—支柱—本质"说。陈水林认为，首创精神是核心，是动力之源；奋斗精神是支柱，是胜利之本；奉献精神是本质，是政德之基，并且与走在时代前列具有紧密的内在逻辑关联。⑤ 二是"志向—路径—价值"说。丁晓强、赵静认为，首创精神蕴含共产党人的志向和责任担当，奋斗精神是首创精神的实现路径，奉献精神是首创精神和奋斗精神的价值旨归。⑥ 三是"理智—意志—情感"说。彭冰冰认为，首创精神是走在时代前列的理智要素，奋斗精神是走在时代前列的意志要素，奉献精神是走在时代前列的情感要素，三者相互联结、相互作用，是知情意的有机统一体。⑦

---

① 彭冰冰：《论红船精神与共产党人的初心和使命》，《嘉兴学院学报》2018 年第 2 期。

② 王哲、赵潇楠：《学习弘扬"红船精神" 努力铸就精神高地》，《中共郑州市委党校学报》2017 年第 4 期。

③ 匡宁、陈晨：《论"红船精神"的科学内涵及其传承与弘扬》，《重庆科技学院学报》（社会科学版）2018 年第 1 期。

④ 许惠芬：《论"红船精神"的伦理动力与意义》，《观察与思考》2018 年第 3 期。

⑤ 陈水林：《论"红船精神"》，《红旗文稿》2011 年第 11 期。

⑥ 丁晓强、赵静：《"红船精神"的深刻内涵和时代价值》，《高校马克思主义理论研究》2018 年第 2 期。

⑦ 彭冰冰：《"红船精神"内涵的总体性解读》，《井冈山大学学报》（社会科学版）2016 年第 5 期。

　　对红船精神的本质特征的研究，便于我们对红船精神进行整体理解和把握。在核心内涵方面，钱梅根认为，红船精神的核心内涵是开天辟地、敢为人先的首创精神，首创精神的实质是创新精神，它的三方面的基本内涵实际仍然是以理想（创新）目标为中心。① 在精神实质方面，陈华兴认为红船精神的实质就是始终保持党的先进性、走在时代前列的时代精神。② 在特征方面，张政等认为，红船精神彰显了中国共产党人的人民性特质。③ 蓝蔚青则认为，红船精神体现了中国共产党的先进性、顽强性、人民性的基本特征。④

　　综上所述，红船精神是一个以首创精神、奋斗精神、奉献精神为基本内涵的逻辑紧密的精神体系、思想体系，具有丰富的精神意涵。

四　红船精神的文化秉赋

　　精神是文化中最为核心和最具灵魂的组成部分，承载着文化的基本内核。红船精神是一定文化背景下在特定时代中的精神创造，传承着丰富的文化内涵和文化意义，因而成为一种独特的精神价值和精神宝库，经久不衰，历久弥新。

　　中华文化源远流长、博大精深，为红船精神的产生提供了文化底蕴和文化滋养。王迪钊、廖中举从红船精神的三个基本内涵来分析，认为红船精神是中华优秀传统文化的沉淀升华，首创精神集中体现了中华文化革故鼎新、求实变革的思想，奋斗精神具体展现了中华文化自强不息、顽强拼搏的思想，奉献精神升华了中华文化传统民本的思想。⑤ 桑东辉认

---

① 钱梅根：《论"红船精神"的核心内涵及其现实意义》，《资料通讯》2006 年第 Z1 期。
② 陈华兴：《"红船精神"昭示着中国共产党人的初心》，《浙江日报》2017 年 12 月 19 日第 5 版。
③ 张政、文嘉、严红枫：《红船初心——从"红船精神"看中国共产党的人民性特质》，《光明日报》2017 年 10 月 14 日第 1 版。
④ 蓝蔚青：《"红船精神"的科学内涵和时代价值》，《中共杭州市委党校学报》2013 年第 1 期。
⑤ 王迪钊、廖中举：《"红船精神"形成的历史逻辑及其对绿色发展的推动作用》，《观察与思考》2019 年第 1 期。

为，红船精神是在马克思主义指导下对中国传统文化和优秀民族精神的继承和发展，其中，首创精神是对传统创造精神和革新精神的整合与发展，奋斗精神是对传统弘道精神和自强精神的整合与发展，奉献精神是对传统公忠精神和民本精神的整合与发展。①

红船精神不仅植根于中华优秀传统文化，还注入了马克思主义的科学内涵。史晴认为，红船精神是中国革命者站在无产阶级革命的高度上对中华优秀传统文化加以发展，是中华民族传统文化与共产主义思想相统一的凝结与升华，具有鲜明的民族文化与马克思主义文化的双重特色，主要体现在：首创精神是对中华民族传统文化中自强不息、勇于奋进精神的发展，体现了走在时代前列、敢于创新、勇于开拓的马克思主义文化特质；奋斗精神，蕴含着坚定的共产主义理想；奉献精神是对传统民本思想的扬弃和创新，蕴含着为人民服务和对人民负责的优良品格。② 此外，从精神传承的角度来看，陈水林认为，红船精神既是中华民族精神在近代中国社会变革中的升华，又是汲取马克思主义革命精神的发展成果，是两者相结合的产物。③

另外，从党史文化看，曾林平认为，红船精神是党的历史和先进文化的结晶，承载着党史文化的基本属性，蕴含着党史文化的精髓（解放思想、实事求是、与时俱进）、主题（坚定的共产主义理想和社会主义信念）以及核心（全心全意为人民服务）。④

概括而言，红船精神具有中国传统文化的深厚根基和马克思主义的鲜亮底色，这是其最为基本的文化禀赋。但目前的研究主要局限于从红船精神的三个基本内涵出发进行分析，缺乏整体性的视角和发展性的眼光，没有从中华传统文化系统和中华民族精神系统的传承和发展去分析红船精神所具备的文化秉赋，对红船精神内在的马克思主义文化内涵挖掘不够。

---

① 桑东辉：《"红船精神"对中华民族精神的传承与发展》，《武陵学刊》2019 年第 1 期。
② 史晴：《红船精神的文化渊源探析》，《嘉兴学院学报》2011 年第 3 期。
③ 陈水林：《红船精神是中华民族精神与马克思主义革命精神相结合的产物》，《党史文苑》2012 年第 6 期。
④ 曾林平：《论红船精神与党史文化》，《观察与思考》2012 年第 10 期。

五　红船精神的基本定位

红船精神的基本定位是红船精神研究的重要内容，只有明确其历史方位，才能够更好地传播和弘扬它。学界依据不同参照系和坐标对红船精神的历史地位进行了相关的研判，主要有以下几种代表性观点。

从功能和内涵来看，有学者认为红船精神是中国共产党的建党精神。邱巍认为，这是对红船精神最为根本的理论定位，也是与其他革命精神相比最为突出的定位和最为明显的特征，以红船精神来指代建党精神，是权衡建党时空要素、历史过程、传播意义等因素的最优结果，基于此，在红船精神的实践定位中应该突出全面从严治党。[①] 金延锋认为，从中国共产党的创建、早期马克思主义者的建党实践、中共一大的召开等红船精神的产生背景及其概念的提出来看，红船精神就是中国共产党创建时期的精神精华和实践写照。[②]

从中国革命精神史来看，自红船精神提出以来，越来越多的学者认为红船精神是中国革命精神之源。蒋苍苍批判了学界曾一度存在的"井冈山精神是中国革命精神之源"观点的偏颇之处，认为红船精神随着中国共产党的孕育诞生而产生，确立了中国革命精神的诞生起点，并孕育了以为共产主义而奋斗的精神和马克思主义的批判精神为主的中国革命精神的成长基因，蕴含了中国革命精神的基本内涵，理所当然是中国革命精神之源。[③] 邱小云认为，红船精神是中国共产党革命精神的历史起点和逻辑起点，与井冈山精神、苏区精神、长征精神、延安精神和西柏坡精神一同成为民主革命时期最具有里程碑意义的"六种革命精神"。[④]

此外，正是基于上述两大基本定位，学者们还延伸出其他一些关于红船精神地位的观点和表述。杨峥嵘认为，红船精神是中国共产党的革

---

① 邱巍：《论红船精神的理论定位与实践定位》，《嘉兴学院学报》2015 年第 4 期。
② 金延锋：《红船精神：中国共产党的建党精神》，《观察与思考》2018 年第 10 期。
③ 蒋苍苍：《论中国革命精神之源——红船精神》，《嘉兴学院学报》2013 年第 4 期。
④ 邱小云：《论中共民主革命时期的革命精神史》，《江西社会科学》2013 年第 3 期。

命精神之源、先进性之源、优良传统之源。① 陈姝认为，作为党的革命精神之源，红船精神是中国共产党革命精神和当代中国精神的核心内容。②

总体来说，学界对红船精神历史定位的研判主要以一种历史连续性和文化传承性的逻辑来展开，红船精神在中国革命精神发展史中具有承前启后、继往开来的历史地位。但红船精神目前仍是中国革命精神谱系研究中的"新秀"，对红船精神理论定位的论证仍然不够深入，对传统的"井冈山精神是中国革命精神的源头论"的理论回应不够，需要更加深入的学理探讨。

六 红船精神的时代价值

人是要有点精神的。精神在时代发展中之所以不断被传承，原因就在其丰富的时代价值。红船精神的时代价值是学界研究的重中之重，关于红船精神的探讨主要集中于以下几个方面。

第一，红船精神是在中共建党实践中孕育出的伟大精神，其理论形态的提炼也是在开展保持共产党员先进性教育活动的大背景下产生的，凝结了中国共产党的党建思想，对于推进党的建设具有十分重要的价值意义。加强党的先进性和纯洁性建设是党的建设的主线，是坚持马克思主义政党本质属性的根本要求。从党的先进性建设来看，王晓宁认为，红船精神是中国共产党先进性的源头和集中体现，为加强党的先进性建设提供了宝贵财富和精神力量。红船精神对保持党的政治性具有十分重要的现实意义，为我们坚持政治理想、坚守政治追求、保持政治品质以及恪守政治纪律具有很强的勉励和鞭策作用。③ 从党的纯洁性建设来看，彭冰冰认为思想的纯洁是保持党的纯洁性的前提和首要因素，红船精神是保持党的纯洁性的重要思想资源。其中，首创精神是党始终走在时代

---

① 杨峥嵘：《"红船精神"：新时代的精神力量》，《山东干部函授大学学报》2018 年第4 期。

② 陈姝：《"红船精神"永放光芒》，《学习时报》2017 年 12 月 6 日第 1 版。

③ 王晓宁：《"红船精神"为永葆党的政治先进性提供强大精神力量》，《支部建设》2018 年第 23 期。

前列、保持先进性和纯洁性的关键因素，与坚持和发展马克思主义具有一致性，能够为保持党的思想纯洁性提供决定性基础；奋斗精神源于坚定的理想信念，与坚守共产主义信仰和社会主义信念具有一致性，能够补好思想与理想信念之钙；奉献精神是一种崇高的道德理性，是全心全意为人民服务的宗旨的体现，从根本上决定了党的先进性和纯洁性。①

第二，全面从严治党是党的建设的内在要求和根本方针。关于红船精神与全面从严治党的关系，金延锋认为，两者的目标相一致，都在于保持党的先进性，确保党始终走在时代前列；两者内涵相贯通，作为红船精神的核心，首创精神是全面从严治党的本质要求；作为红船精神的灵魂，奋斗精神是全面从严治党的首要任务；作为红船精神的本质，奉献精神是全面从严治党的根本目的。② 胡坚认为，红船精神对于推进全面从严治党的指导意义和引领价值在于，激励担当意识、坚定理想信念这一关键因素，牢记立党为公、执政为民这一根本目标。③ 季盛清认为，红船精神是中国共产党继承和发扬建党精神、保持革命精神、加强党的先进性建设和保持初心使命的宝贵精神财富。要推动全面从严治党向纵深发展，需要继承和弘扬红船精神，并从中汲取勇于创新的力量、理想信念的力量、甘于奉献的力量、矢志奋斗的力量、办好红船干部学院的力量。④ 反腐倡廉一直是中国共产党党建工作的重要内容。张春玲认为，几代中国共产党人的反腐倡廉历史彰显了红船精神的首创精神，并在此精神的指引下丰富和发展了廉政建设的思想与理论。新时代，仍需要弘扬红船首创精神，开创党内自我监督新机制与外在监督新机制，健全和完善基层民主，开辟廉政建设新路径。

第三，群众路线是党的根本工作路线，践行群众路线是党性的根本要求。洪坚以舟水关系诠释党群关系，指出红船精神与群众路线两者内涵的一致性在于：红船精神体现了党的群众路线的内涵，其产生、发展

---

① 彭冰冰：《论红船精神与保持党的思想纯洁性》，《嘉兴学院学报》2015 年第 4 期。

② 金延锋：《弘扬"红船精神"与"全面从严治党"》，《浙江日报》2015 年 6 月 29 日第 7 版。

③ 胡坚：《"红船精神"与全面从严治党》，《观察与思考》2015 年第 6 期。

④ 季盛清：《用红船精神推动全面从严治党向纵深发展》，《党政论坛》2018 年第 7 期。

过程就是践行群众路线的过程；党的群众路线是对红船精神的生动诠释，是红船精神的基石，不断地践行群众路线就是对红船精神的时代发展。新时期要将弘扬红船精神与践行群众路线结合起来，以"为民"为宗旨、以"务实"为要、以"清廉"为本。①秦正为认为，红船精神与党的群众路线紧密相连、相互促进。从形成上说，红船精神是浙江嘉兴先进历史文化传统和当时人民群众革命运动共同作用的结果，是群众实践活动的结晶，深刻体现了马克思主义群众路线；从发展来看，红船精神推动了党的群众路线在中国革命、建设与改革各时期的深入实践与发展。②赵建华认为，从群众路线的载体来看，红船精神为群众路线教育实践活动提供了实践途径、思想武器与学习范例，是丰厚的精神资源。③

第四，作为一种和中国共产党同步孕育生成的革命精神，红船精神一诞生就深深承载了一个政党的核心价值目标、价值信念和价值追求，是一条精神红线贯穿中国共产党革命、建设的实践始终。红船精神对于培育和践行社会主义核心价值观具有重要的价值意义。郭维平认为，作为昭示我们党的奋斗初心和基本性质的红船精神，不仅与党的核心价值观同源同质同向，促进了党的核心价值观的明晰与发展，还是社会主义核心价值观的红色基因和价值导向，贯通历史、现实与未来，既有精神本源作用，又有直接现实作用。④周钰认为，红船精神与社会主义核心价值观的内在耦合、一脉相承性体现在，红船精神以马克思主义为理论基础，彰显了社会主义核心价值观的时代价值；红船精神承载着中华优秀传统文化，体现了社会主义核心价值观的深刻内涵；红船精神凝聚着实现中国梦的理想，蕴含了社会主义核心价值观的价值归依。因此，将红船精神融入大学生社会主义核心价值观教育，有利于促成学生良好品格

---

① 洪坚：《论红船精神与党的群众路线——舟水关系的当代诠释》，《嘉兴学院学报》2015年第2期。
② 秦正为：《"红船精神"与党的群众路线》，《廉政文化研究》2016年第4期。
③ 赵建华：《"红船精神"：群众路线教育实践活动的丰厚资源》，《浙江日报》2013年7月26日第14版。
④ 郭维平：《红船精神与核心价值观培育的关系》，《红色文化学刊》2017年第3期。

的形成。① 从传播角度看，彭颜红认为，两者内涵相融相通，红船精神的融入有利于提升受众对社会主义核心价值观的接受程度。要充分利用红船精神对社会主义核心价值观的滋养作用，以首创精神创新传播模式，以奋斗精神消除负面影响，以奉献精神强化传播实效，切实加强红船精神研究，提升传播的实效性。②

第五，红船精神是一种厚重的历史文化和精神坐标，其最为内核的要素应是理想信念，具有丰富的理想信念教育价值。彭世杰认为，从历史语境来看，红船精神是在早期中国共产党人理性选择信仰、执着坚守信仰、誓死捍卫信仰的历史情境中产生的，以知、情、意多维度表征着理想信念的坚定性，在理论上与理想信念教育具有相通性。从现实来看，作为中国革命精神谱系中地位极为重要的一员，红船精神是开展党员干部理想信念教育的重要资源，切合了现实需求。运用红船精神开展党员干部理想信念教育，可以通过追忆党的历史、效仿红船人物、挖掘红船精神的发展成就等，为党员干部注入精神动力、提供行为示范、增强价值自信。③ 不忘初心，最根本的还是在于理想信念不变质。袁晶认为，红船精神具有使共产党人始终不忘初心的理论价值，为中国共产党的初心精神奠定坚实基础，点燃了中华民族传统文化的复兴之路，并为共产党人坚定理想信念补足精神之钙。在实践中要不断弘扬红船精神，广泛传播，发挥其时代价值。王佳琪认为，红船精神与大学生理想信念教育相互作用、动态发展，红船精神有助于大学生理想信念的培养，大学生理想信念教育有助于红船精神的传承和弘扬。加强大学生理想信念教育，应该融入红船精神以丰富思想政治教育内容资源，丰富大学生校园文化，增加社会实践，利用网络学习红船精神。④

---

① 周钰：《"红船精神"融入大学生社会主义核心价值观教育的路径探索》，《学校党建与思想教育》2017 年第 11 期。

② 彭颜红：《用红船精神滋养社会主义核心价值观的传播》，《思想理论教育导刊》2019 年第 1 期。

③ 彭世杰：《红船精神理想信念教育价值的内在逻辑、历史语境和实践路径》，《毛泽东思想研究》2017 年第 4 期。

④ 王佳琪：《"红船精神"融入大学生理想信念教育的路径探索》，《金华职业技术学院学报》2019 年第 1 期。

第六，红船精神作为一种先进的文化资源，是我们党的宝贵精神财富，蕴含着丰富的思想政治教育价值。彭冰冰认为，红船精神具有丰富的内涵，要发挥红船精神的思想政治教育价值，增强思想政治教育的实效性。奋斗精神彰显的是理想信念的重要性，有助于增强大学生的理论自信，筑牢信仰之基，引领青年学子坚定信念，敢于担当。首创精神凸显的是革命性、开创性与引领性精神，有助于激励青年学子解放思想，不断创新，与时俱进，开创进取。奉献精神崇尚的是为人民服务的人文精神，有助于青年学子树立高尚的道德情操，感染青年学子乐于奉献。① 陈松友、王楠认为，红船精神的基本内涵和价值诉求与时代赋予大学生的素质要求是一致的。将其融入大学生思想政治教育的重要作用在于，有利于提升大学生的政治素质、能力素质、道德素质。②

如何发挥和实现红船精神的思想政治教育价值也是学界集中关注的一个问题，主要有以下几个路径。一是融入思想政治理论课。邹建良基于嘉兴职业技术学院的探索与实践，提出要将红船精神融入思想政治课实践教学，他以红船精神的内涵为切入点，总结出了"343"思想政治课实践教学新模式，③ 组织"红色寻访"，开展"重走'一大'路，传承红船精神"的现场体验式教学。④ 高凡夫以《中国近现代史纲要》课程教学为例，认为红船精神的内涵与课程的教学内容具有内在契合性，能够为课程教学提供价值引领，弘扬红船精神也是该课程的重要使命。他进一步提出了将红船精神与教学内容深度融合的课程理念，创新教学方法和模式，将红船精神全面融入"纲要"课程教学的课程设想和"7 个 1"课外学习活动方案。⑤ 二是融入校园文化建设。卢蔡认为，以首创、奋

---

① 彭冰冰：《"红船精神"的思想政治教育价值探析》，《思想教育研究》2016 年第 7 期。
② 陈松友、王楠：《新时代红船精神融入大学生思想政治教育的路径探析》，《思想政治教育研究》2018 年第 4 期。
③ 邹建良：《"红船精神"融入思想政治课实践教学的探索与实践》，《思想政治课研究》2015 年第 2 期。
④ 邹建良：《重走"一大"路 传承红船精神——嘉兴职业技术学院思想政治理论课现场体验式教学》，《学校党建与思想教育》2018 年第 18 期。
⑤ 高凡夫：《红船精神融入中国近现代史纲要课程教学的价值与路径》，《嘉兴学院学报》2018 年第 4 期。

斗、奉献精神为主要内涵的红船精神可以为我国校园文化建设提供强大的精神动力和正确的价值导向，与开拓创新的校园文化精神、富有凝聚力和吃苦耐劳的校园文化风气、有爱心、奉献精神的校园文化精神具有内在契合性。要发扬红船精神，重视以红船精神引领校园文化建设，强化德育目标，坚持将红船精神与以人为本的校园文化精神相结合，注重以社会主义核心价值体系引领校园文化建设。① 周钰认为，用红船精神推进校园文化建设的实现路径在于，要坚持红船精神，进行校园文化的制度创新、文化载体创新、文化品牌创新，进而推进校园文化创新；坚持红船精神，推进崇学育人文化、尚美育人文化，着力于文化育人；坚持红船精神，实现红船精神与校训校歌文化传承对接、与名师校友文化传承对接、与学生党员教育传承对接，进而推进校园文化传承。② 三是融入大学生创新创业教育。红船精神有助于大学生创业理想信念教育、创业精神培养、先进文化导引，能够唤起创业文化及价值的回归。③ 四是融入青年马克思主义者培养。李安认为，红船精神与高校青年马克思主义者的政治品格、创新能力、执着奉献的道德人格等素质具有内在联系。红船精神对接高校青年马克思主义者的培养机制，就是要强化高校思想政治理论课主渠道的引领作用，遵循大学生理想信念的形成规律，尊重大学生的个性差异，构建大学生自我教育机制。④ 唐莉、李茹月认为，弘扬红船精神，使其融入高校青年马克思主义者培养的全过程、全方位，就需要将红船精神融入思想政治工作队伍建设、融入平台整合、融入机制构建，构筑"大思政"育人格局。⑤ 五是融入德育工作。红船精神与高校

---

① 卢蔡：《"红船精神"之于校园文化精神培育的当代价值》，《学校党建与思想教育》2015 年第 5 期。

② 周钰：《红船精神如何推进文化校园建设——以嘉兴学院为例》，《人民论坛》2016 年第 5 期。

③ 杨燕群、战昕：《红船精神融入创业教育的理论逻辑与实施策略》，《人民论坛》2016 年第 2 期。

④ 李安：《"红船精神"对接高校青年马克思主义者培养的机制探究》，《思想理论教育导刊》2016 年第 4 期。

⑤ 唐莉、李茹月：《"红船精神"融入高校青年马克思主义者培养的思考》，《社会主义核心价值观研究》2018 年第 6 期。

生活德育的时代价值具有内在关联，价值指向趋同。要以红船精神引领德育过程的生活化，以文化育人，以红船精神引领德育内容的生活化，促成人本精神的价值复归，加强社会体验，引领德育实践的生活化。① 周建新立足嘉兴市推进红色德育的实践，探索和总结了深化红船精神宣传学习、强化红色德育队伍建设、构建红色德育课程体系、整合红色德育社会资源、培育红色德育经典活动项目等路径。② 六是融入大学生党建。冯琼提出，要以红船精神引领高校党员干部教育，把红船精神融入教育教学中，强化党员干部理想信念，将红船精神融入党员干部培训中，强化党员干部担当精神，完善激励机制，将红船精神融入党员干部日常教育中，提升党员干部宗旨意识。③

第七，红船精神究其本质是一种精神文化，蕴含着丰厚的文化秉赋，对于新时代培养和增强文化自信具有重要价值意义。习近平指出，绵延五千年而生生不息的中华优秀传统文化、党和人民伟大斗争中孕育的革命文化以及社会主义先进文化构成了文化自信的基本来源。彭冰冰认为，红船精神传承了为国为民、敢于担当的高尚情怀，勇于实践、艰苦奋斗的优秀品格，杀身成仁、舍生取义的崇高境界，人人为公、天下大同的价值理念等中华优秀文化传统，继承和升华了中华民族精神，具有深厚的传统文化底蕴。作为中国共产党革命精神的开篇，红船精神彰显了敢于革命、坚定理想信念、全心全意为人民服务等核心价值观，奠基和彰显了革命文化的深刻内涵。作为在马克思主义指导下形成的伟大精神，红船精神孕育了社会主义先进文化的民族性、科学性和大众性等基本属性。因此，红船精神与文化自信具有十分紧密的内在契合性。④ 张纯、姚婷婷认为，红船精神对培育文化自信的当代价值主要表现为，对实现中国梦的精神动力作用，对社会主义核心价值观的文化资源补给作用，对

---

① 战昕：《"红船精神"融入高校生活德育研究》，《学校党建与思想教育》2018 年第15 期。

② 周建新：《弘扬"红船精神"　打造德育品牌》，《嘉兴日报》2017 年 9 月 5 日第 7 版。

③ 冯琼：《红船精神引领高校党员干部教育的探索与实践——以嘉兴学院为例》，《嘉兴学院学报》2017 年第 3 期。

④ 彭冰冰：《论红船精神与文化自信的内在契合性》，《嘉兴学院学报》2017 年第 5 期。

全面从严治党的智力支持作用。当前应当弘扬红船精神，通过塑造红船文化红色品牌、借助科技手段传播红船精神等方式，增强文化自信。①

第八，红船精神是党和人民在探索与追求中华民族伟大复兴的道路上形成的重要精神丰碑，对今天实现中国梦具有重要的现实意义。赵耀宏认为，红船精神蕴含着走在时代前列的创新动力、建设中国特色社会主义的政治定力、依靠人民创造伟业的磅礴之力，是实现中华民族伟大复兴的动力之源与精神动脉。② 许婕、叶文亮认为，红船精神与实现伟大梦想在价值追求上具有统一性。实现民族复兴是红船精神的时代召唤；为人民谋幸福是伟大梦想的根本目标，也是红船精神的根本归宿。弘扬红船精神，有利于走好中国道路、彰显好中国精神、凝聚好中国力量，助力实现伟大梦想。③ 从历史发展的维度来看，何孟飞认为，红船精神蕴含着共产党人的精神脊梁，在成功开辟新民主主义革命道路、接续迈上社会主义革命道路、努力探索社会主义建设道路、奋力开拓中国特色社会主义道路的历史进程中发挥了精神引领作用，是中国共产党成功胜利的源泉动力。④ 钱和辉认为，红船精神凝聚了中国共产党人的精神渊薮与价值追求，昭示了中国共产党人的初心和使命，具有十分强烈的时代意蕴和现实指向，是在新的历史条件下进行伟大斗争、建设伟大工程、推进伟大事业的强大精神保障。⑤

七　红船精神与其他革命精神的逻辑关联

近几年来，随着红船精神研究的进一步开展，学界采用了比较研究

---

① 张纯、姚婷婷：《红船精神：文化自信培育的当代价值》，《绥化学院学报》2018 年第 9 期。

② 赵耀宏：《"红船精神"是实现中华民族伟大复兴的动力之源》，《红旗文稿》2018 年第 15 期。

③ 许婕、叶文亮：《"红船精神"与实现伟大梦想的内在契合性》，《齐齐哈尔大学学报》（哲学社会科学版）2019 年第 1 期。

④ 何孟飞：《红船精神：中国共产党走向胜利的精神源动力》，《思想理论教育导刊》2018 年第 8 期。

⑤ 钱和辉：《红船精神：永不褪色的精神丰碑》，《佳木斯大学社会科学学报》2018 年第 3 期。

法，将红船精神与其他革命精神进行比较探讨，取得了重要进展，在一定程度上弥补了之前相关研究的不足，这是红船精神研究的一大突破。

一对多的比较视角。张晓晔将红船精神与中国共产党其他革命精神进行比较，认为两者是源与流的关系，一脉相承，拥有共同的思想与实践渊源，红船精神为其他革命精神确立了诞生起点、提供了成长动力、打牢了价值基础，并涵盖了中国共产党革命精神的基本内涵。[①] 刘琳、叶桉将红船精神、八一精神、井冈山精神和苏区精神四者进行比较分析，认为它们是密切相关、薪火相传、一脉相承、与时俱进的，它们的共性在于，同为马克思主义与中国革命实践相结合的产物，共同根植于深厚的中华文明和中国精神中，同为中国共产党革命精神谱系中的鲜明坐标，同属中国共产党新民主主义文化的典型代表，共同体现了中国共产党人的目标和宗旨，共同彰显了中国共产党人的精神品质。但由于产生的时空条件、内涵表达、突出特质及各自承载的使命任务和历史地位等不同，又体现出鲜明的个性特征。[②]

一对一的比较视角。一是红船精神与井冈山精神的比较。刘宇祥认为，两者具有紧密的逻辑关联，共同包含坚定的共产主义信念、敢闯新路的创新意识、百折不挠的奋斗意志、为民奉献的爱国主义情怀等革命精神要义，兼具时代性和先进性，但在本质内涵上又具有各自的一些鲜明特性。[③] 二是红船精神与八一精神的比较。叶桉等认为，红船精神是建党精神，是中国共产党革命精神之源，反映了"开天辟地、敢为人先"的先进政党品德特征、"坚定理想、百折不挠"的先进政党信仰追求、"立党为公、忠诚为民"的先进政党初心宗旨；八一精神是建军精神，是人民军队精神之源，体现了"敢为人先、勇于创新"的新型军队作风品质、"坚定信念、听党指挥"的新型军队军魂原则、"为民奋斗、百折不

---

① 张晓晔：《红船精神与中国共产党革命精神关系研究》，《党史博采（下）》2019 年第 1 期。

② 刘琳、叶桉：《试析红船精神、八一精神、井冈山精神和苏区精神的内在逻辑关系》，《江西科技师范大学学报》2019 年第 1 期。

③ 刘宇祥：《浅谈"红船精神"与井冈山精神的本质内涵及时代价值》，《党史博采（理论）》2018 年第 2 期。

挠"的新型军队基因本色。① 三是红船精神与苏区精神的比较。陈安认为，两者的共性在于都蕴含着坚定的理想信念、把人民利益作为最高标准、超越时空的恒久价值和旺盛生命力等革命精神要义；两者的差别在于形成的历史内涵和实践基础不同，红船精神的个性内涵是"开天辟地、敢为人先的首创精神"，苏区精神的个性内涵是"求真务实、清正廉洁、艰苦奋斗、争创一流、无私奉献"；两者的逻辑关联在于同根同源、一脉相承，前者是重要源头，后者是对前者的传承和弘扬。② 高凡夫从研究进展方面比较，认为虽然两者的提出与确立时间都相对较晚，但是当前苏区精神的学术认同度、社会影响力都比红船精神高，进而探讨了苏区精神研究和宣传的成功经验对做好红船精神研究工作的启示。③ 四是红船精神与长征精神的比较。李益模认为，历史维度上，两者同源异流，共同根植于源远流长、博大精深的中华民族精神，同属于中国共产党革命精神，红船精神更加凸显的是共产党人的"初心"，长征精神凸显的是"信心"；文化维度上，两者同核异形，共同彰显了中国共产党的政党文化，在政党文化形态和内涵上是有差异的；人民维度上，两者同质异量，共同彰显了人民性特质；地域维度上，两者同域异意，两者命名呈现出"非地域性"的共同特征，"红船"蕴意党与人民的"舟水关系"，"长征"蕴意理想信念的远征；发展维度上，两者同向异径，共同拥有国强民富的价值追求，在发展道路上呈现出一定的差异性。④ 五是红船精神与遵义会议精神的比较。裴恒涛认为，两者的共性在于都体现了共产党人坚定的理想信念和开天辟地、艰苦奋斗等崇高精神；个性在于，红船精神是在近代中国人探索救国救民理论的背景下形成的，注重首创，是中国革命精神的源头；遵义会议是应对危机局面的变革精神，强调独立自

①　叶桉、杨海贵、周琰培：《红船精神与八一精神——基于中国共产党诞生和人民军队创建的伟大实践》，《江西科技师范大学学报》2018 年第 3 期。
②　陈安：《苏区精神与红船精神》，《光明日报》2013 年 12 月 26 日第 11 版。
③　高凡夫：《苏区精神地位的确立及对红船精神研究的启示》，《苏区研究》2017 年第 1 期。
④　李益模：《红船精神与长征精神的多维度比较》，《观察与思考》2018 年第 6 期。

主与开创新局，体现了中国共产党走向成熟。① 六是红船精神与沂蒙精神的比较。陈永莲认为，两者的共性在于都蕴含着敢为人先的首创精神、坚定执着的理想信念、无私大爱的奉献精神。个性在于创生主体不同，沂蒙精神是一种"草根型"的革命精神，红船精神是一种"政党型""精英型"的革命精神；与传统文化关系不同，沂蒙精神与中国传统文化更为紧密关联、更为彻底融合，两者内涵表述也不同。②

由此可见，学界主要从背景、内涵、地位以及逻辑关联等方面将红船精神与其他革命精神进行比较，取得了一定的进展，有利于更好地把握红船精神的特质及其传承性。遗憾的是，从已有资料和文献来看，缺乏红船精神与抗战精神、延安精神、西柏坡精神等革命精神的比较，这应是未来研究的一个着力点。

八　红船精神的当代传播

近年来，红船精神受到了理论界和宣传界的高度关注，也得到了广泛的学习、宣传与传播，在系列革命精神中脱颖而出并成为一大亮点，呈现出"一船红中国""后来居上"的传播态势，是一个很值得研究的传播现象。学界也开始关注到这一领域，并从几个角度进行了初步探讨，取得了一定的进展。

在传播的责任主体方面，朱胜伟、陶克强认为，主流媒体要勇于担当，要发出权威声音，有效地引导舆论与凝聚共识，要创新话语表达，着力故事化表达、视觉化呈现和融合化传播，要多方联动聚力，整合媒介资源，开展全方位、多角度、立体化的报道，结合时代特点传播和弘扬好红船精神。③

任何精神文化的传承和传播总是以一定的载体、媒介为依托，有学者对红船精神传播的相关媒介进行了研究。李建勇、于慧婷从政治

① 裴恒涛：《红船精神与遵义会议精神比较研究》，《嘉兴学院学报》2018 年第 5 期。
② 陈永莲：《沂蒙精神与红船精神比较研究》，《临沂大学学报》2018 年第 5 期。
③ 朱胜伟、陶克强：《嘉兴日报传媒集团：结合时代特点　大力弘扬"红船精神"》，《中国记者》2018 年第 12 期。

仪式角度看，认为建党纪念活动、党的领导人的观瞻、群众性的拜谒等仪式化的政治活动在红船精神的孕育、传播及传承过程中扮演着非常重要的角色。① 张佳慧认为，新媒体是传播红船精神的重要手段和新契机，利用新媒体能够克服传统传播途径的局限性，要着力丰富传播内容、创新传播方式、优化传播主体、分化传播客体。② 凡欣从青年学生群体青睐的自媒体平台入手，提出要立足红船精神的内涵与传播要求，构建起互动循环、裂变监督、分级传播的多维路径，延展红船精神网上话语场域的互动形式。③ 杨燕群以嘉兴红色文化创意产业为例，认为应从红船精神的物化设计着手，通过发展文化创意产业、培育红色文化创意品牌、创建南湖红色文化体验园等方式，拓宽红船精神的传播路径和空间。④

另外，李芬英、李芸从传播策略角度分析认为，在红船精神传播过程中存在着传播内容古板陈旧、传播方式单一、传播范围有限等问题，进而提出要塑造有信度的传播主体、多媒互动的传播渠道和最大范围的传播受众，以传播好红船精神。⑤

从上述研究成果来看，关于红船精神传播问题，学界做了一些有益的尝试，填补了以往相关研究的空白，打下了一定的学术基础，但总体上仍处于起步阶段，尚有很大的拓展空间。因此，在未来的红船精神研究中，应该着力加强红船精神的传播研究，注重不同学科视域的交叉与融合，加强红船精神传播的实证研究、案例研究，进一步分析红船精神的传播原理，推动红船精神传播机制的构建。

---

① 李建勇、于慧婷：《政治仪式与红船精神的孕育、传播及传承》，《观察与思考》2018 年第 10 期。

② 张佳慧：《新媒体时代下"红船精神"传播研究》，《甘肃理论学刊》2018 年第 2 期。

③ 凡欣：《自媒体时代红船精神在青年学生群体的传播研究》，《东南传播》2019 年第 1 期。

④ 杨燕群：《红船精神的物化设计及传播研究——以嘉兴红色文化创意产业为例》，《嘉兴学院学报》2016 年第 3 期。

⑤ 李芬英、李芸：《新时代"红船精神"传播策略研究》，《传媒论坛》2018 年第 22 期。

参考文献

一　著作

《马克思恩格斯选集》第1—4卷，人民出版社1995年版。

《列宁选集》第1—4卷，人民出版社1995年版。

《毛泽东选集》第1—4卷，人民出版社1991年版。

《周恩来选集》上、下卷，人民出版社1980年版。

《朱德选集》，人民出版社1980年版。

《刘少奇选集》上、下卷，人民出版社1980年版。

《邓小平文选》第1卷，人民出版社1994年版。

《邓小平文选》第2卷，人民出版社1994年版。

《邓小平文选》第3卷，人民出版社1993年版。

《江泽民文选》第1—3卷，人民出版社2006年版。

《胡锦涛文选》，人民出版社2016年版。

《习近平谈治国理政》第一卷，外文出版社2018年版。

《习近平谈治国理政》第二卷，外文出版社2017年版。

《习近平的七年知青岁月》，中央党校出版社2017年版。

习近平：《之江新语》，浙江人民出版社2015年版。

习近平：《知之深　爱之切》，河北人民出版社2015年版。

习近平：《习近平党校十九讲》，中共中央党校出版社2014年版。

习近平：《干在实处 走在前列》，中共中央党校出版社2014年版。

习近平：《做焦裕禄式的县委书记》，中央文献出版社2015年版。

"浙江省红船精神研究"课题组：《红船精神：历史地位、当代意义及永恒价值》，浙江人民出版社 2016 年版。

《1921—1933：中共中央在上海》，中共党史出版社 2006 年版。

《"一大"前后》第 2 卷，人民出版社 1985 年版。

本书编写组：《红船精神问答》，浙江人民出版社 2018 年版。

本书编写组：《红船精神领航中国梦》，浙江人民出版社 2018 年版。

《中共一大代表早期文稿选编》，上海人民出版社 2011 年版。

本书课题组：《中共一大嘉兴南湖会议研究》，中共党史出版社 2018 年版。

《中共中央文件选集》第 1 卷，中共中央党校出版社 1982 年版。

卞敏：《中华民族精神研究》，光明日报出版社 2008 年版。

曹仲彬：《开天辟地大事变》，吉林大学出版社 2001 年版。

冯小敏：《守护中国共产党人精神家园：学习习近平总书记瞻仰中共一大会址、南湖红船重要讲话优秀论文选编》，上海人民出版社 2018 年版。

高等学校中国共产党革命精神与文化资源研究中心：《中国共产党革命精神史读本（社会主义革命与建设篇)》，人民出版社 2015 年版。

高等学校中国共产党革命精神与文化资源研究中心：《中国共产党革命精神史读本（新民主主义篇)》，人民出版社 2014 年版。

高等学校中国共产党革命精神与文化资源研究中心组：《永不褪色的精神丰碑》，中国人民大学出版社 2019 年版。

红旗出版社编辑部：《读懂"红船精神"》，红旗出版社 2019 年版。

胡建成等：《红船精神及其当代价值》，浙江人民出版社 2011 年版。

胡绳主编：《中国共产党的七十年》，中共党史出版社 1991 年版。

胡为雄：《毛泽东思想研究史略》，中央文献出版社 2004 年版。

黄修荣：《横空出世——中国共产党创建史》，黑龙江教育出版社 2000 年版。

黄亚洲：《红船》，天地出版社 2016 年版。

季盛清、徐彬、徐连林：《红船精神简明教程》，中共中央党校出版社 2018 年版。

嘉兴学院思想政治理论教学科研部：《高校思想政治理论课教学案例集——"红船精神"及其在浙江的实践：首创·奋斗·奉献》，高等教育出版社 2015 年版。

李小三：《中国共产党人精神研究》，中央文献出版社 2008 年版。

林代昭等：《马克思主义在中国——从影响的传入到传播》，清华大学出版社 1983 年版。

刘宋斌、姚金果：《中国共产党创建史》，福建人民出版社 2002 年版。

刘亚洲：《精神一变天地宽》，长江文艺出版社 2015 年版。

龙眠、文华：《建党群星》，四川人民出版社 2018 年版。

吕建华：《烟雨红船——母亲船的故事》，中共党史出版社 2014 年版。

吕延勤、彭冰冰：《红船见初心》，人民日报出版社 2019 年版。

吕延勤、赵金飞：《红船精神》，中共党史出版社 2016 年版。

罗汉平：《红船精神》，四川人民出版社 2019 年版。

骆郁廷：《精神动力论》，武汉大学出版社 2003 年版。

马连儒：《中国共产党创史录》，中国社会出版社 1991 年版。

马新发、雷莹：《中国共产党革命精神研究》，中国社会科学出版社 2006 年版。

梅黎明：《精神永存：中国共产党精神概说》，中国发展出版社 2014 年版。

南湖革命纪念馆：《启航——红船精神永放光芒》，人民出版社 2019 年版。

倪兴祥：《中国共产党创建史辞典》，上海人民出版社 2016 年版。

人民日报理论部：《精神的力量：中国共产党伟大精神最新阐释》，人民日报出版社 2011 年版。

沙健孙、龚书铎：《五四运动与 20 世纪中国的历史道路》，人民出版社 2001 年版。

邵维正：《日出东方——中国共产党创建纪实》，人民出版社 2001 年版。

邵维正、刘晓宝：《红船映初心》，人民出版社 2018 年版。

沈壮海：《思想政治教育的文化视野》，人民出版社 2005 年版。

石仲泉：《我观党史》，中央文献出版社 2008 年版。

苏智良：《中共建党与上海社会》，上海人民出版社 2011 年版。

苏智良：《中共建党与上海社会》，上海人民出版社 2011 年版。

孙侃：《从南湖出发》，红旗出版社 2019 年版。

唐正芒：《中国共产党革命精神巡礼》，湘潭大学出版社 2015 年版。

吴雁南等：《中国近代社会思潮》，湖南教育出版社 1998 年版。

肖甡：《中共早期历史探究》，上海人民出版社 2013 年版。

徐东升等：《中国共产党革命精神研究》，山东人民出版社 2017 年版。

许纪霖：《二十世纪中国思想史论》，东方出版中心 2006 年版。

许启贤：《中国共产党思想政治教育史》，中国人民大学出版社 2004
年版。

杨少华：《引领时代前行的永恒动力——中国共产党革命精神研究》，人
民出版社 2014 年版。

宇文利：《中华民族精神与当代发展新论》，北京大学出版社 2007 年版。

詹小美：《民族精神论》，中山大学出版社 2007 年版。

张静如：《中国共产党的创立》，河北人民出版社 1981 年版。

张军锋：《开端：中国共产党成立述实》，江苏人民出版社 2011 年版。

张曙光：《民族信念与文化特征——民族精神的理论研究》，人民出版社
2009 年版。

张闻天：《中国现代革命运动史》，中国人民大学出版社 1987 年版。

张耀灿：《思想政治教育学前沿》，人民出版社 2006 年版。

张耀灿：《中国共产党思想政治教育史论》，高等教育出版社 2006 年版。

张政：《红船初心："红船精神"的理论与实践》，人民出版社 2019 年版。

张志松、黄化：《红船精神史学探源及其教育实践研究》，浙江大学出版
社 2014 年版。

赵存生：《社会发展与民族精神》，北京大学出版社 2007 年版。

浙江人民政府新闻办公室、嘉兴市人民政府新闻办公室：《红船精神：启
航的梦想》，外文出版社 2016 年版。

中共中央党史研究室：《中国共产党的九十年》，中共党史出版社 2016
年版。

周一平：《中共党史学史》，甘肃人民出版社 2011 年版。

二 期刊论文

敖四江、郭国祥、张永红、王志发：《新时代弘扬革命精神研究》，《学校

党建与思想教育》2018 年第 6 期。

蔡运男：《"红船精神"引领下大学生理想信念教育机制研究》，《中国教育学刊》2015 年第 S1 期。

陈立力：《"红船精神"与高校青年马克思主义者的培育》，《思想教育研究》2011 年第 5 期。

陈水林：《论"红船精神"》，《红旗文稿》2011 年第 11 期。

陈水林：《中共一大闭幕日期考》，《中共党史研究》2018 年第 9 期。

丁俊萍、吕惠东：《李达对中国共产党创建时期宣传工作的贡献》，《江汉论坛》2013 年第 4 期。

杜伟：《以"红船精神"奏响新时代治党最强音》，《人民论坛》2018 年第 30 期。

范浔华：《试论李大钊在中国共产党创建中的作用》，《探索》1996 年第 2 期。

冯启玲：《让"红船精神"永立时代潮头》，《人民论坛》2018 年第 26 期。

何孟飞：《红船精神：中国共产党走向胜利的精神源动力》，《思想理论教育导刊》2018 年第 8 期。

洪坚：《"红船精神"与党建理论创新探索》，《人民论坛》2012 年第 11 期。

胡建成：《依托红色教育资源　多维度创新大学生党建》，《中国高等教育》2011 年第 Z2 期。

黄芳芳：《嘉兴学院以"红船精神"领航　开创"省身文化"育人品牌》，《教育与职业》2014 年第 34 期。

黄科、雷莹：《论中国共产党革命精神与民族精神的互动发展》，《学校党建与思想教育》2014 年第 10 期。

金延锋：《"红船精神"昭示我们什么》，《党建》2015 年第 10 期。

兰夕雨、陈金龙：《中国共产党政治话语的演进：从"革命"、"继续革命"到"改革"》，《中国特色社会主义研究》2014 年第 1 期。

李安：《"红船精神"对接高校青年马克思主义者培养的机制探究》，《思想理论教育导刊》2016 年第 4 期。

李安：《将"红船精神"融入大学生社会主义核心价值观教育》，《理论视野》2017 年第 4 期。

李德芳、杨娜：《对加强地方特色革命传统教育的思考——关于琼崖革命精神的教育功能》，《社会主义研究》2007 年第 3 期。

李海凤：《"红船精神"融入高校思想政治教育探究》，《学校党建与思想教育》2018 年第 18 期。

李洪峰：《试谈中国共产党的精神成长》，《党的文献》2016 年第 4 期。

李娟：《红船精神研究：综述与展望》，《思想教育研究》2018 年第 9 期。

李康平：《马克思主义中国化的重大精神成果——论中国革命精神》，《思想理论教育导刊》2014 年第 10 期。

李卫红：《学习研究宣传好党的历史和革命精神》，《中国高校社会科学》2013 年第 6 期。

李卫宁：《弘扬"红船精神" 打造红色文化》，《求是》2011 年第 10 期。

李忠、张颢、涂微微：《论井冈山精神的多维价值》，《科学社会主义》2010 年第 4 期。

廖胜平：《近代上海与中国共产党创建之关系探源》，《长白学刊》2011 年第 4 期。

林孟清：《论邓小平精神动力理论与实践》，《学术论坛》2010 年第 7 期。

刘建军、彭蓉：《马克思恩格斯对无产阶级革命精神的科学阐述》，《学校党建与思想教育》2019 年第 11 期。

刘玖玲、彭升：《弘扬"红船精神"，积极培育青年马克思主义者》，《学术论坛》2015 年第 11 期。

刘晓华、闫立光：《缘起·演进·传承：井冈山精神、延安精神与大庆精神的内在契合性》，《理论学刊》2015 年第 1 期。

卢蔡：《"红船精神"之于校园文化精神培育的当代价值》，《学校党建与思想教育》2015 年第 5 期。

马社香、王卓超：《"井冈山的革命精神不要丢了"——王卓超回忆 1965 年毛泽东在重上井冈山期间的一次谈话》，《党的文献》2006 年第 3 期。

彭冰冰：《"红船精神"的思想政治教育价值探析》，《思想教育研究》

2016 年第 7 期。

彭蓉：《习近平关于革命精神教育的重要命题》，《思想教育研究》2019
　年第 4 期。

彭世杰：《红船精神理想信念教育价值的内在逻辑、历史语境和实践路
　径》，《毛泽东思想研究》2017 年第 4 期。

邱小云：《论中共民主革命时期的革命精神史》，《江西社会科学》2013
　年第 3 期。

汪浩鸿、康文龙：《"红船"历史坐标及其价值研究》，《人民论坛》2015
　年第 17 期。

王保彦：《十八大以来中国共产党的精神状态》，《齐鲁学刊》2015 年第
　5 期。

王炳林、房正：《关于深化中国共产党革命精神研究的几个问题》，《中国
　高校社会科学》2016 年第 3 期。

王欢、刘朋：《革命精神与民族精神互动发展》，《中国市场》2006 年第
　52 期。

王肖才：《论党一贯倡导的革命精神》，《党校论坛》1992 年第 2 期。

王雁、沈建良、郭彧：《地域性文化与大学生社会主义核心价值体系建
　设——以浙江为例》，《中国青年政治学院学报》2014 年第 33 期。

吴海勇：《中国共产党创建于上海的历史探究》，《毛泽东邓小平理论研
　究》2016 年第 6 期。

夏燕月：《毛泽东在中国共产党创建前后》，《党的文献》2011 年第 1 期。

肖文燕、罗春喜：《习近平的红色情怀与治国理政视野下的红色基因》，
　《江西财经大学学报》2017 年第 6 期。

谢建平、邱小云：《中共革命精神史几个问题的研究展望》，《党史研究与
　教学》2015 年第 1 期。

徐进：《"红船精神"推进大学校园文化建设研究》，《中国报业》2011 年
　第 10 期。

徐友龙：《把思想理论建设摆在更加突出的位置——习近平在浙工作期间
　加强思想理论建设研究》，《中共浙江省委党校学报》2017 年第 3 期。

颜玫琳：《论中国共产党革命精神整体性的三重表现》，《思想教育研究》

2019 年第 6 期。

杨峻岭：《新民主主义革命时期中国精神的历史发展及其主要特征》，《思想理论教育》2014 年第 6 期。

杨晓伟：《基于意象思维的"红船精神"命名中共建党精神的合理性》，《毛泽东思想研究》2017 年第 6 期。

杨燕群、战昕：《红船精神融入创业教育的理论逻辑与实施策略》，《人民论坛》2016 年第 2 期。

杨自强：《多媒联动　多方互动　多重效应——南湖晚报"一大代表故里行"的实践与启示》，《新闻战线》2011 年第 7 期。

姚桓、孙宁：《建设社会主义核心价值体系需要弘扬中国共产党的革命精神》，《新视野》2012 年第 1 期。

姚炎鑫：《"红船精神"形成的历史渊源和现实意义》，《浙江档案》2011 年第 6 期。

虞岚：《"红船精神"对高校创先争优实践的指导作用》，《学校党建与思想教育》2012 年第 36 期。

张玲：《正确评价共产国际在中国共产党创建过程中的作用》，《江西社会科学》2006 年第 7 期。

张平、孙倩倩：《改革开放 40 年来中国共产党革命精神的演进与发展》，《中州学刊》2018 年第 9 期。

张守连、肖建杰：《"红船精神"研究述评》，《思想理论教育导刊》2019 年第 4 期。

张寿春：《中国共产党创建的历史特点》，《唯实》1992 年第 2 期。

张昭军：《20 世纪初期革命精神的生成——以话语分析为径》，《史学集刊》2008 年第 1 期。

张志松：《"红船精神"及其时代意义——兼谈嘉兴南湖革命纪念馆的价值嬗变》，《中共浙江省委党校学报》2010 年第 4 期。

赵春昉：《永不泊岸的"红船"——读黄亚洲长篇历史小说〈红船〉》，《中华文化论坛》2016 年第 6 期。

钟天娥：《习近平对中国共产党革命精神的弘扬与发展》，《理论导刊》2017 年第 8 期。

周行、田子渝：《李汉俊对中国共产党创建的杰出贡献》，《山西大学学报》（哲学社会科学版）2012 年第 6 期。

周勇：《40 年来红岩精神研究综述》，《探索》2019 年第 2 期。

周钰：《"红船精神"融入大学生社会主义核心价值观教育的路径探索》，《学校党建与思想教育》2017 年第 11 期。

周钰：《红船精神如何推进文化校园建设——以嘉兴学院为例》，《人民论坛》2016 年第 5 期。

周忠瑜：《中国共产党创建的特点与李大钊》，《青海民族学院学报》1992 年第 1 期。

邹建良：《创新特色教育模式　打造"红船精神"传承之地》，《中国高等教育》2010 年第 22 期。

三　学位论文

蔡胜全：《红船精神融入高校思想政治教育研究》，硕士学位论文，上海师范大学，2019 年。

杜立芳：《刘少奇研究史》，博士学位论文，扬州大学，2018 年。

黎日明：《"红船精神"融入高校思想政治教育研究》，硕士学位论文，广西师范大学，2019 年。

李黎霞：《"红船精神"研究》，硕士学位论文，浙江农林大学，2014 年。

吕丹：《"红船精神"在新时期高校思想政治教育中的应用研究》，硕士学位论文，山西师范大学，2018 年。

钱超：《"红船精神"在高校思想政治教育中的价值研究》，硕士学位论文，浙江理工大学，2016 年。

孙照远：《建国以来井冈山精神的研究与传播》，硕士学位论文，江西师范大学，2011 年。

唐晓雪：《中国革命文化的历史逻辑与实践意义研究》，硕士学位论文，山东大学，2018 年。

田春艳：《中国共产党革命精神的传承与创新》，硕士学位论文，武汉理工大学，2014 年。

王宁：《"红船精神"融入大学生理想信念教育研究》，硕士学位论文，天津理工大学，2019 年。

杨小蕊：《新民主主义革命时期中国共产党革命精神》，硕士学位论文，华中师范大学，2008 年。

喻蔚：《新民主主义革命时期中国共产党革命精神研究述评》，硕士学位论文，湘潭大学，2016 年。

张健兴：《中国共产党革命精神基本特性的研究》，硕士学位论文，延安大学，2017 年。

周龙燕：《瞿秋白生平研究史（1921—2013）》，博士学位论文，扬州大学，2014 年。

朱玫洁：《从自发到自觉：新时期中国经济民俗研究史初探（1978—2005）》，硕士学位论文，上海社会科学院，2018 年。

邹琪：《朱德研究史》，博士学位论文，扬州大学，2018 年。

四 报纸

习近平：《弘扬"红船精神" 走在时代前列》，《光明日报》2005 年 6 月 21 日第 2 版。

《习近平在调研指导河北省党的群众路线实践教育活动时强调 充分调动干部和群众积极性 保证教育实践活动善作善成》，《人民日报》2013 年 7 月 13 日第 1 版。

《习近平春节前夕赴江西看望慰问广大干部群众 祝全国各族人民健康快乐吉祥 祝改革发展人民生活蒸蒸日上》，《人民日报》2016 年 2 月 4 日第 1 版。

《习近平在瞻仰中共一大会址时强调 铭记党的奋斗历程 时刻不忘初心 担当党的使命矢志永远奋斗》，《人民日报》2017 年 11 月 1 日第 1 版。

习近平：《在纪念中央革命根据地创建暨中华苏维埃共和国成立 80 周年座谈会上的讲话》，《人民日报》2011 年 11 月 5 日第 3 版。

习近平：《在纪念中国人民抗日战争暨世界反法西斯战争胜利 69 周年座谈会上的讲话》，《人民日报》2014 年 9 月 4 日第 2 版。

习近平：《在纪念红军长征胜利 80 周年大会上的讲话》，《人民日报》

2016 年 10 月 22 日第 2 版。

《习近平到韶山》,《人民日报(海外版)》2011 年 3 月 24 日第 4 版。

《梦想,从这里启航——记习近平总书记带领中共中央政治局常委赴上海
　　瞻仰中共一大会址、赴浙江嘉兴瞻仰南湖红船》,《人民日报》2017 年
　　11 月 1 日第 2 版。

《认真贯彻习近平总书记重要指示　大力学习弘扬"红船精神"　用伟大
　　精神推动伟大实践》,《光明日报》2017 年 12 月 5 日第 3 版。

《在对历史的深入思考中更好走向未来　交出发展中国特色社会主义合格
　　答卷》,《人民日报》2013 年 6 月 27 日第 1 版。

曹必英、吴玉莲:《在"红船精神"指引下奋进》,《嘉兴日报》2005 年
　　11 月 24 日第 6 版。

车俊:《大力弘扬"红船精神"　奋力走在新时代前列》,《光明日报》
　　2017 年 12 月 11 日第 6 版。

陈安:《苏区精神与红船精神》,《光明日报》2013 年 12 月 26 日第 11 版。

陈华兴:《"红船精神"生成和发展的内在逻辑》,《浙江日报》2015 年 6
　　月 29 日第 8 版。

程茂林:《大力弘扬"红船精神"　改革创新组织工作》,《嘉兴日报》
　　2006 年 1 月 17 日第 1 版。

程为民、谭伟东等:《永远的征程——习近平总书记在浙江的探索与实
　　践·党建篇》,《浙江日报》2017 年 10 月 13 日第 2 版。

董碧水:《浙江嘉兴学院:"红船"凝魂　点亮学子信仰》,《中国青年
　　报》2017 年 12 月 12 日第 3 版。

董根洪:《"红船精神":新时代的伟大精神支撑》,《浙江日报》2017 年
　　12 月 19 日第 5 版。

郝立新:《新时代坚定文化自信与弘扬红船精神》,《中国社会科学报》
　　2017 年 12 月 21 日第 1 版。

户华为:《"弘扬红船精神　不忘初心使命"座谈会在中共中央党校(国
　　家行政学院)举行》,《光明日报》2019 年 7 月 1 日第 3 版。

江红英:《红船精神的生动诠释》,《人民日报》2016 年 7 月 21 日第
　　18 版。

金鹏：《嘉兴"红船精神"的生动实践》，《嘉兴日报》2007年3月26日第5版。

连小敏：《用"红船精神"推进"四个全面"》，《人民日报》2015年6月16日第7版。

梁言顺：《红船精神是实现中国梦的强大动力》，《学习时报》2015年7月13日第3版。

梁言顺：《在第二届"红船精神与科学发展"研讨会上的致辞》，《学习时报》2014年12月15日第8版。

陆健：《浙江省社科界：结合时代特点 大力弘扬"红船精神"》，《光明日报》2017年12月10日第3版。

潘叶：《"红船精神"永远领航》，《嘉兴日报》2005年7月1日第6版。

邱小云：《中国共产党革命精神的历史坐标》，《光明日报》2013年4月21日第11版。

沈吟：《把"红船精神"的学习研究宣传不断引向深入》，《浙江日报》2018年6月22日第1版。

宋喜群：《弘扬"红船精神" 走好新的长征路》，《光明日报》2017年12月26日第5版。

王慧敏：《弘扬红船精神 推进科学发展》，《人民日报》2011年5月7日第5版。

王锐：《弘扬红船精神 传承红色基因》，《甘肃日报》2017年12月27日第1版。

夏宝龙：《弘扬"红船精神" 践行"三严三实"》，《光明日报》2015年7月6日第1版。

许冰洲：《"红船精神"研究践行结硕果》，《嘉兴日报》2011年12月5日第10版。

严红枫：《弘扬"红船精神"，始终走在时代前列》，《光明日报》2016年6月28日第5版。

杨仲林：《发挥好党校在红船精神研究中的作用》，《学习时报》2014年12月15日第8版。

尹弘：《弘扬建党精神 建设精神家园》，《光明日报》2017年12月11

日第 7 版。

张永方:《"红船精神"引领　走向示范前列》,《中国教育报》2014 年 7
　月 15 日第 8 版。

张政:《"红船精神":跨越时空的力量》,《光明日报》2017 年 12 月 28
　日第 6 版。

赵建华:《"红船精神":群众路线教育实践活动的丰厚资源》,《浙江日
　报》2013 年 7 月 26 日。

郑炜君:《嘉兴南湖红船精神研究会成立》,《嘉兴日报》2010 年 11 月 28
　日第 2 版。

中共浙江省委理论学习中心组:《弘扬"红船精神"　继续走在前列》,
　《人民日报》2015 年 7 月 29 日第 7 版。

中共中央党史研究室:《历史是最好的教科书——学习习近平同志关于党
　的历史的重要论述》,《人民日报》2013 年 7 月 22 日第 8 版。

后　记

　　伟大的革命实践产生伟大的革命精神。中国共产党的成立是中国历史上开天辟地的大事变，是五四运动以来我国发生的三大历史性事件之一和近代以来实现中华民族伟大复兴的三大里程碑之一，具有重大的历史性意义，值得每一个国人铭记。红船精神是近代创建中国共产党的这一历史过程所铸造的精神丰碑，充分展现了共产党人的政治觉悟、意志品质、工作作风与革命传统，第一次向世界宣示了中国共产党的初心与使命，是中国共产党人探寻中华民族伟大复兴中国梦的精神求索。中国共产党把红船精神融注于自身的血肉之中，在革命、建设、改革的实践中传承与践行，在此之后又形成了井冈山精神、苏区精神、长征精神、延安精神、沂蒙精神、西柏坡精神、抗美援朝精神、北大荒精神、大庆精神、雷锋精神、焦裕禄精神、抗洪精神、载人航天精神等一系列革命精神，聚集起中国共产党革命精神谱系的恢宏图景。

　　对往昔革命岁月所孕育的革命精神的研究、认同与传承，就是对那段革命历史最好的继承。进入 21 世纪，红船精神逐渐成为关乎时代发展的重大课题，需要人们高度重视和自觉研究。习近平总书记分别于 2005 年和 2017 年两次阐释红船精神，深刻阐明了红船精神的内涵、地位与价值，对红船精神的传承寄予了厚望。这引起了理论界和学术界的高度关注、热烈响应与广泛认同。伴随着 21 世纪车轮的前进，红船精神研究走过了十多个年头，经历了理论提炼、初步发展、渐次展开、全面推进几个阶段，在未来也必将继续阔步前进、纵深发展。

　　本书是江西省高校人文社会科学重点研究基地 2016 年度项目"红船精神研究史略"（JD16107）的最终成果。本书以"红船精神研究"为研究对象,探究红船精神研究的发生、发展,梳理红船精神研究的发展历程,采取时空结合、点面结合的研究思路,分析有关红船精神的研究活动、研究成果,分析红船精神研究发生、发展的背景与成因,总结红船精神研究的规律和经验教训,进一步找到研究中的问题和未来研究的着力点,为今后的红船精神研究提供启示和借鉴,推动红船精神研究的深化,这是我们做此项研究的一个初心。

本书作者
2019 年 12 月